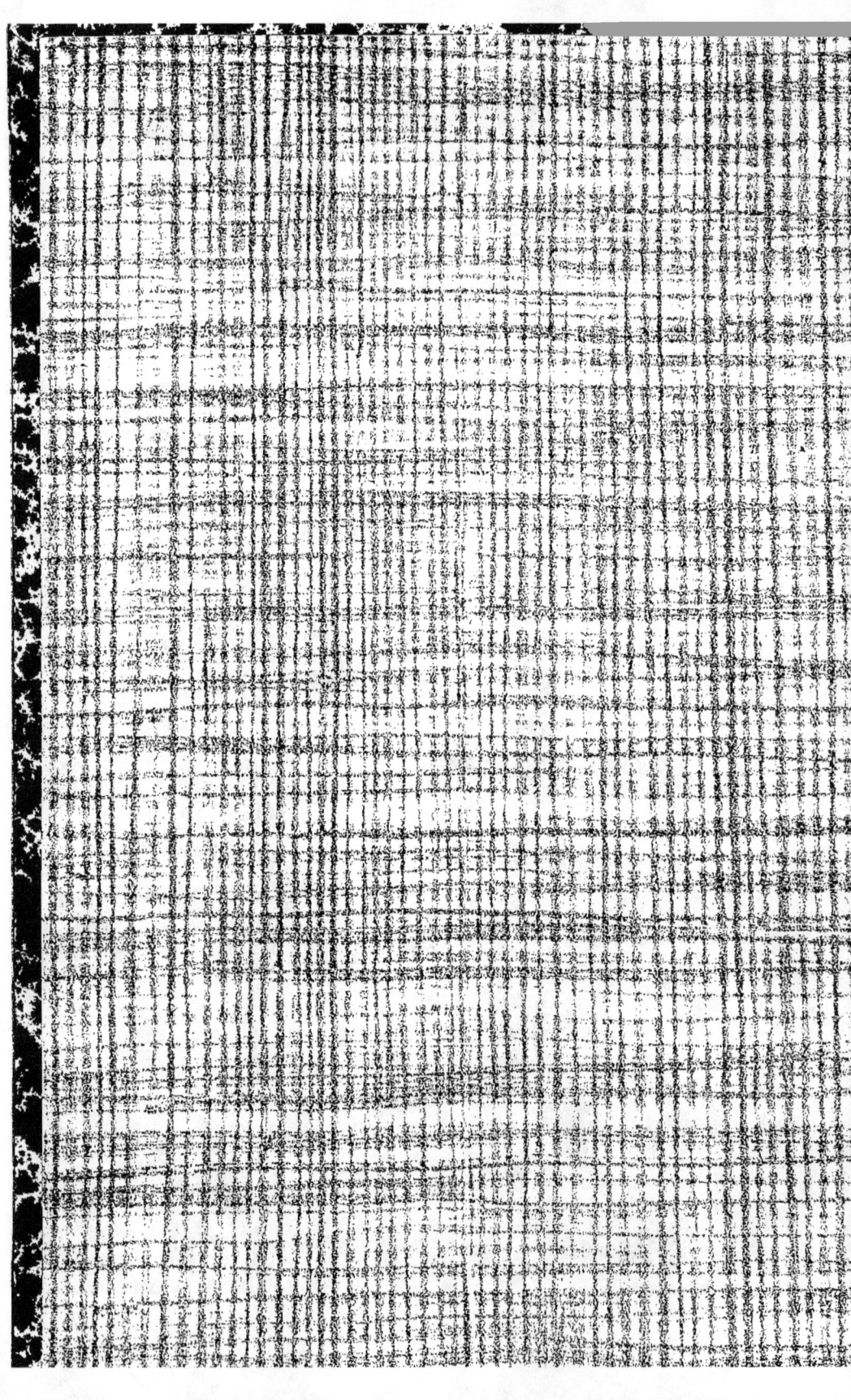

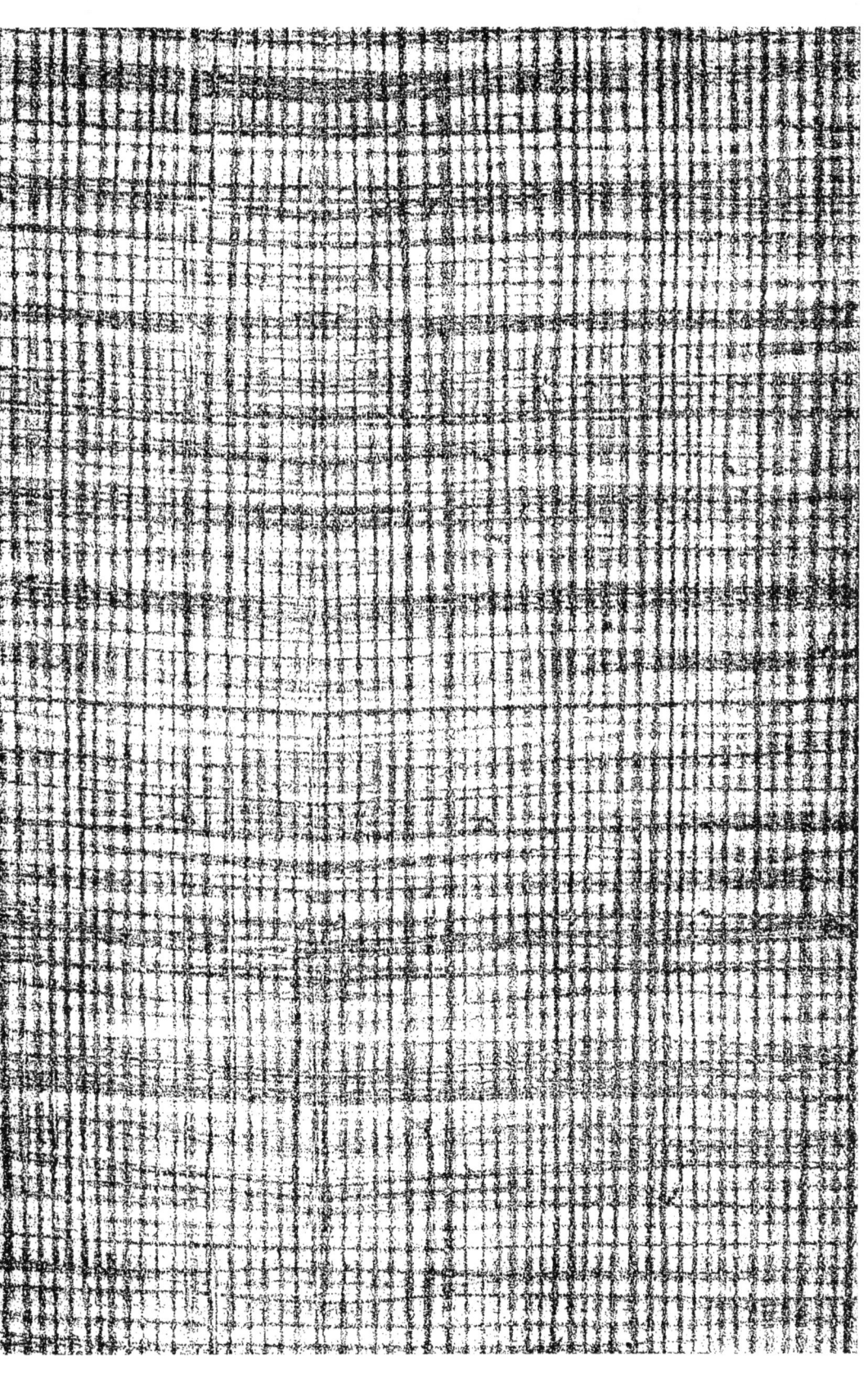

Urbainie FAYDIT de TERSSAC

À Travers l'Inde

en Automobile

A travers l'Inde
en Automobile

par

Mlle Urbainie FAYDIT de TERSSAC

A travers l'Inde en Automobile

AVRIL 1905.

Calcutta, en avril, est une ville morte. Le vice-roi a quitté la capitale de l'empire indien pour sa villégiature de Simla, donnant, par son départ, le signal de l'exode annuel, qui entraine vers les neiges himalayennes et les lacs du Cachemire, les dignités inférieures qui gravitent dans

l'orbite gouvernemental et les « Mem-Sabeh » que leur santé ou leurs plaisirs obligent à fuir la chaleur exaspérante et la monotonie des longs jours d'été dans les plaines. Ceux que leurs affaires ou la malechance d'un poste officiel secondaire retiennent à Calcutta, se débattent à grands renforts de moustiquaires, de paillassons humides appliqués aux portes et aux fenêtres, contre des nuées d'insectes, une température moyenne de 50° et une poussière blanche, aveuglante, qui s'étend en nappes épaisses et liquides sur les pelouses roussies, saupoudre les mimosas flamboyants et s'élève en trombe suffocante sous le pas des coolies et les ébats des chiens parias. On voit la poussière, on respire la poussière, on palpe la poussière ; elle devient un ennemi personnel, une obsession, l'on se méfie d'elle, on fuit, ou bravement on l'affronte, avec un semblant d'indifférence. Elle est là, partout, toujours, attachée au moindre brin d'herbe, à la plus modeste feuille ; elle s'étale, elle trône, elle demeure la souveraine unique et incontestée de la ville qu'elle affole et subjugue de ses vagues capricieuses.

Une tristesse de rues trop larges, de maisons trop hautes, plane sur Calcutta désert. Dans cette lumière implacable, sous un ciel de zinc, la laideur prétentieuse de certaines grandes bâtisses européennes s'accentue, amplifiée, mise en relief par un climat et un sol ennemi. Aux heures relativement fraîches du soir, l'on sort, en se traînant jusqu'à la rivière Hoogly, pour écouter une fanfare qui joue dans un jardin public, et l'on reste là jusqu'à la nuit, s'amusant à voir passer les gens et les choses, bercé par le clapotement des flots bourbeux, par la caresse du vent dans les hunes des voiliers dont les carènes s'entrechoquent avec un bruit mat.

Un matin, nous nous décidons à aller jusqu'aux bazars indigènes, les plus populeux, les plus grouillants de misère et de vice qu'il y ait aux Indes. L'on y voit toutes les races, tous les métiers, depuis l'Afghan, vendeur à la criée de fourrures du Kaboul, jusqu'au Chinois, dont les petits yeux bridés s'absorbent dans la confection des nattes et des paniers d'aloès. Le Bengali bedonnant, satisfait, plein de son importance, y coudoie le coolie qui porte des briques sur la tête, le courrier flanant loin de la surveillance de son maître, le « Dhobie » (lessiveur) dont les ânes minuscules trébuchent sous le poids du linge. De leurs balcons, les danseuses ruisselantes d'or et de bijoux, vrais ou faux, sourient à la rue, en regardant passer les missionnaires métis, pauvres et silencieux, qui vont dévotement aux prêches d'une chapelle wesleenne dans une ruelle détournée ; un homme sandwich promet la rédemption par l'Armée du Salut ; à côté de lui, un « jogui » mendie et conte les amours du folâtre dieu Krishna. Des placards en bengali, en urdu, sont affichés pêle-mêle sur les murs entre des réclames de pilules Pink et de biscuits Olibet, une affiche du Spark-Théâtre annonce, en anglais, la représentation du soir et au-dessus de l'entête trône Ganesh, le dieu des poètes.

Dans les boutiques, l'élément européen domine, sous la forme de boutons de verres coloriés, cotonnades de Manchester, chromos du roi et de la reine d'Angleterre, montres de nickel, faïences aux fleurs criardes. Articles de camelote, d'exportation, dont se sert l'Indou modernisé et qui atteste hautement, croit-il, la supériorité de la civilisation adoptée, sur celle des Hindous de la vieille école qui mangent avec les doigts et ne jouent pas au foot-ball, « for exercise sake ».

Rien de grotesque, de discordant, comme ces jeunes indigènes élevés à l'anglaise ; ils gardent toutes les insuffisances de leur race et y joignent les ridicules, les mesquineries, les inutilités qui encombrent nos vies. Ils étonnent par leurs facultés imitatives, leur prodigieuse mémoire qui leur permet de s'assimiler un programme universitaire, de passer brillamment des examens, de citer avec des péroraisons pompeuses « Macaulay ou Shakespeare»; puis ils stupéfient par l'apathie de l'intelligence, l'absence totale d'idées personnelles. Depuis leur ridicule accoutrement qui se compose de bas, de souliers, d'une mousseline roulée autour du corps et d'une chemise d'homme empesée flottant sur le tout, jusqu'à la façon prétentieuse dont ils s'expriment, en anglais emphatique, rien, en eux, n'est vrai, ni simple ; ils sont un ridicule, une batardise, un mensonge perpétuel. L'on pourrait croire, à la façon dont un « babou » discute le vice-roi, la politique européennne, la guerre russo-japonaise, que c'est un personnage important sur lequel sa race a les yeux fixés, attendant de lui le salut, la renaissance. Puis, l'on est tout surpris d'apprendre que ce Bengali, apôtre militant de tous les progrès, n'est qu'un scribe, un paperassier, une centième roue au chariot administratif ; l'incarnation la plus inutile et la plus déplaisante d'une éducation primaire réussie. Jadis, les babous étudiaient à fond le sanscrit ; la majorité, étant de caste brahmaniale, approfondissait les védas pour les expliquer à des disciples studieux et déférents : ils avaient les vices et les vertus de leurs dieux ; aujourd'hui, ils n'imitent plus que les hommes. Parfois, un babou, pour activer le mouvement occidental dans sa famille ou dans son pays, va passer quelques années à Edimbourg, à Oxford. Il revient, ayant endossé le costume européen dans lequel son corps grêle et fluet est aussi dépaysé que son hérédité est contrariée par un entraînement physique étranger au climat et à ses ancêtres Lorsqu'on lui demande pourquoi il a adopté des détails de civilisation aussi opposés à sa race, il répond qu'à l'âge actuel du monde, il n'est pas décent d'aller aussi légèrement vêtu que le sont ses compatriotes, et lui, qui s'évanouit de frayeur devant un enfant armé d'une aiguille à tricoter, parle de s'aguerrir, de se fortifier par le hockey, le tennis, les sports, pour une lutte future à laquelle il serait seul, du reste, à ne pas prendre part. L'arme des babous, ils l'avouent, n'est point l'épée, mais la plume. Ils la manient facilement, aussi l'Inde est-elle inondée des productions littéraires et politiques de certains journalistes calcuttois. Les babous se faufilent dans tous les postes où l'on peut passer de longues heures à écrivasser, à classer des documents, à examiner des colonnes de chiffres ; ils sont de parfaits bureaucrates et, dans cette capacité, d'une utilité inestimable. C'est aussi de leurs rangs que surgissent parfois des prophètes dont la facilité d'élocution, et l'exaltation religieuse particulière aux races d'Orient, entraîne, enlève, embrase une partie de la population et crée une de ces innombrables sectes, dissidentes, de la religion brahmaniale, sous lesquelles la croyance primitive semble devoir être submergée. L'un des plus célèbres parmi ces réformateurs modernes fut Keswha-Chandra Sen, le père de la Maharani de Koosh-Béhar, qui, le premier, renonça en partie au Panthéon Hindou pour adopter le Dieu des théosophes. Les fidèles de Keswha-Chandra constituent la fraternité brahmosomadge à laquelle appartiennent toutes les sommités intellectuelles, médicales et artistiques, de la société indienne à Calcutta.. Les femmes s'habillent d'une façon toute particulière, le « sarri » rattaché sur l'épaule, à la Grecque, le visage découvert, car elles ont renoncé à la réclusion étroite dans laquelle vivent encore les femmes des hautes castes orthodoxes. J'ai eu l'occasion d'être invitée chez quelques-unes d'entre elles, on m'a servi très correctement le thé, assaisonné d'une conversation banale sur le dernier roman anglais en vogue, et j'ai fui, appelant de mes vœux l'heure attendue où nous quitterons Calcutta, l'atmosphère empestée, les sarabandes de moustiques, les Hindoues qui lisent *Marie Corelli* et conduisent les automobiles.

1ᵉʳ MAI.

Les proverbes étant la sagesse des nations aux Indes comme en Europe, lorsque ce matin le chauffeur a trouvé les soupapes de la machine placées à l'envers, le tuyau d'échappement obstrué par un joint non perforé, il a dû songer que tout ce qui brille n'est pas or et que le garage français de Calcutta, malgré ses prétentions, reste des plus indigènes quant à la qualité et à l'intelligence du travail. Les Bengali veulent qu'un enfant abandonné par sa mère tombe aux mains d'une sorcière d'un imbécile ou d'un

charlatan ; je ne sais laquelle de ces qualifications s'applique le mieux à cet atelier où nous avons eu la naïveté de conduire l'auto pour la faire réviser avant de nous lancer à travers l'Inde, ce continent que, dans notre candeur nous nous représentions infesté de cobras (1), de tigres, d'éléphants sauvages.

Le plan du voyage demeure imprécis, nous avons une vague idée de milliers de kilomètres à parcourir par des routes plus

---

(1) Serpents très venimeux.

ou moins médiocres; de très aimables amis nous ont prédit la fièvre, le typhus, un soleil implacable, une mousson prochaine, mais nous avons résolu d'aller toujours de l'avant, tant que Philippe voudra nous porter.

En Route

Philippe, il y a trois ou quatre ans, avait une certaine apparence, une valeur personnelle; aujourd'hui, il n'a plus que le charme des vieux objets et des vieux animaux favoris; ce n'est plus une machine, c'est une habitude. Il pourra passer partout, sur tout, sa carrière est sacrifiée d'avance; nous l'avons amené comme certaines fillettes dans une excursion extraordinaire emportent une vieille poupée pour jouer, non plus au baptême ou à la visite, mais à l'enterrement. Nous n'avons qu'un but défini, une idée fixe : voir le peu d'Inde qui subsiste encore loin du chemin de fer, surmonter toutes les difficultés pour arriver à une ruine célèbre, enfouie dans la jungle, ou à un Etat indigène conservant encore les usages, les vêtements, les montures consacrés par les siècles. C'est ainsi que nous avons décidé de visiter tout d'abord un village qui fut une cité, Moorshidabad, l'ancienne capitale des Nizam du Bengale, pour le descendant desquels on nous a donné des lettres d'introduction, en y joignant quelques informations tout à fait approximatives sur les distances, l'état des routes et les ressources du pays.

Nous sortons de Calcutta par la route de Barrakpore, plate, insignifiante, entre deux rangées de banyans gigantesques, dont les racines tombent des branches mères comme une chevelure de serpents lisses et rougeâtres. La chaleur intense nous a empêchés de quitter « la cité des nuits terribles » avant le crépucule ; mais le jour et l'heure du départ ne sont point propices sans doute, car à peine avons-nous fait quelques centaines de mètres qu'un maillon de chaîne se brise, il faut s'enquérir d'un ouvrier pour aller réparer l'accident, tandis qu'une foule en délire trépigne, hurle, s'aplatit autour de Philippe impassible. Le chauffeur, Siadous, profite de l'arrêt pour persuader à mon frère de délester Philippe d'un gros bidon d'essence qui pèse le poids de deux hommes et accapare le peu de place laissée libre par une caisse de sodas, des paniers de provisions, des sacs de voyage, un rouleau de draps, de couvertures, d'oreillers, une lingerie ambulante indispensable aux Indes où les « Dak Bungolow » maisons de relais, que l'on rencontre tous les dix milles, ne mettent à la disposition des voyageurs que des lits de sangle et quelques meubles boîteux.

Un Dak Bungolow

Nous emportons aussi un petit revolver de poche ; des cartes, dont personne ne peut garantir l'exactitude, parce qu'elles sont vieilles de dix ans. Un « babou » m'a informé suavement, avec des phrases mielleuses, que dans six mois, nous trouverions la carte qu'on édite pour 1905, très complète, très détaillée. Il a fallu se contenter de l'actualité, sans compter sur ce trop lointain « kal » (demain).

Au revers des cartes, nous avons inscrit un vocabulaire d'Indoustani, de Bengali usuel et pratique, dont chaque phrase suggère de pittoresques et délicieuses situations, telles que : kancha rasta (quelle est cette route), bail lao jaldi (amène vite des bœufs), sollo (pousse, pousse), enfin jaw (va, file), le mot dont l'importance ne le cède qu'à thano (tire), l'injonction qu'on ne se lasse de répéter au coolie du punka lorsque vient la torpeur chaude des nuits accablantes dans le silence desquelles le corbeau des jungles jette à intervalles réguliers son cri sourd et rythmé. En joignant à ces notions indispensables, une connaissance presque approfondie de l'anglais, quelques gestes d'indigènes, pour appeler ou éloigner les passants, nous pouvons hardiment nous mettre en route. Malheureusement, je ne sais quelle influence malfaisante nous avons contrariée aujourd'hui, mais Philippe boude, il peine, il n'avance pas. L'un de nous, aurait-il par hasard, au réveil, jeté les yeux sur une veuve, un feu qui fume, du poivre, des coupes de cuivre vides, un écureuil à droite, un corbeau à gauche ? tous

objets de mauvaise augure, disent les Brahmes. Dans ce pays mystérieux où chaque arbre a sa divinité, chaque carrefour ses fantômes, l'on ne saurait être trop circonspect ; rien ne dit qu'en regardant ici, ou là, nous n'offenserons pas un « munja » le plus douloureux des spectres, l'âme inquiète d'un jeune Brahme mort avec des désirs inassouvis, qui réside dans le tronc séculaire des ficus sacrés le long des routes poudreuses, sur le bord des lacs de lotus où les fillettes viennent avec leurs cruches ventrues puiser l'eau pour le ménage. Peut-être en cotoyant une haie de cactus, en effleurant un buisson, avons-nous réveillé et irrité « Vétal », le roi des esprits, qui chemine en palanquin entouré d'une foule hurlante, vêtu de vert, les yeux glauques, les cheveux dressés sur la tête. Rien ne peut nous garantir contre un « Brahme purusha », l'esprit hargneux et tracassier d'un Brahme avare, mort avec l'idée fixe d'ajouter, s'il avait vécu, quelques roupies à son trésor ; il habite les ghats crématoires, les mansardes des maisons abandonnées, et gare à l'imprudent qui va troubler ses calculs. Philippe, lui, a sans doute passé sur un de ces petits paquets de feuilles de mangues et de bananes entremêlés de fleurs, enveloppés d'un chiffon, que les indigènes du Bengale jettent avec des prières au milieu des routes, croyant se défaire de leurs misères physiques et morales au détriment du premier voyageur dont le véhicule ou le pied malheureux heurte les maux dont ils se sont si aisément débarrassés. Philippe doit être ainsi le bouc émissaire d'un paralytique, car il s'arrête net, calé.

Le graissage au garage de Calcutta était à l'avenant du reste, nous avons grippé le moteur Il fait nuit, une nuit sans lune. La ligne du chemin de fer et les poteaux télégraphiques s'alignent rigidement des deux côtés de la route déserte, mais nous avons beau scruter la campagne endormie, nous n'apercevons dans les environs ni une habitation, ni un humain. Dans le lointain, un disque rouge qui luit comme une prunelle de fauve géant et le bruit de roulage qui nous parvient indistinctement, amorti par la distance, sont les seuls indices d'une gare, d'un village, tout au moins d'une réunion de huttes. En déchiffrant la carte et grâce à quelques indications puisées dans le « Guide » de l'Etat-Major, nous découvrons que nous sommes près de Barrakpore, un cantonnement militaire assez important. Il s'agit d'y arriver, de trouver un gîte et de remiser Philippe, ne fût-ce que dans une étable à buffles. Nous allons à la découverte. Le disque, qui apparaît entre le feuillage sombre des arbres comme un phare intermittent, nous sert de guide. Après dix minutes de marche, nous trouvons une borne kilométrique et nous déchiffrons à la flamme d'une allumette : Barrakpore.

A côté s'ouvre une allée sablée que nous suivons ; elle mène à la grille basse d'un « bungalow » bleu et blanc adossé à de hautes cheminées d'usines. Une lumière vacille encore dans la véranda et un petit fox terrier se précipite sur nous en aboyant furieusement, malgré les coups de sifflet d'un homme qui cherche à le calmer et aussi à savoir ce qui amène des étrangers chez lui à cette heure-là.

Notre mésaventure expliquée, il nous offre avec une grande spontanéité son aide et celle de ses gens pour pousser Philippe jusqu'au hangar qu'il met à notre disposition. Quant à nous, en marchant tout droit, nous trouverons une large enseigne blanche : celle d'un hôtel où il suffira de tirer la bourse et la bobinette, et la chevillette cherra. Après une demi-heure de travail, Philippe est installé entre des pots de violettes de Parme et un tas de pommes de terre, tandis qu'un bougainvillier, dont une pousse folle rampe le long d'une corde d'ail et d'oignons, laisse tomber sur lui une pluie de clochettes mauves et inodores. Notre hôte hèle une voiture qui ferraille encore sur la route au trot de deux miniscules poneys et que mène un petit garçon de sept ans C'est un bien singulier équipage que cette boîte oblongue, noire, close, posée d'une façon instable sur quatre roues à moitié décerclées qui chassent chacune vers un des points cardinaux, imprimant au véhicule un mouvement de balançoire écœurant.

Les harnais ne sont guère plus rassurants, guides en ficelles, sellettes en étoffe ; l'un des poneys s'est débarrassé sans façon du mors. Il est indomptable. De la main droite le malheureux conducteur s'accroche en désespéré à la longue queue du récalcitrant pour l'empêcher de côtoyer obstinément le fossé ; en vain, c'est une galopade effrénée, une chevauchée burlesque qui se termine par la chute des deux quadrupèdes et une rixe entre le cocher et son « syce », une nécessité domestique de l'Inde qui cumule les fonctions de palefrenier et de valet de pied. Le chauffeur, dont la corpulence en impose à tous les indigènes, a vite ramené le calme par un coup de pied à l'un, une gifle à l'autre. Et les deux pauvres petits s'alignent devant nous, les mains jointes comme des saints gothiques, les yeux craintifs, émus, suppliants ; ils se frappent l'estomac avec de légers coups réguliers, sautant d'un pied sur l'autre en poussant des exclamations plaintives. Ils nous implorent en cette gazouillante langue bengali avec le charme de l'enfance et la ténacité de la cupidité.

L'aubaine d'un voyageur à mener à l'hôtel ou au fossé à cette heure tardive leur paraît inespérée ; ils insistent, ils affirment que même le « mota sahib », le gros homme pourra trouver place dans la voiture, ils font tâter les ressorts à mon frère, lui expliquant par une délicieuse mimique qu'ils porteraient mille kilos. Puis, leurs regards vont respectueusement à Siadous, ils le soupèsent, le mesurent de l'œil, ils soupirent de satisfaction en constatant qu'il est encore dans les proportions requises.

Le jeune cocher empoigne un gros fouet auquel manque la mèche et à l'aide d'appels de langue claquants comme des castagnettes, nous nous mettons en route. Les cahots nous précipitent les uns sur les autres, les bagages tombent par les portières sans portes, un cheval rue, l'autre s'emballe, le syce perd son turban, une ficelle se casse et on va secouer un homme qui dort devant sa hutte pour en acheter une autre ; les femmes s'éveillent, les enfants pleurent, si bien qu'un gardien de nuit nous interpelle et menace d'aller requérir la police régulière. Quand il voit des Européens mourant de soif et de sommeil, il devient obséquieux et nous escorte jusqu'à l'hôtel, où nous attend la plus désagréable surprise. La patronne, une vieille Anglaise somnolente et sourde, qu'une camisole de nuit et de faux cheveux roux placés au hasard sur son crâne pointu n'avantagent pas, nous offre aussitôt du wisky et soda, mais elle nous déclare que l'hôtel est plein de la cave aux combles. Il reste une chambre, un sofa, un lit de camp. Là-dessus, la perruque blond ardent disparaît dans l'entrebaillement de la porte et nous nous trouvons dans l'obscurité complète, trébuchant sur les valises, les sacs, renversant les meubles, les bouteilles et les verres. Les domestiques qui dorment par terre, près des écuries et derrière la maison, arrivent lentement, leur nonchalance habituelle augmentée d'un sommeil interrompu. Mais nous avons beau simuler des gens qui tombent de fatigue, épuiser nos ressources de linguistiques, ils ne comprennent rien, s'obstinant à frapper à la chambre de la patronne d'où sort un ronflement sonore. Exaspéré, Siadous arrache à l'un d'eux sa lanterne et nous commençons une véritable perquisition domiciliaire, ouvrant toutes les portes qui ne résistent pas, examinant les placards. Dans une pièce qui nous avait paru vide, nous sommes assaillis par une volée d'injures Indoustani, nous fuyons en bon ordre. Ailleurs, nous réveillons un enfant qui se met à crier à tue-tête ; un singe apprivoisé attaché sur le balcon de véranda me saute au cou, le chauffeur en voulant me secourir casse la lanterne qu'une rafale de vent brûlant éteint. C'est un désarroi complet. Enfin, les domestiques ahuris, terrorisés, se jettent à nos pieds en nous conjurant de cesser ce jeu qui dure depuis trop longtemps et ils nous installent, l'un dans une espèce de boudoir, l'autre dans une alcôve qui ouvre sur un corridor et Siadous par terre dans la véranda, qui s'allonge claire et proprette autour du bungalow.

*_**

2 MAI.

La santé de Philippe donne de réelles inquiétudes ; le chauffeur est allé l'examiner et, en matière de conclusion, il décide qu'il faut essayer de guérir l'auto sur place, sans rentrer à Calcutta : retour aussi illusoire que mortifiant. A la lumière du jour, dépouillé du prestige d'un but à atteindre, Barrakpore désillusionne. La route traverse le village dont les huttes très misérables, basses, sont construites en bois, et ombragées par des arbres gigantesques. Toute la grâce de ce faubourg de Calcutta réside en quelques bungalows nichés dans des massifs de verdure et enclavés dans une spacieuse propriété publique peuplée d'antilopes. Du reste, Barrakpore fut-il le paradis d'Indra, un seul désir nous obsède, partir ; partir pour vivre d'imprévu et d'impressions nouvelles. Philippe ne partageant point nos sentiments, d'interminables heures se passent à le remettre sur pied. Cette délicate opération absorbe le maître et le chauffeur, leur tenant lieu de distraction ; mais un vague ennui qui se précise en raison du temps écoulé commence à me gagner. Malgré le soleil fou, qui tombe d'aplomb sur les toitures de zinc, je m'aventure dans l'enclos de la maison dont les propriétaires nous furent si secourables hier au soir. Le hangar, qui abrite la machine, fait partie des dépendances du bungalow : ce dernier bâtiment, situé à l'autre extrémité du « compound » paraît inhabité, les stores, les nattes d'herbes humides sont baissés ; personne dans la véranda, personne dans le jardin.

Les allées sont ratissées soigneusement, les corbeilles de roses, de zinias, des groupes de canas en fleurs, rutilent et embaument. Autour d'un lac miniature, les cocotiers portent haut des couronnes de fruits énormes ; des lotus blancs flottent sur l'eau, leurs délicates corolles à peine entr'ouvertes. Un rideau de bambou dissimule l'habitation, formant une sorte de retraite pleine de fraîcheur, qu'une poupée de chiffons qui expie quelque vilenie, le nez tourné contre un arbre, m'indique comme étant la cachette favorite d'une fillette. Aussi ne suis-je qu'à moitié surprise, lorsque s'élève une jeune voix courroucée, interpellant l'immobile jouet.

— Jessie ! Pas de réponse. Jessie, répondez-moi ? Même silence. Jessie est morte, poursuit l'enfant que les cannes serrées de bambous m'empêchent d'apercevoir. Je l'imagine blanche et blonde, un vrai bébé britannique et la vision subite d'une petite figure bronzée, me cause une singulière déception. Elle me regarde sans crainte, paraissant rassembler de lointains souvenirs ; puis elle se précipite dans mes bras, en s'écriant : « Antie, Antie, vous êtes revenue ». Je m'efforce de lui démontrer son erreur, de lui expliquer qu'elle ne m'a jamais vue, que j'arrive tout récemment d'Europe ; sa joie délirante l'empêche de m'écouter ; mon récit concorde exactement avec l'histoire d'une de ses tantes dont elle se souvient parfaitement, elle me reconnaît !!! Rien ne la persuadera du contraire. J'essaie de lui parler de l'auto, de notre panne de la veille, elle s'échappe pour aller vérifier mes affirmations, et tout en galopant à travers les plates-bandes et les massifs, elle continue à crier à tue-tête : « Antie est revenue, Antie est revenue ».

Les domestiques accourent, le chien aboie, la nourrice de ma petite amie pousse des cris aigus, tandis que je m'esquive vers l'abri de Philippe. Je suis presque rendue, quand au détour d'un chemin, je rencontre un vieillard marchant difficilement avec une béquille. Il pâlit en m'apercevant, ses mains tremblent, il balbutie : « Béatrix, enfin vous êtes revenue !... » Décidément, je perds la raison ou ces gens sont fous !

Le soir, dans l'obscurité de la nuit, grâce à son accent, j'avais pris notre hôte pour un Anglais, mais la physionomie ridée du vieillard, le visage brun de la fillette ne laissent aucun doute quant à l'origine des habitants du bungalow.

Ils sont métis. Après quelques secondes de silence, le bonhomme s'excuse de sa méprise, il se laisse tomber sur un banc et pleure à chaudes larmes.

L'émotion l'étouffe ; il trouve difficilement ses mots ; cependant, il me raconte, en sanglotant, qu'une de ses filles a épousé malgré lui un Européen ; depuis lors elle n'a jamais donné signe de vie à sa famille et le pauvre père en meurt de chagrin. Son fils, le seul qui connut notre présence chez lui, dirige des presses à coton dans les environs ; il est parti dès l'aube pour ses usines, sans prévenir de notre venue. Mon arrivée inopinée, jointe à une frappante ressemblance, entre l'enfant prodigue et moi, avait trompé la fillette, et au premier abord ému le grand-père.

L'impression se dissipe peu à peu ; sa fille était plus grande plus mince ; décidément, nous sommes très différentes l'une de l'autre et évidemment l'avantage lui reste.

Si j'avais besoin d'une consolation, je la trouverais dans le gazouillement de l'enfant qui fait des pâtés de sable assise à nos pieds et se répète tout doucement à elle-même : « Antie more black ».

Le vieux, plein de fatuité, se considère comme Européen ; il me demande si les « noirs » de son fils nous servent bien ; en parlant de l'Angleterre, il dit : « At home ». La façon délibérée dont il ignore son ascendance maternelle, et l'apport de tares d'un sang Indou des plus basses castes est stupéfiant. Sa douleur paternelle seule le rend intéressant ; le souvenir de sa fille l'angoisse ; alors il n'est plus Européen, il n'est plus métis, il est humain.

3 MAI.

Nous avons quitté cette après-midi Barrakpore et nos amis les Eurésiens; nous allons par la route rouge, soulevant des tourbillons de poussière d'ocre, traversant des villages de briques démantelées, qu'habite seul le souvenir des premiers marchands français et hollandais dont les bungalows en ruines croulantes

Ruines au bord de l'Hoogly

disparaissent sous les lianes fleuries de la jungle et la vase envahissante de l'Hoogly. La rivière elle-même est une souveraine déchue que les courtisans de la fortune ont abandonnée pour se rapprocher d'un pouvoir plus moderne : le chemin de fer.

Nous passons devant des usines de jute dont la fumée épaisse parsème l'horizon de nuages noirs et charbonneux ; de misérables huttes s'allongent en enfilades indéterminables, constituant une rue unique dont les habitants peinent, non plus comme leurs ancêtres dans la lumière féconde du soleil, mais à la lueur sanglante des fournaises, parmi les engrenages impitoyables, les bras de fer, qui ont enlacé d'une étreinte irrésistible l'ouvrier indigène et l'humble métier qu'il tenait des dieux et de ses pères.

Nous nous arrêtons à un carrefour de routes pour demander la direction d'un hameau que les cartes indiquent comme possédant un dak bungalow. Nous nous faisons difficilement comprendre, mais un enfant (la nouveauté les séduit toujours) offre de nous conduire à une station de chemin de fer, où nous pourrons nous expliquer. Le chef de gare, un digne « babou » qui prend le frais, vêtu d'une légère mousseline blanche drapée autour des reins et de son cordon sacré, écoute à peine nos questions. Il n'a d'yeux que pour la machine, il voudrait savoir pourquoi nous levons cette manette, pourquoi nous ouvrons ce robinet, à quoi sert ce levier, il s'essaie à déchiffrer les marques des essieux, des phares, il épelle consciencieusement la plaque à l'avant, puis, avec un mépris superbe, il nous dit : Oh ! French.....

Néanmoins, il nous renseigne Nous sommes à Kancharapara. Un chemin raviné par les pluies de la saison dernière contourne le village : c'est celui que nous devons prendre pour arriver à Ranaghat, distant de 40 kilomètres. Il s'est levé un vent chaud, dans lequel tourbillonnent des essaims de moustiques qui nous emplissent la bouche et les oreilles ; la campagne se fait déserte, uniformément ensemencée de riz, de patates douces dont les feuilles luisantes donnent par endroit à la plaine grise et sèche un aspect de parc.

Avant de pénétrer dans les fourrés voisins qui se profilent encore nettement dans la clarté mourante du jour, le chauffeur allume les phares.

Il devient impossible d'avancer autrement qu'à une vitesse très ralentie, la route n'étant qu'un chemin gazonné, emprisonné entre deux murailles de jungle épineuse, infranchissable, derrière lesquelles s'agite la vie animale avec une expansion brutale que n'entrave point la présence de l'homme.

Des ornières se creusent davantage, sillonnant de rides profondes le sol, envahi par une végétation folle de palmiers nains, de sagoutiers, de dattiers dont les feuilles pointues et blessantes comme des lancettes nous frappent au visage.

Des vautours repus du cadavre en décomposition d'un bœuf, tombé là, piqué par un serpent, montent une garde hideuse autour de la carcasse rongée, tandis qu'un chacal éperdu s'enfuit à travers les buissons, se heurtant à une idole informe, placée par la piété publique au pied d'un arbre pour éloigner « budg », ce hideux démon qui égare les femmes dans les sentiers inconnus et dévore les jeunes filles attardées au retour des champs. La nuit est venue complètement ; la lune monte lentement dans le ciel assombri, ses rayons traînent entre les cocotiers géants enveloppant d'une buée bleuâtre les stippes lisses et uniformes... Dans l'apaisement de la vie du jour, le mystère hostile de cette nature sauvage nous envahit d'une crainte vague, d'une terreur sans nom. Chaque bruissement de feuille est une appréhension, chaque frôlement d'aile une angoisse, chaque susurrement d'insecte un ennemi.

La peur rampe d'abord comme un adversaire bas, indéfinissable, impalpable, puis elle s'accentue, se précise, se rue sur nous de toute la rapidité de deux yeux flamboyants qui bondissent sur le chemin jonché de bois mort.

Un tigre ! L'angoisse torturante serre la gorge, ralentit le cœur, dessèche la bouche ; l'inutilité de la résistance affole l'initiative. Tout se confond, s'efface, dans un rougeoiment de sang, un heurt violent, puis rien.. rien que le silence de la nuit traversé de cris d'oiseaux. Des rayons de roues primitives gisent par terre, à côté d'une paire de petites vaches zébus apeurées, pantelantes ; un sac de maïs éventré ruisselle sur le capot de la machine embourbée jusqu'aux essieux dans un terrain mou où le choc nous a chassés. Pour sortir de là, il faudrait l'effort de vingt hommes robustes, et, malgré les coups d'épaules désespérés du chauffeur, les roues n'avancent pas d'une ligne. Tandis qu'aidé de mon frère, il cherche parmi les débris de bambous de la charrette une pioche, un instrument quelconque pour défoncer le terrain autour des roues, guidé par la clarté mourante des phares qui s'éteignent faute d'eau, j'atteins une butte de terre d'où l'on découvre une partie de jungle éclaircie par un récent incendie. Les rameaux des arbuste roussis par les flammes pendent comme des oripeaux défraichis, parés des fleurs écarlates d'une liane souple qui s'enroule autour des troncs consumés. Des myriades de mouches lumineuses tourbillonnent dans la verdure sombre des raiforts, striant de bandes éblouissantes l'atmosphère parfumée ; rien ne bruit, pas une cabane ne se devine dans le fouillis des plantes mêlées, tout semble nous condamner à rester là jusqu'au matin. Tout à coup, ma main heurte une chose visqueuse dont le contact glacé me fait sursauter. Je trébuche, je tombe entrevoyant en un cauchemar affreux des visages noirs, des formes émaciées qui ont surgi, semblables à des ombres évoquées par un esprit sylvain. Ce sont des hommes de la jungle. Ils appartiennent aux tribus presque disparues des castes criminelles du Bengale dont les dekoïtejties (raids) jettent encore l'horreur et la dévastation parmi les villageois, qu'ils font rôtir à petit feu afin de leur arracher le secret de leurs maigres économies. Parfois, dans leur ivresse sanguinaire, ils coupent les pieds aux femmes pour leur enlever plus facilement les anneaux d'argent et de nickel qu'elles portent aux chevilles. Aussi, lorsque retentit dans la solitude calme de la nuit leur farouche cri d'assaut, « kali, Ma-kali, » les bergers se blottissent dans leurs huttes de feuilles sèches en invoquant Vichnou, le bon Dieu, celui qui traverse les espaces infinis, chevauchant sur Garuda, l'incomparable oiseau bleu.

Mais nous n'avons rien à craindre d'eux, le prestige du blanc étant tel qu'un Européen peut faire le tour de l'Inde portant une simple canne comme arme défensive.

Ils baisent la terre, prosternés, tremblants devant la lumière des phares, murmurant des supplications inintelligibles à ce dieu nouveau, blanc comme l'âne de Shetala, attelé de coursiers invisibles qui avancent, comme Puspacha le véhicule magique, au gré du dieu de la fortune. A l'aide de quelque menue monnaie de cuivre, nous arrivons à les rassurer un peu, à les faire s'approcher de la machine, à les persuader de pousser aux roues, à la carrosserie, partout où le chauffeur les place, en répétant d'une voix engageante : shollo (pousse). Après quelques tentatives inutiles, l'on arrache l'auto à son lit de boue et nous repartons. Nous n'avons pas fait deux milles que nos phares s'éteignent, et, à cette époque de l'année, il ne faut pas espérer rencontrer le moindre creux d'eau, les troupeaux altérés ont achevé de mettre à sec les petites mares épargnées par un soleil aride.

La monotonie d'une plaine poussiéreuse, que relèvent seuls quelques faisceaux de bambous énormes, succède à la jungle étouffante.

Nous nous égarons plusieurs fois dans les terres labourées, trompés par la blancheur uniforme de la route et des champs. Les bornes kilométriques ont disparu, parfois un tronc d'arbre, une plante grasse, se tordent dans la clarté lunaire en des formes fantastiques d'animaux inconnus ; des oiseaux de nuit planent au-dessus de nous avec des cris perçants, un hibou m'effleure les yeux du bout de l'aile.

La fatigue et la faim commencent à nous peser lourdement : nous avançons péniblement ; le chauffeur est inquiet de l'essence qui va nous faire défaut; nous sommes si las que, lorsque la machine tombe dans un fossé pierreux qui coupe la route, nous décidons d'attendre le jour et de coucher sur place.

Que faire? où aller? Depuis Kancharapara, nous n'avons pas rencontré le plus modeste gite et si quelque habitation se cache là-bas à la lisière d'un bois de manguiers, aucune lumière ne peut nous l'indiquer, les villageois étant trop pauvres ou trop économes pour allumer leurs torches d'étoupes lorsqu'ils peuvent, dans le sourire de « mà » (la lune) ; compter les grains d'un épi d'avoine.

Nous essayons d'écouter, de surprendre un bruit, une manifestation d'humanité ; enfin, il nous semble distinguer, parmi le glapissement des chacals et l'assourdissante crécelle des cricris, un aboiement de chien, très éloigné, très affaibli par la distance. Une fois, deux fois ; il n'y a pas de doute : quelque part, derrière ces rizières vertes, une hutte est endormie sous la garde d'un « chien paria », animaux efflanqués, compagnons constants des basses castes.

Abandonnant Philippe sur la route, nous nous en allons à la file indienne à travers les carrés bourbeux de riz, dans la direction de l'aboiement qui s'est tu.

Brusquement, l'étroit sentier battu par les pieds nus comme une aire à blé tombe dans un chemin plus large, encaissé entre deux talus hérissés de cactus et d'aloès Une haie de henné court sur la crête, protégeant une clôture très proprette en feuilles de cocotiers tressées.

Nous escaladons le talus, non sans nous meurtrir aux piquants des plantes grasses, et, après un long détour, suivant toujours la haie, nous forçons, en enlevant un bambou posé sur deux fourches, l'entrée d'une cour en terre glaise où de grandes meules de paille de riz s'élèvent, à côté de huttes chétives, comme des montagnes de safran pâle.

D'une cabane sort un léger vagissement d'enfant qu'une femme cherche en vain à endormir ; le bruit de ses bracelets remués, les mots tendres qu'elle lui dit nous parviennent distinctement à travers la mince cloison de chaume. Nous frappons doucement à un des piliers de boue durcie qui soutient le toit en palmes sèches, pour ne pas effrayer les paisibles habitants qui n'ont sans doute vu que peu d'Européens et dont nous ignorons la langue.

Une forme roulée dans une mousseline blanche, soupire, se lève et vient à nous. C'est un homme qui se touche le front des deux mains dans un respectueux Salam. Nous tentons d'assortir quelques mots pour en faire une phrase intelligible.

En vain, nous ne savons plus que Katcha, ce mot vague qui s'emploie pour désigner d'une façon générale tous les manques, toutes les insuffisances, tous les vices, toutes les tristesses.

(Katcha), (Katcha), l'un de nous flagellant sa mémoire retrouve « Gharri » (voiture), « Gharri Katcha ».

Le pauvre homme, très effaré, ne comprend pas grand chose

mais aussitôt, avec l'extrême courtoisie que l'on rencontre aux Indes dans toutes castes, il nous invite d'un geste timide à user de tous ses biens : de la paille fraîche, craquante, et deux petites charrettes faites de cinq à six cannes de bambous non décortiquées, posées en longueur sur deux roues de bois plein,

En furetant entre les paliers, nous découvrons aussi un « mâchan », quatre pieds de bois entre lesquels s'entrecoisent des cordes en fibres de cocotiers qui font tout à la fois lit, sommier et matelas.

Siadous, aidé de notre hôte, va chercher nos literies dans la machine et grâce à la bonne volonté de l'indigène, nous avons bientôt chacun une couchette aussi confortable que le permettent les ressources et les circonstances. Mon frère et le chauffeur se perchent sur les charrettes à l'abri des serpents, des insectes innombrables, des rats. Le choix que j'ai fait du mâchan ne paraît pas aussi heureux. Un grand chien fauve inquiet, rôde autour de mon lit de corde, me reniflant les cheveux, tandis que les voisins, attirés par le bruit inusité, s'accroupissent autour du « hooka » de notre secourable ami, accompagnant le glouglou de la pipe dont ils tirent d'âcres bouffées de chillum d'un murmure de voix chantantes et monotones.

Ils demeurent longtemps assis au milieu de la cour, fluets et noirs dans la clarté pâle du ciel sur lequel se découpent les palmes vernies d'un cocotier qui s'entrechoquent avec un balancement rythmé au-dessus de ma tête, tandis que je suis des yeux, sur le tronc fuselé, un lézard énorme qui happe des moucherons imprudents.

4 MAI.

Un rayon de soleil glissant sur mes paupières m'éveille de sa chaude caresse. La vie renaît avec le jour et l'étroite cour s'emplit de bruits rustiques. Les grands buffles gris fer sortent en beuglant des étables environnantes, guidés par des marmots, juchés entre leurs cornes recourbées ; les feux de brindilles pétillent devant les huttes ; les chiens roux jappent après les corbeaux qui s'abattent en bandes hardies sur les corbeilles de « paddy » (riz non décortiqué).

Les femmes sont déjà au travail. Elles avivent les braises de leurs souffles légers et font bouillir dans des marmites de terre un mélange de riz et d'orge, qu'elles remuent avec une tige de bambou. Quelques-unes bercent des enfants criards, d'autres, épuisées, reviennent d'une mare lointaine, portant sur la tête des

Au Réveil dans la Jungle

cruches pleines d'eau saumâtre. Une étoffe de coton crème agrémentée d'une bordure rouge ou bleue, ceint leur taille, s'enroule autour des hanches, des jambes, remonte sur la tête et les épaules en draperie collante. Une amulette informe en corail ou en cuivre, des bracelets de verre, bleu ou blanc, des cercles d'étain aux pieds, complètent la sommaire parure des plus aisées. Leur physionomie n'exprime que l'indifférence de l'esclave ; les castes agricoles sont les plus méprisées et les femmes supportent presque uniquement la lourde charge du travail quotidien dans les champs. Le soleil flétrit vite le visage rond et assez clair des fillettes, le poids des fagots et des gerbes courbe leur taille frêle, et leurs mains deviennent rugueuses à remuer la terre dans les carrés vaseux destinés au repiquage du riz. Malgré cela, une gaieté tranquille allège leurs âmes simples, car elles accompagnent ordinairement de chants plaintifs leurs rudes tâches. Elles n'ont point d'autre horizon que le village enfoncé dans les bananiers, d'autre intérêt que les récoltes abondantes ou pauvres, d'autre distraction que la visite d'un arbre sacré, habité par un esprit de leur caste, auquel elles suspendent des chiffons dégoûtants pour préserver de la maladie leurs nombreux enfants.

Notre visite inopinée restera l'évènement de leurs vies. Silencieuses, elles nous considèrent avec effroi et reculent craintivement, suivant d'un regard anxieux une tablette de chocolat que je tiens en mains. Les hommes, plus aventureux ont été parfois au bourg voisin de Ranaghat, ils savent que les Européens ne sont point redoutables : quelques-uns, en temps de famine, travaillaient aux chantiers ouverts par le gouvernement Britannique pour les affamés et connaissent ainsi les « Sahebs ». L'indigène qui nous hospitalise s'efforce de rassurer les femmes, il m'amène de force son épouse en la traînant par le poignet ; ses amies, terrorisées, s'enfuient et se cachent dans leurs cabanes. Mes bonnes paroles en bengali estropié, tarissent immédiatement les larmes qui commençaient à sourdre dans ses yeux, mon langage lui paraît si bizarre qu'elle se met à rire ; elle rit, elle rit à pleines dents, les épaules secouées d'un accès de belle humeur irrésistible. La cordialité exquise commune à toutes les castes, même infimes, se manifeste chez elle par l'offre spontanée d'une cruche de lait mousseux. Près de la maison dont la toiture de chaume recouvre un sol d'argile, brûle un feu vif de feuilles de palmier, la jeune femme enlève un bassin de graines fumantes qui mitonnaient sur les flammes courtes et me fait signe d'y poser une petite casserole d'aluminium qu'elle aperçoit dans nos bagages ; elle verse dedans le liquide crémeux, m'interdisant par gestes de toucher à ses vases de cuivre. Le contact d'un blanc rendrait cette misérable vaisselle impure et empêcherait même ces castes dégradées d'en faire ensuite usage.

Pendant que nous déjeunons de biscuits et de chocolat légèrement brûlé, une grande partie de la population se dirige vers la route pour examiner la voiture « à air » (gharri owa), notre hôte les précède, fournissant des explications compliquées aux plus curieux. La plupart se sont coiffés de chapeaux en roseaux, pointus comme des toupies, qui leur descendent jusqu'aux oreilles. C'est l'heure du labour, les charrues et les bœufs zébus robustes et infatigables, abandonnés la nuit dans les rizières, s'attellent sur place, mais en quittant sa hutte chaque cultivateur emporte une pioche au manche écourté et glisse dans son pagne une poignée de feuilles de bétel. Nous les trouvons assis sur leurs talons autour de Philippe, fumant gloutonnement la pipe portative qu'ils se passent avec un « salam ». A vrai dire, il n'existe pas pour arriver à Ranaghat, de chemin, ni même de sentier ; une succession de bosses de gazon desséchées, toujours la même ligne d'ornières pierreuses, un encombrement d'arbustes grêles poussant au caprice de la nature ; voilà la route qu'il faut vaincre. Les coolies se mettent à décaper le sol, à unifier les irrégularités du terrain, ils déblayent du mieux qu'ils peuvent la partie centrale ; leurs bêches mordent le sol meuble, éclatant des parcelles schisteuses qui retombent en nuages de poussière. Le réservoir d'essence mesuré, nous partons, nous confiant à notre étoile pour atteindre Ranaghat (15 kil.) avant son épuisement total. Des gamins essaient de nous suivre à la course, mais ce jeu les lasse bientôt et nous restons seuls, sans guide, sans renseignements, au milieu des plaines fertiles. La vue s'étend à l'infini sur des rizières boueuses, des terres fraîchement travaillées, parmi lesquelles quelques paires de « bullohs » se détachent contre les taches sombres des bois, labourant sous l'aiguillon patient du maître attentif. De fréquents croisements de sentiers augmentent notre perplexité ; ils paraissent tous aussi bons et également impraticables. Nous rencontrons deux marchands qui cheminent sur de petits chevaux bruns, aux cous entortillés de perles bleues, préservatrices du mauvais œil. Ils descendent rapidement de leurs montures et se réfugient dans un taillis d'où ils nous font des salutations répétées, des gestes suppliants ; impossible d'obtenir la moindre indication de ces êtres affolés. Nous sommes entrés dans une jungle épaisse, le soleil déjà haut joue à travers les feuillages, la lumière tamisée par les branches se fait blanche, soyeuse et se dépose en ronds lumineux sur le sol broussailleux. Le moteur s'éteint peu à peu, les battements s'affaiblissent ; l'essence s'épuise et nous avançons sans trouver de solution. Bientôt, une grande construction en brique informe apparaît entre les arbres : c'est un dispensaire élevé en pleine forêt au bord du chemin. De jeunes brahmes appuyés à une clôture qui entoure la maison nous saluent courtoisement et nous prient d'accepter quelques instants leur hospitalité. Le propriétaire de l'habitation, un Brahme médecin, accouru à leurs cris, joint ses instances aux leurs, nous demandant avec une noble gravité de « passer le seuil de sa demeure » pour nous y reposer durant les heures de midi.

Sa belle physionomie aryenne s'éclaire d'un sourire en nous introduisant dans une pièce obscure, éclairée uniquement par la porte ouverte. Le plancher de terre battue, arrosé d'eau toutes les demi-heures, maintient une fraîcheur délicieuse dans la salle et quelques grains d'encens qui brûlent devant une image de Shiva embaument l'air.

Dans un coin, un lit de sangle sert de divan à deux Brahmes, amis du médecin, qui fument une sorte de narguileh d'argent. Ils ont le devant de la tête rasé et portent le reste de leur chevelure en rouleaux huileux tombant sur la nuque, le torse nu est traversé par le fameux cordon brahmanical, une cordelette en fils de lin grisâtre. L'un, chef de gare de Ranaghat, l'autre, aide du praticien, se réclament de la caste des « Kulins » les Brahmes des Brahmes, ceux chez lesquels le sang aryen s'est conservé absolument pur, ce qu'ils prouvent par un exposé de leurs alliances matrimoniales en remontant depuis nos jours jusqu'à 300 et 600 avant le Christ. Leur ressemblance avec les races d'Occident est frappante, l'expression des yeux, le dessin de la bouche, la coloration de la peau les distinguent autant que les Européens des populations mélangées parmi lesquelles ils vivent. La supériorité de leur caste, due primitivement à cette aristocratie du sang, s'est conservée et imposée aux autres races par son omnipotence intellectuelle, politique et religieuse. Les Brahmes ont été les créateurs, les législateurs et les censeurs de la Société indoue. Ils l'ont édifiée en concédant aux castes guerrières des possessions matérielles, récompense de leurs services militaires, mais ils conservèrent toujours pour eux-mêmes la gestion et la direction des affaires publiques, auxquelles ils joignirent la primauté spirituelle, l'autorité absolue dans les questions religieuses, n'admettant pas les autres castes à l'étude et à l'explication des Védas. L'hérédité intellectuelle se manifeste si visiblement chez les Brahmes, que j'ai souvent entendu dire à des maîtres d'école que les enfants de cette caste se faisaient remarquer parmi leurs compagnons dès le plus bas âge, par la rapidité de leurs perceptions, leur goût pour l'étude, la finesse de leurs réflexions. Depuis de longs siècles, les Brahmes ne jouissent plus d'aucune influence dans l'administration du pays, mais leur pouvoir sur le peuple reste le même ; la vénération, l'adoration publique les entourent malgré la décadence de la caste. Il n'y a pas un maharadja qui ne se lève lorsqu'un Brahme entre à son « durban » (réception) ou qui ne lui fasse le premier le « pranam » (salutation des deux mains jointes touchant le front). Les carrières libérales leur étant ouvertes et le travail manuel interdit, un grand nombre de Brahmes se livrent à des occupations qui sont le propre d'autres castes, telle, la profession médicale qui appartient spécialement aux « Vadias ». Il faut vivre et le temps n'est plus où les Brahmes recevaient pour les dieux des dons de plusieurs millions de roupies.

Un soupir échappe à mon interlocuteur après cet aveu. « Le « plus douloureux de notre position, ajoute-t-il, c'est que nous « sommes forcés par la pauvreté de donner nos filles à des Brah- « mes riches, de familles inférieures ou de les marier à un Kulin « beaucoup plus âgé qu'elles qui a déjà plusieurs femmes ». C'est le cas d'une jolie fillette cachée dans l'entre-bâillement d'une porte, que son père appelle pour me la présenter. Mélancolique histoire que celle de cette gamine de neuf ans, veuve depuis six mois d'un époux de dix ans plus âgé que son père, qu'elle n'avait jamais vu et dont elle demeurera la femme jusqu'à sa mort, sans autre alternative que la perte de caste avec toutes ses rigueurs par un second mariage ou la consécration aux dieux dans un temple quelconque de l'Inde méridionale. Son père l'embrasse, la prend entre ses bras, mais elle s'échappe pour aller dans la cour grimper avec ses frères dans les ficus, afin de contempler plus à son aise le spectacle inouï d'une voiture sans chevaux conduite par les esprits.

Le chef de gare a reçu de Calcutta avis d'un envoi « d'huile », cette falsification de terme nous permet de faire voyager de l'essence par tous les trains, sans attendre les jours fixés par le Gouvernement britannique pour l'expédition des matières inflammables par des trains de marchandise faisant du 20 à l'heure. Mais quand l'huile arrivera-t-elle ? Le Brahme, le tuyau de pipe entre les dents, les yeux perdus dans une vague méditation, hoche la tête mollement, son attitude suggère une notion de temps infini, une suite d'évènements indéfinissables.

CHAKDAH, 6 MAI.

Il n'y a pas de maison de relais à Ranaghat et les restrictions de caste empêchant le Brahme de nous continuer son hospitalité ; il nous a conduit chez un de ses amis et client, un métis qui habite aux environs. La femme et les filles du maître de maison nous ont reçus avec de grandes démonstrations d'amitié, elles se sont empressées de nous donner les meilleures chambres et de nous apporter de grandes corbeilles de fruits, en guise de rafraîchissements.

Grâce à la retraite du père, ancien ingénieur du gouvernement, la famille jouit d'une petite aisance qui suffit à ses goûts modestes et aux frais d'alcool du vieux B..., un incorrigible ivrogne.

Généralement, il se promène dès les premières heures de la matinée berçant une bouteille de « whisky » dans ses bras, en criant : « Were, ismy bottle from Calcutta ».

Si d'aventure il aperçoit l'un de nous, il l'entraîne furtivement à l'abri des regards inquiets de sa fille cadette chargée de le surveiller, et veut le forcer à boire avec lui en lui racontant pour la millième fois son histoire et celle de ses parents.

C'est, au fond, celle de tous les Euresiens ; un grand-père, ou un arrière-grand-père, Européen, endetté, débauché, échoué dans un poste inférieur aux Indes, un déclassé employé aux chemins de fer ou à la police qui, pour toutes ces raisons, n'est jamais retourné dans sa patrie et a épousé par amour et intérêt, la fille d'un indigène de très basse caste quelque peu enrichi.

Nés de femmes des castes les plus inférieures et de blancs avilis, les métis inspirent tant aux Européens qu'aux indigènes une invincible répugnance. Ils sont la tare vivante de deux races qui les repoussent également.

Leur situation est malheureuse ; la religion, la manière de vivre, le costume les séparent des indigènes, dont ils conservent le caractère obséquieux et mou, le cœur cupide, et l'apparence physique, les cheveux, les yeux.

Leur ascendance européenne fait jaillir de ce tempérament dégradé, une étincelle de fierté, d'enthousiasme, d'idéal, qui se traduit par une prétention surprenante, un désir extrême d'être considérés comme des blancs, un mépris injustifié des races Indoues, tels les Brahmes dont le sang est uniquement Aryen et qui préféreraient massacrer leurs filles plutôt que de les donner à des Occidentaux Les métis n'ont même pas, ou très rarement, la beauté qui devrait accompagner le mélange de deux races, et on ne peut attribuer cette infériorité totale de leur personnalité qu'au sang aborigène, prédominant, dans les castes dont ils tirent leurs ancêtres maternelles.

Il serait intéressant, pour juger complètement des Eurésiens, de connaître des descendants de femmes brahmes et d'Européens, mais mon ami le médecin me déclare en souriant que ces unions-là n'existent pas ; les femmes de sa caste sont des « déesses » et elles ne s'abaissent pas jusqu'à ceux dont les premiers parents ne furent pas, au moins, des demi-dieux.

Le temps passe assez agréablement à Chakdah ; c'est ainsi que s'appelle le bungalow des B... Nous faisons parfois de longues promenades dans les bois de bambous qui couvrent la contrée ; nous ne pouvons nous lasser d'admirer ces centaines de troncs verdâtres réunis en faisceaux qui se terminent par des panaches retombants de feuilles longues et légères que la brise agite, comme des plumets de duvet. Le Brahme vient souvent visiter les B..., il amène régulièrement son ami le chef de gare, dont la réponse au sujet de l'huile, invariablement négative, commence à nous tourmenter. Il y a cinq jours que nous attendons cette essence. Pour nous faire patienter, on essaie de toutes les distractions procurables à Chakdah,

Une fois, la femme du médecin m'envoie ses bijoux : des glands d'or massif pour les oreilles, des serpents d'argent pour les chevilles, une chaîne que les Brahmines serrent autour des hanches, des étoffes en soie du Bengale pour m'habiller. On me photographie et les heures s'écoulent. Un autre jour, on dépique du riz pour nos hôtes et nous allons voir travailler les femmes coolies qui trépignent la paille blonde et celles qui, pour décortiquer, font retomber en cadence un levier de bois sur le grain.

Enfin, hier après midi, le chef de gare, incapable de venir nous annoncer la nouvelle attendue, nous a envoyé son secrétaire, Ragunath Chandra, pour nous prévenir de l'arrivée de l'essence.

Raghunat Chandra appartient à la caste des écrivains, les « Koïts ». Les premiers ancêtres de cette race intelligente, dont la finesse d'intuition et la culture intellectuelle ne le cèdent en rien à celle des Brahmes, seraient les serviteurs des cinq prêtres de Kanoj, attirés en Bengale par les largesses du roi Adisur, pour y célébrer un sacrifice védique, en 400 avant J.-C.

Raghunat, connaissant mon désir d'observer les curieuses coutumes de la vie des femmes dans l'intimité de leurs zénanas, me propose aimablement de me faire visiter sa maison avant notre départ.

La Famille d'un Koït, caste des écrivains

Une habitation de pauvres, dit-il, une famille villageoise, honorable, à la vie modeste et uniforme; la vie que mènent encore des milliers d'Indous en ce siècle de bouleversement où l'on coudoie en chemin de fer les castes impures et à une époque où les « deux fois nés » traversent l'eau noire, la mer défendue, pour aller passer des examens parmi les « sahebs » qui mangent du bœuf, l'animal sacré et boivent les liqueurs intoxicantes interdites par les divins « Shastras » des Védas.

Ranaghat est un bourg, comme tous les villages du Bengale, bâti en boue sèche, plane comme du ciment. La rue principale s'étend parallélement à la rivière entre des maisons basses dont les jardins laissent tomber par-dessus les murs ternes, les larges feuilles des bananiers dont les énormes grappes font rêver d'un paradis plantureux et fermé. C'est là qu'habite Raghunat, dans une grande cour close de palissades dilapidées par les âges et les moussons. Suivant l'usage indou, il vit avec tous les membres de sa famille paternelle : ses frères, ses oncles, ses cousins. Il est l'aîné de la maison, par conséquent le chef apparent de ce cercle patriarcal ; mais la véritable autorité, celle qui brise toutes les volontés et règle les plus minutieux détails de ménage, la force, l'honneur, la tête de la maison, c'est la mère de Raghunat. Cette vieille femme est le type des matrones Indoues pour lesquelles le respect de leur fils et la soumission complète de leurs petits-enfants, belles-filles, belles-sœurs et neveux, devient la légitime compensation de la déférence outrée qu'elles doivent à leurs époux.

Coin de Bazar à Ranaghat

Dans un intérieur indou, la mère incarne la toute-puissance. Derrière les rideaux de son zénana, c'est elle qui dirige le roulement matériel de la vie journalière, c'est elle qui arrange les alliances matrimoniales, ou qui décide les pèlerinages ; son mari ou son fils n'entreprennent aucune affaire sans la consulter. Enfin et surtout, les femmes sont en Bengale, plus particulièrement, les grandes conservatrices, les ennemies des innovations européennes, les gardiennes charmantes des dieux et des usages. La mère de Raghunat m'accueille avec une grande dignité ; son « sarri » de veuve sans bordure, tout blanc, sied bien à son teint d'ivoire pâle, ses bras admirablement ronds ont été dépouillés de bracelets à la mort de son mari, elle ne porte plus qu'un simple cercle d'or au coude pour la préserver, ainsi que ceux qu'elle aime, de tous les maléfices.

Bien qu'elle ait près de quarante ans, ses lisses bandeaux

noirs ne sont pas mêlés d'un seul fil d'argent, chose rare parmi les indigènes qui vieillissent vite. Son fils reste respectueusement debout, attendant un signe d'elle pour prendre place sur le banc de bois où nous nous sommes assises. Elle cause avec moi d'une façon fort intelligente. Je lui raconte, par l'entremise de Raghunat, nos péripéties d'auto, notre nuit dans la jungle; un beau sourire placide illumine son visage grave, lorsque je lui parle avec admiration du Bengale, son pays, de sa maison nette, bien ordonnée, des coutumes touchantes et originales auxquelles j'ai pu m'initier depuis quelques mois. Elle me questionne d'une voix basse, mélodieuse, insistant pour savoir si j'ai jamais goûté des mets et des sucreries indigènes. Non ? Elle veut alors me faire accepter des gâteaux Bengali, pétris de ses mains et elle m'enmène dans une pièce voisine où ses belles-filles sont occupées à préparer le repas du soir.

Les unes attisent dans des trous de terre glaise un feu de noix de coco, sur lequel bout dans un nuage de vapeur fade, une marmite de riz. La plus jeune, à genoux, devant une pierre carrée, écrase et mêle avec un rouleau de bois des graines, des oignons, des piments, tous les condiments obligés du « currié ». D'autres farcissent de farine de maïs et de poissons frits des courges jaunes et juteuses. Deux servantes accroupies près des feux, alternativement, vont au puits et à la rivière chercher l'eau qu'elles portent dans des cruches de cuivre reluisantes ou de grands vases de terre. Mais seules les femmes de la maison peuvent faire la cuisine, mélanger les ingrédients, manier les aliments, ajouter du sel pour les plats destinés à leurs maris, car un Indou qui mangerait d'une nourriture préparée ou effleurée simplement par une personne de caste inférieure à la sienne, commettrait un péché grave et dans certains cas presque inexpiable. La caste brahminicale étant la caste la plus élevée, les Rahjas orthodoxes et les grands propriétaires terriens (zémindars) engagent généralement comme cuisiniers des Brahmes pauvres, dégradés, dont les mains presque divines permettent d'épargner aux princesses une besogne astreignante et vulgaire. La femme de Raghunat travaille avec ses belles-sœurs ; elle astique les bols de cuivre, les petites cruches rondes sans anse, les plats incrustés de dessins religieux qui constituent les seuls ustensiles de table de l'Indou. Son mari me la présente, mais elle se tient voilée, muette, suivant l'étiquette du pays qui défend à une femme de parler à des étrangers en présence de son seigneur et maître. Elle a le type fin et allongé des Indoues du Bengale, les plus jolies femmes de l'Inde et aussi les plus intelligentes. Sa belle-mère l'affectionne tout particulièrement, parce qu'elle lui a donné un petit-fils, l'idole de ses jours déclinants, dont les fils et les fils jusqu'à la quatrième génération en accomplissant les cérémonies pour l'âme des défunts ancêtres, murmureront encore son nom, en versant du beurre clarifié et de l'eau fraîche à ses mânes inquiètes.

La salle de prière, un réduit blanchi à la chaux, précède une chambre commune et les deux pièces habitées par Raghunat, sa femme et sa mère. Une statue de Kali en cuivre massif devant laquelle s'éteint un lampion d'huile, quelques chromos religieux suspendus aux murs meublent le sanctuaire. C'est ici que le Brahme, guide spirituel de la famille, vient, lors de certaines circonstances, accomplir les cérémonies rituelles pour les membres de la maison. L'habitation est dépourvue de meubles, à l'exception de quelques couchettes en planche, suspendues au plafond, comme des escarpolettes, par de longues cordes et dont le bois disparait sous les coussins et les traversins moelleux.

Autour des murs, de grands coffres en cèdre ou en sandal servent à enfermer les pièces d'étoffes, les vêtements, l'horoscope de chaque membre de la famille. Les économies, s'il y en a, sont toujours employées à acheter des bijoux, le seul capital que comprenne l'indigène et comme les femmes les portent constamment au cou, aux chevilles ou aux poignets, il n'y a pas de précautions à prendre contre les voleurs. La mère de Raghunat me fait traduire qu'elle a bien du mal à maintenir dans la maison cette belle ordonnance que j'admire. Six belles-filles, dont l'aînée a 17 ans, ne sont pas toujours faciles à diriger, même avec une volonté inflexible, une main autoritaire et pesante comme celle de la vieille dame.

Cette cohabitation perpétuelle dans la maison paternelle, sous la dépendance d'un aîné, auquel n'attache parfois qu'un lien de parenté fort éloigné (cousin troisième degré), paraît tout d'abord insupportable, totalement opposée à l'idée du foyer domestique personnel, libre, intime, tel que nous le comprenons en Occident. La pensée évoque les conflits d'intérêts, les luttes de tempéraments et de caractères, l'apport adverse des intelligences, des sentiments, des goûts, dans une telle communauté et la réalisation de l'harmonie apparaît comme un délire de l'imagination. Mais pour l'Indou qui est essentiellement un soumis, un patient, un routinier, ce mode d'existence présente au contraire des avantages immenses, et dans un intérieur comme celui de mes hôtes, la bonne harmonie de la vie, sans être exempte de petites tyrannies, de querelles passagères, de froissements inévitables parmi les humains, n'est en somme troublée que rarement, presque toujours par ceux des membres de la famille auxquels l'intérêt ou le snobisme conseillent de s'éprendre sans sincérité et sans discernement des usages européens. La personnalité de l'Indoue est nulle, il nait dans un moule : la caste, dont l'atavisme et les coutumes remplacent l'initiative. Il ne se conçoit jamais comme une unité consciente, puissante, portant en lui les éléments de son malheur ou de sa fortune, mais toujours comme membre d'une collectivité qui lui impose des idées et des sentiments qu'il ne cherche pas à discuter.

C'est un éternel mineur, et la vie familiale n'est pour lui que la continuation de la vie de caste ; son aîné, par un hasard de naissance, le dominant tout comme les castes supérieures à la sienne par une volonté des dieux, prennent sur lui une préséance contre laquelle personne ne s'insurge.

L'indigène, en Bengale plus particulièrement, végète pacifiquement, endormi dans l'indoléance et la mollesse. Ses jours s'écoulent sans hésitation, sans imprévu ; la caste règle, dès le berceau, l'emploi de ses heures, elle préside à ses sentiments intimes, elle détermine ses moindres actes et jusqu'au choix de sa nourriture. Son héréditaire et prépondérante influence le subjuge pendant son existence et le suit encore dans la mort, n'accordant même pas à ses cendres l'égalité du deuil et de la sépulture. Les castes différentes ne s'allient jamais entre elles et ne se fréquentent pas ; tout sujet de dissentiment grave est évité par ce fait, les membres d'une famille n'échangeant que des idées reçues, des vues adoptées immémorialement, par cette autorité qui fait loi : une même caste dont ils tirent leurs goûts et leurs affinités.

L'Indou ignore l'âpre bataille pour la subsistance quotidienne ; il vit paresseusement sur un salaire minime mais suffisant, ne songeant point à amasser un petit pécule pour sa vieillesse indigente. La maison paternelle, au déclin de sa vie, devient son refuge ou celui de sa veuve, le chef de famille subvient à leurs besoins, les protège et les soutient. Sa religion contribue d'un autre côté à laisser l'Indou sans haine sociale, sans amertume. Son existence actuelle n'est pour lui que la suite de vies passées ou un prélude de nouvelles réincarnations. Avec une admirable philosophie, il regarde ses maux comme un châtiment de péchés antérieurs, et si dans son âme s'élève un désir inassouvissable, par la contemplation, forme parfaite de la patience, il fera violence au ciel, pour en obtenir dans une vie future la réalisation. Jamais il ne sent frémir dans ses moelles l'amour passionné de la lutte, qui, âpre comme un vent de montagne, orageux comme les flots troublés, fait bondir l'âme et le cœur.

11 MAI.

A travers des chemins bourbeux, défoncés, Raghunat nous accompagne jusqu'à la route de Krisnagar, notre étape d'aujourd'hui.

Il nous voit partir avec tristesse et une certaine curiosité. Il ne nous envie pas le plaisir du voyage, mais il m'a confié son ardent désir d'aller jeter au Gange, à Bénarès, quelques os de son père, et la pensée que nous traverserons en profanes cette ville bénie, que sa pauvreté l'empêche de visiter, lui fait monter des larmes aux yeux.

Bientôt il n'est plus, à nos regards, qu'un point blanc à l'horizon, qui se meut lentement vers Ranaghat.

Des manguiers remplacent les palmiers; le long du chemin, leurs fruits, zébrés de lignes jaunes, jonchent les sous-bois étoilés de fleurs blanches et odoriférantes. Des bandes de porcs à moitié sauvages sortent de la jungle, traversent la route et vont barboter dans les rizières qui s'étendent, vertes et boueuses, jusqu'au plus lointain horizon.

L'on ne voit aucune habitation, mais nous croisons des charrettes, recouvertes d'une bâche de feuilles sèches et fermée aux extrémités par des étoffes, qu'une main féminine soulève sournoisement.

Les femmes de haute caste voyagent ainsi dans leurs équipages pour aller visiter une amie, une parente, et se tenir au courant de potins de village. Des papillons de turquoises, des écureuils roux, des insectes qui roulent de grosses coqués, comme les colimaçons, amusent notre attention jusqu'à Krisnagar. L'ancienne métropole des sciences sanscrites, fameuse par les doctes brahmes qui y naquirent, n'a rien conservé de son antique puissance. Des écoliers jouent au foot-ball dans une prairie, et s'amusent à tracasser des bandes de grands singes gris, qui se mêlent à leurs jeux et pendent aux arbres en grappes grimaçantes et agressives. Quelques guenons sautent lestement à travers la route au-dessus de nos têtes, leurs petits agripés à elles : des cris de colère, des grognements pareils à des menaces nous saluent.

Nous passons la soirée chez le collector, M. R..., qui s'efforce, à titre d'adepte du sport automobile, de nous fournir toutes sortes d'indications sur les routes de son district, les forêts, les environs de Moorshidabad dont enfin nous approchons. Il nous donne même une lettre pour un ingénieur de ses amis que nous trouverons à Nizfragatha et dont la bonne volonté doit nous faciliter les étapes suivantes.

KRISNAGAR, 12 MAI.

Une quiétude mélancolique plane sur les rivières indoues, que l'aridité de leurs bords semble devoir dépouiller de toute grâce. Leurs eaux, dont la tonalité éteinte s'harmonise et se mêle avec les étendues de sable des lits desséchés, s'écoulent si paisiblement qu'on éprouve le désir, sans cesse renaissant, de s'abandonner à ce calme courant, pour aller se perdre avec lui dans le repos des lointains infinis. L'âme populaire, émue de la majesté triste de ces fleuves, les a fait habiter par des divinités dont la puissance purifie de tous les péchés, apaise tous les doutes, donne la paix. Et la confiance humaine, en un être ou en un Dieu, a quelque chose de si grand et de si touchant, que la consécration par ce sentiment d'une des forces de la nature, l'entoure d'un halo de miséricorde et de dignité.

La Jillinghee qui passe à Krisnagar est un de ces cours d'eau sacrés. Ses flots entraînent toutes les douleurs des Bengalis, dont les humbles habitations se mirent dans ses ondes tranquilles. Les berges sont très escarpées, glissantes, crevassées par les pluies et sillonnées de sentiers, qui permettent aux habitants d'aller jusqu'au fil du courant, se baigner, prier, puiser de l'eau, participer, en un mot, à cette vie spéciale et absolument indoue qui s'épanouit sur le bord des rivières aux premières heures du jour.

Pour faire descendre la machine aux « ferrets », bacs en bambous servant à transporter d'une rive à l'autre les charrettes et leurs attelages, il y a des difficultés considérables. M. R... nous

Embarquement

accompagne, et une escouade de policemen qu'il met à nos ordres réussit, avec l'aide des spectateurs, à amener Philippe au bord de l'eau et à l'embarquer sur le fragile esquif. Les bateliers s'emparent de longues perches et nous nous éloignons petit à petit de Krisnagar; la population nous salue au départ d'acclamations prolongées, des enfants nous suivent à la nage, ils s'accrochent au « ferret » d'une main, mais sans pitié, les policemen, groupés autour de la machine, les frappent sur la tête de leurs bâtons de bambou et leur font lâcher prise.

Nous glissons assez rapidement, malgré les bancs de sable sur lesquels le radeau s'échoue parfois et la lenteur des bateliers à la remettre à flot. Le soleil est déjà haut et brûlant, lorsque, après l'habile traversée d'un bras de terrain vaseux, M. R... nous désigne du geste une vaste ornière argileuse, interrompue par des mares de poussière, des trous, des bosses schisteuses. C'est la grand'route. L'étape s'annonce dure. Nous faisons nos adieux à M. R..., et il nous conseille de quitter la voie officielle, pour suivre un chemin qui dessert le tracé de la ligne en construction (Calcutta-Moorshidabad). Pour le rejoindre, il faut traverser des champs labourés fraîchement; c'est une entreprise téméraire et éreintante, il a plu abondamment la veille, la terre en grosses mottes colle aux pneus, et sans l'effort soutenu des « policeman » qui nous escortent jusqu'à la fin du district, nous ne parviendrions pas à dégager Philippe de cette gluante étreinte.

Le nouveau chemin que nous avons pris est très étroit, tout aussi mauvais que la route, encombré de pierres, dont on a débarrassé le talus de la ligne ferrée que nous côtoyons. Des coolies travaillent à cette dernière, ils portent des hottes de terre, des chargements de traverses en bois et en fer : ils nous aident souvent à sortir des endroits difficiles. La contre-allée du chemin de fer se rétrécit de plus en plus, puis elle finit dans une plaine de chaume récemment moissonnée.

Cette surprise désagréable est compensée par la vue lointaine d'un mince filet de fumée qui s'élève au-dessus d'un groupement d'arbres et nous fait présager des habitations. Nous coupons bravement à travers champs pour y arriver ; mais nous n'allons pas loin; le sol cède sous les roues de la machine, et, malgré le ronflement désespéré du moteur, nous nous enlisons jusqu'au moyeu. Nos policemen nous ont quittés depuis quelques milles, il faut donc que nous nous aidions nous-mêmes. Le chauffeur retourne vers la voie du chemin de fer et en ramène trois paires de buffles et de vaches que leurs maîtres consentent à attacher à l'auto. Inutile effort ! le terrain, instable, oscille sous les pieds des bêtes, la peur les saisit, elles rompent les cordes qui les attachent à la machine; les indigènes n'osent pas frapper les vaches, un animal consacré aux dieux; il faut en prendre son parti et essayer d'un autre moyen. Les coolies apportent des pics, des pioches, ils débarrassent peu à peu les roues, la direction, la base de l'essieu; mais si la machine bouge, elle s'ensevelit de nouveau dans cette perfide rizière. La nouvelle s'est vite répandue qu'une voiture « magique », montée par des européens, est embourbée dans les environs. Tous les villageois accourent en grande hâte. Leur présence exaspère le chauffeur, et les oreilles de ceux qu'une curiosité aiguë amène par trop près de Philippe se ressentent de sa mauvaise humeur. Un contre-maître des travaux du chemin de fer nous propose timidement d'essayer un passage de fagots et de pièces de bois qu'il va faire arranger par les ouvriers. Le pauvre homme a tellement peur des voies de fait du chauffeur, qu'il se tient très éloigné de nous, et il faut quelques instants pour comprendre ce qu'il expose

Un passage difficile

C'est une excellente idée, mais l'exécution en est longue. L'on va chercher les matériaux à un mille de distance, les planches sont trop minces, les poutres trop courtes; il faut commencer à installer une chaussée de briques sous les bois, c'est un travail considérable, mais après plusieurs heures de rude labeur, nous avons la satisfaction de voir Philippe, soigneusement dirigé, rouler tant bien que mal sur un trottoir qui le mène jusqu'aux premières chaumières du village.

Nous méritons un repos que nous prendrons dans le bungalow

des ingénieurs, qu'un homme va nous montrer. La maison est ouverte ; il n'y a pas de gardien, mais le coolie connaît les êtres, il avance des chaises, il tire d'un placard des verres, des assiettes, de l'argenterie et nous demande si nous voulons prendre quelque nourriture. Nous n'y songions plus à trois heures de l'après-midi !!! En attendant le riz qu'il nous promet, nous récapitulons les ennuis de la journée ; la somme est assez ronde, mais nous ne songeons pas un seul instant à abandonner le mode de transport que nous avons adopté pour voyager aux Indes. C'est peut-être cette incessante lutte contre des obstacles imprévus qui fait le charme de l'automobilisme ! Nous repartons après le « tifin », en consultant les cartes prêtées par M. R... Elles nous renseignent approximativement et l'une d'elles porte en gros caractères ces mots inscrits en travers du district dans lequel nous entrons : « Tigers et léopards » (Tigres et léopards). C'est rassurant, cette indication zoologique ! surtout à la nuit tombante. La route s'est transformée en une succession de dos d'âne qui glissent dans des creux de terrain pleins d'eau.

Nous voulons marcher sur la nouvelle voie du chemin de fer et pendant un certain temps nous nous en trouvons bien, mais après quelques milles, le vide d'un viaduc qui n'est pas placé nous barre le chemin. Les environs sont déserts ; très loin à l'horizon, nous distinguons quelques silhouettes de cultivateurs, parfois une habitation basse. Le pays est plat et morne. Je ne vois rien, du reste ; devant mes yeux dansent en lettres géantes ce « tigers et léopards » des cartes, et cette préoccupation m'empêche même de me réjouir avec mon frère et le chauffeur lorsque, enfin, nous aboutissons à un chemin praticable. Nous arrivons rapidement à un hameau, bâti autour de deux jolis lacs émaillés de nénuphars et ombragés de bambous pleureurs. Quelques lumières percent le feuillage, un gong appelle au temple ; nous croyons être à Nizpagatha. Mais non, il faut encore continuer pendant deux milles avec un vieil indigène que nous amenons de force pour ne pas nous égarer en des traverses inconnues, et nous débouchons devant une grande nappe d'eau. Le vieillard nous montre un bungalow bien éclairé sur l'autre rive : « Smythe Saheb », dit-il. Oui, mais il faut traverser. Le ferret est petit, incapable de supporter le moindre poids ; un gamin, empressé, a beau calfeutrer les voies d'eau avec des feuilles qu'il arrache aux arbres environnants, en nous faisant des offres de transport très avantageuses : nous ne sentons nullement la nécessité de confier Philippe à l'embarcation et à son jeune nautonnier. M. S... nous tire d'embarras en constituant à la machine une garde de ses coolies, qui se relayeront auprès d'elle toute la nuit ; nous la laissons sur place, sa forme blanche se reflétant, au clair de lune, dans les eaux sombres du lac, que trouble parfois le glissement sournois des crocodiles.

NIZPAGATHA, 13 MAI.

En regardant s'avancer dans le lointain la barge offerte par M. S..., pour transborder l'auto, nous éprouvons la satisfaction d'avoir vaincu une difficulté ; c'est une jouissance passionnante, car à la joie du succès, se mêle l'admiration pour l'intelligence humaine qui a dompté la force matérielle. La chance, il est vrai,

Charrette de Cultivateurs Bengali

entre pour une grande part dans notre triomphe ; si nous étions passés à Nizpagatha quelques mois plus tôt ou plus tard, nous n'y aurions trouvé ni ingénieur, ni pont de chemin de fer en construction et il nous eut fallu faire de prodigieux efforts d'imagination pour trouver le moyen de traverser une rivière avec une automobile. M. S... croit que cette dernière aventure pourrait n'être que partie remise ; des dépêches reçues à son poste de télégraphie sans fil lui annoncent la crue à la suite d'orages de tous les ruisseaux de la région. Cela ne nous empêche pas, après l'avoir remercié du secours qu'il nous a obligeamment prêté, de mettre à nouveau le cap sur Moorshidabad. L'herbe a pris possession de la route, elle croît jusque dans les ornières, peu fréquentées du reste, si l'on en juge par la ligne de gazon que foulent les roues de Philippe.

Ce malheureux pays du Bengale, que les Anglais exploitent *comme une mine inépuisable*, est l'unique partie de l'Inde; dépourvue des facilités que le Gouvernement prodigue ailleurs. Avec une candeur exquise, il s'excuse, en faisant observer que de ce côté de la province, il y a très peu de fonctionnaires britanniques. L'on ne voit en effet pas un seul dak bungalow. La température est lourde, le soleil cuisant ; à certaines époques de l'année la contrée doit être submergée ; une espèce de plateforme, très élevée au-dessus du niveau du chemin, indique qu'à ces moments-là piétons et cavaliers prennent le « bund » comme voie de communication.

Vers midi, nous apercevons une agglomération importante de maisons construites en bois et en torchis ; chacune d'elle est séparée de sa voisine par un jardinet, qui fournit aux habitants les légumes et les fruits indispensables à leur nourriture strictement végétarienne. Nous terrorisons la population ; les femmes se sont tapies derrière les murailles de chaume des huttes ; elles supplient leurs époux de s'éloigner de ce monstre rugissant et soufflant, nous le présumons du moins, car il est impossible de distinguer en quelle langue elles poussent leurs cris assourdissants. Aucun de ces indigènes ne comprenant l'anglais, il sera difficile de s'expliquer. Une idée ingénieuse vient au chauffeur ; il tire son portefeuille en leur montrant une enveloppe et fait le geste de la laisser tomber dans un sac ou dans une boîte. Alors les figures s'épanouissent, ils ont tous saisi cette mimique : nous voulons aller à la poste.

Les enfants s'offrent à nous y conduire et le village au grand complet nous escorte. Pittoresque, la poste ! quatre bancs de bois, une table sous un hangar en palmes enlacées, par terre un coffre où s'entassent les correspondances pressées ; celles que les facteurs prennent lorsqu'ils ont le temps. Elles n'arrivent pas toujours ; souvent le porteur, malgré le bâton garni de clochettes qu'il agite pour l'éloigner, rencontre « le maître de la jungle (1) » et le petit paquet suspendu à sa pique *à la façon des coureurs antiques, se fane et s'effrite* dans le sang du coolie dévoré.

L'existence du babou, maître de poste, ne comporte aucune de ces tragiques éventualités et à Dadpour (je vois le nom inscrit sur une pancarte) particulièrement, la situation se rapproche furieusement de la sinécure.

Un cercle s'est formé autour de nous, afin de ne pas perdre un seul détail de notre entrevue avec le post-master. Lorsqu'il

---

(1) Le tigre, expression Bengali.

déclare ne pas parler l'anglais, la déception des curieux n'a d'égale que notre exaspération. Nous voudrions déjeuner et surtout trouver la route de Berhampore-Moorshidabad. Enfin, la patience, arme suprême en ces pays sauvages, nous vient encore une fois en aide. Assis sous les arbres qui ombragent la place du village, nous nous faisons justiciers, nous amusant à embrocher des fourmis blanches, menaçantes pour les pneus, quand le secours attendu se présente. Jouant des coudes et des pieds, un écolier se faufile au premier rang des spectateurs contemplant avec horreur ce massacre d'insectes, défendu par leur religion. L'arrivée du bambin cause une bousculade qui trouble le grand silence de la foule et attire notre attention. Le jeune perturbateur de l'ordre s'est placé très en évidence, peu soucieux de sa nudité et fier d'un cartable qu'il porte sous le bras. Son regard intelligent, sa peau presque blanche le font immédiatement reconnaître : c'est un enfant Brahme ; les autres mioches de castes inférieures s'écartent avec respect de ce quasi-dieu que notre présence semble intimider ; d'un geste maladroit, un de ses petits compagnons heurte le cartable qui tombe à terre entr'ouvert. Au nombre des livres que l'enfant y remet méthodiquement, flamboie la couverture orange d'un volume anglais, édition populaire, intitulé « The secret island ». Nous sommes sauvés, car le lecteur de ce roman doit être à même de nous fournir en langue britannique toutes les indications désirées. Très fier du reste de nous montrer son savoir, il s'exécute amplement et nous propose de nous mener au dak bungalow. Une fois arrivé, il s'empresse d'aller à la recherche de son père qui habite en dehors du village. Pendant que nous nous reposons, un groupe d'enfants arrêtés à la porte de la véranda nous contemple curieusement. Presque tous, abîmés de la petite vérole, sont vêtus uniquement d'amulettes attachées autour des reins. Ils se consultent, étudient nos gestes, nos regards, rient, en montrant de jolies quenottes teintées de bétel. L'un de nous tousse, ils s'enfuient, et dans leur envolée piaillante, une fillette laisse choir sa cruche de grès qui se brise. La consternation de la bande est si grande, les petites figures sont si émues, que ma générosité va jusqu'à leur jeter quatre annas.

L'écolier revient bientôt accompagné de deux brahmes, son père et son oncle. Ces hommes auraient pu servir de type à l'écrivain anglais qui a dit : « Un beau Brahme est un des plus magnifiques spécimens de la race humaine ».

Ils ont l'impeccabilité de traits, la gravité du visage, l'idéal dans les yeux, la puissance et la taille des statues antiques. Leurs mouvements sont souples, leurs gestes dignes, leur attitude légèrement hautaine et condescendante. Le sang aryen et les traditions d'oisiveté manuelle de cette caste brahmaniale en ont fait vraiment une race de demi-dieux ! Nos visiteurs ont amené avec eux deux ou trois coolies qui se tiennent en dehors de la maison, les bras chargés de noix de cocos, de goyaves, de mangues. L'un d'eux porte des pains de bouse de vache séchée pour alimenter le feu que les Brahmes leur ont commandé d'allumer.

Eux-mêmes, lorsque les flammes rousses pétillent et s'allongent, s'approchent du foyer pour nous donner une preuve d'amitié et d'estime que Brahma serait heureux d'accepter. De leurs mains fines et souverainement pures, ils vont nous faire la cuisine ; ils lavent le riz, préparent des « curries » de poissons, de légumes, des pâtes d'amande, des crêpes épaisses ; « chapattis », qui remplacent le pain que les indigènes ne mangent pas.

Sur la table du bungalow, les domestiques ont déposé des montagnes de melons à chair rose et noire, des sortes de grenades mœlleuses, jaunes comme des abricots, des mangues, des » lichi », petit fruit dont la pulpe est blanche, juteuse ; des sucreries, des boules de safran, des fritures de bambou, des graines de lotus confites, vertes comme des pois. C'est à croire que nos Brahmes ont rançonné les environs pour nous procurer toutes ces friandises indigènes.

Assis très loin de nous, ils semblent ravis de nous voir apprécier leurs attentions ; l'enfant apporte les mets sur de larges feuilles de bananiers, mais évite de nous effeurer ou même de subir le contact de la table. La souillure d'un reste, d'une miette de notre repas obligerait ces Brahmes à de longues, pénibles et minutieuses expiations.

Nous voulons les remercier après le repas et leur offrir quelques roupies, car ils sont pauvres Ils refusent fièrement, en disant que les Aryens indous et les Européens sont frères et qu'entre mêmes races l'hospitalité est le premier des devoirs.

Au moment de quitter Dadpour, le ciel, menaçant depuis quelques heures, se charge de plus en plus. Des nuages noirs qu'un vent violent pousse l'un vers l'autre vont se joindre et éclater en un de ces orages de mousson effrayants et destructeurs.

Les Brahmes nous conseillent de rester dans leur village, ils croient que nous aurons grand peine à arriver à Berhampore le soir, si la pluie détrempe la route. Quelques kilomètres à travers un monotone paysage de rizières et de bois de manguiers nous ont vite convaincus qu'en effet nous ne coucherons pas à la capitale administrative de Moorshidabad. Le vent siffle sinistrement entre les gros troncs des banyans qui ombragent la route ; les huttes bâties entre leurs racines fibreuses sont closes et silencieuses, aux alentours ; une fillette rassemble des hardes séchant sur une haie et des chevriers, faisant claquer de petits fouets, s'efforcent de ramener à leurs étables de paillis des chèvres indisciplinées.

Des champs déserts, des plaines à l'herbe brûlée, des bois de bambous clairsemés se succèdent sans indiquer le moins du monde les environs d'un village. Une pluie fine et mouillante commence à tomber, transformant la poussière en une boue épaisse qui s'attache aux roues de la machine et la retient. Dans peu d'instants la campagne sera ruisselante d'eau. Un sourd grondement se rapproche de minute en minute, les éclairs sillonnent la nue, un lacet de feu nous aveugle suivi d'un fracas épouvantable : à quelques centaines de mètres de la machine un bel arbre flambe. La peur de l'orage est la seule crainte qui ne se raisonne pas, et lorsqu'un être affligé de cette terreur a comme moi la perspective de passer la nuit à la belle étoile, sa frayeur devient une torture. Je voudrais m'ensevelir dans un fossé, m'enterrer sous la route, mon frère épuise ses consolations et sa pitié à me rassurer ; j'étais descendue de voiture, je consens cependant, la première émotion passée, à y remonter et à continuer.

Nous devrons atteindre un village bientôt, d'après les cartes..., mais il ne faut pas perdre de vue qu'en dix ans bien des choses changent, même aux Indes. Le crépuscule presque nul dans ces pays-ci est encore écourté aujourd'hui par l'état de l'atmosphère, nous allons peut-être dépasser sans l'apercevoir une cabane, un bungalow, que sais-je ? Et cette colonne de feu qui craque et pétille sous nos yeux, semble avoir été allumée pour nous rappeler expressément les dangers qui nous menacent.

A la lueur des flammes, un chacal, des oiseaux de proie festoient des restes à demi-consumés d'une vache foudroyée. C'est horrible.

L'orage semble se calmer, puis il redouble de violence et finalement il s'abat en torrents de pluie. Les gouttes drues et serrées nous piquent au visage comme des épingles et tombent devant nous formant un rideau liquide presque impénétrable. C'est par une chance exceptionnelle que nous évitons un « gharri » (1) qui vient vers nous et marche dans les ornières que nous suivons.

Les conducteurs s'arrêtent à vingt mètres l'un de l'autre, éprouvant des sentiments bien dissemblables. Chez nous, c'est de la joie, il faut croire qu'enfin nous allons trouver un abri ; quant au cocher, la stupéfaction et la peur se succèdent sur son visage. Les chevaux, de leur côté, se rebiffent, ils tentent un tête à queue

---

(1) Voiture indigène.

réprimé par le « Gharidalla » et qui réussit seulement à tirer d'un sommeil paisible l'unique voyageur : un gros babou bengali.

L'apparition d'un dieu resplendissant de force et de beauté ne m'eut certainement pas ravie davantage que la rencontre de ce bonhomme à la face pâteuse et endormie. Son accent traînard et ses périphrases embrouillées, chatouillent délicieusement l'ouïe ; avec une patience inaccoutumée, nous acceptons ses flatteries, ses questions. Il a commencé à nous dire qu'il arrivait de Burwa, un gros bourg éloigné d'un mille, où nous pourrons coucher, il va..., mais la suite a perdu tout intérêt. Après de chaleureux remerciements, de cordiales poignées de mains, nous le laissons légèrement ahuri, continuer sa route.

Des plantations de bananiers, quelques cocotiers élancés, nous annoncent des habitations proches. Hélas ! ce ne sont que des masures ouvertes à toutes les intempéries et inhabitables pour des Européens. Où donc est le village promis par le babou ? Un indigène plus déluré que ses concitoyens nous fait signe de le suivre et part au galop dans un chemin creux que garde une idole casquée de peinture rouge. Nous franchissons après lui l'entrée d'un jardin, au milieu duquel s'élève une maison en pierre, bien bâtie, dont les « boys » accourent en nous prodiguant les marques d'un respect infini.

Une remise attenante au bungalow est vite débarrassée des sacs de chaux qu'elle contenait et Philippe, le premier, gagne un asile mérité. Nous remarquons alors seulement une particularité assez bizarre de la maison, elle n'a ni de portes, ni fenêtres, toutes les ouvertures ferment avec des volets de bois assujettis à l'intérieur par des barres coulissant dans les murs. Les quelques chambres qui composent l'habitation sont encombrées de meubles, de tapis, de chaises cannées, de tentures, de canapés, que les domestiques disposent sous la véranda pour que nous puissions nous étendre ; sans aucun doute, nous sommes installés dans une demeure privée.

J'interroge un des indigènes qui regarde tomber la pluie, nonchalamment couché sur un morceau de nattes ; il me répond par un flot de paroles inintelligibles en faisant le geste de manger, et répète souvent « babou, babou ». Comme dîner ce serait coriace le babou !... Il vaut mieux ne songer à rien et jouir béatement de ce refuge inattendu. Je crois que nous allions tous trois nous laisser endormir par ce sentiment de confiance et somnoler comme des gens arrivés au port, lorsqu'une grande agitation des serviteurs nous donne l'alerte. Le propriétaire du bungalow rentre, il saute à bas d'un superbe pur sang arabe, gravit lestement le perron et naturellement reste pétrifié en voyant son domicile envahi par des Européens. Sans me donner le temps de lui fournir une explication, il dégringole les marches, enfourche son cheval et s'éloigne au galop. C'est le babou en question : un Musulman barbu, à l'air féroce. L'hospitalité, une des lois du Coran, ne nous sera certainement pas refusée, mais pourquoi cette retraite précipitée ?

L'excellent homme est simplement aller chercher un interprète, car il revient suivi de deux de ses amis qui nous souhaitent mille prospérités en son nom.

Un important commerce de soieries le retient habituellement à Burwa, aussi il n'habite guère ce bungalow, sorte de maison de plaisance, que pendant les mois de la saison fraîche ; il nous fait prier d'user en toute liberté de ce que renferme la villa. Il ouvre les armoires, les commodes et met à notre disposition un curieux attirail de pinces, de cuillers, de tasses d'argent, de verres pour les sorbets. Des charrettes à bœufs apportent de chez lui des grands plats de pilau, des viandes hâchées et du café délicieux, que nos récents amis prennent en notre compagnie et assaisonnent de mille graines aromatiques.

La pluie a cessé, la lune essaie de percer les nuages qui obscurcissent sa face pâle ; un instant elle brille, dégagée de toutes vapeurs. A sa vue, nos hôtes s'agenouillent, les mains jointes sur leurs têtes, ils chantonnent à notre intention une prière pour les voyageurs. L'un deux en se relevant jette à mes pieds un serpent qu'il vient de tuer : « Allah l'a voulu, dit-il, que son ombre te protège comme son serviteur t'a sauvée ».

MOORSHIDABAD, 14 MAI.

Quelques centaines de huttes en terre glaise, alignées le long de routes poussiéreuses, des maisons de bois plâtrées en couleur verte et jaune, des mosquées de pierre, un temple jaïn qui domine les environs, c'est tout ce qui reste de la ville riche et guerrière fondée par Moorshid, ce soldat de fortune dont les restes pieusement conservés dans la crypte d'une mosquée abandonnée, opèrent des miracles et raniment encore les courages.

Au croisement des routes de Barhampore et de Begawanghola, les éléphants du Nabab se trémoussent lourdement, les pieds entravés, attachés à des piliers de fer disséminés dans un espace inculte, clos de haies. Non loin de ce « kraal » apparaissent les dômes blancs et rebondis d'un sanctuaire dédié à Allah, qui marquent l'entrée du territoire, bien réduit, concédé par l'Angleterre aux fils de ces puissants Nizam dont le joug s'appesantit durant des siècles sur la province du Bengale.

La jungle voisine fournit à la population assez dense de la cité une vie facile.

Parmi les fourrés d'ifs, de bambous, on chasse le chacal, l'iguane, un mets recherché ; les mangues à profusion jonchent le sol, les palmes de cocotier servent de toiture et de murailles, les noix, de boissons et d'offrandes aux dieux ; avec les feuilles de palmiers rognées, les femmes confectionnent des éventails bariolés de divinités indigo, de papillons d'or qui se vendent quelques « pices » dans les bazars.

La misère se porte allègrement à Moorshidabad.

Des écuries imposantes où s'abritaient trois cents chevaux, des corps de garde silencieux, des dépendances innombrables et mutilées, témoignent encore, par leur splendeur amoindrie, de la royale magnificence dont s'entouraient ces Nizam, gouverneurs de province, sujets rebelles et rivaux redoutables de l'Empire de Delhi.

Des cipayes envoyés par le Nabab à notre rencontre galopent en éclaireurs devant la machine, frappant à plat de sabre pour disperser la foule qui n'a jamais vu d'automobile et se précipite imprudemment sous les roues. Une longue muraille crénelée crépie en jaune, sépare le palais du village et englobe le parc dont les mimosas rouges et roses caressent de leurs branches flamboyantes les escaliers de marbre qui conduisent à la

Parc

Palais de Moorshidabad

Temple sur la Rivière Baghirati

rivière. Le bâtiment réservé par le prince à ses hôtes est un immense palais avec un fronton de temple grec, des colonnades de pierres majestueuses et droites, les appartements sont extraordinairement grands, éclairés par huit fenêtres-baies et fermées par quatre quadruples portes; des serviteurs nombreux et attentifs sont à la disposition des invités du prince.

Ce dernier, Ali Kadar Syud Hassan Mirza, de Moorshidabad, est vieux et fort cassé. Ses trois fils, dont les aînés ont été élevés à Oxford, ne conservent de leur éducation européenne qu'une grande facilité à s'exprimer en anglais et le goût du sport. Ils sont redevenus, après un séjour de 10 ans en Angleterre, parfaitement indigènes dans le costume, les habitudes quotidiennes; ils demeurent excessivement attachés à leur pays et à ses croyances religieuses ou politiques. L'un d'eux, le cadet, le prince Nasir Saheb est venu de la part de son père se mettre à notre disposition pour nous faire visiter le palais, où nous logeons. Son costume est délicieux de pittoresque et lourd de richesses. Il porte des culottes de soie vert amande et une sorte de redingote en damas violet soutachée de fines broderies d'or en relief. En guise de jambières, des bandelettes de soie blanche lui montent jusqu'aux genoux; les pieds sont chaussés de sandales de cuir blanc, ornées d'un gros bouton de diamant. Sur sa chevelure bouclée, noire et luisante, il pose une calotte en forme de pirogue renversée, faite de drap d'or et scintillante de perles fines.

Il nous mène tout d'abord au rez-de-chaussée, à la salle des porcelaines. Quelques très beaux vases de Chine ancien, des pièces de vieux Japon, des assiettes sur lesquelles combattent des dragons ailés aux tentacules menaçantes, de petites chimères vertes dont les gueules se fendent en un sinistre sourire composent la série de curiosités d'Extrême-Orient, pour lesquels le Nabab eut jadis une courte passion.

A l'armurerie, ses ancêtres ont réuni une collection très considérable et rare d'épées, de dagues, de lances, de couteaux indigènes, anciens et modernes.

Aux murs, luisent suspendus des boucliers ciselés, incrustés d'or, des poignards au manche court de cristal, des panoplies de casse-têtes en acier gravé. Dans les coins, des pics et des tridents portés par des hampes de bois précieux, menacent de leurs pointes émoussées quelque drapeau dont la vétusté ronge la gloire. Le sabre des exécuteurs, lame large et couverte de scènes guerrières, repose à côté d'un petit canon de bronze Louis XVI, dont les Français se servirent à Plassey ; une inscription à demi effacée s'enroule autour de la gueule étroite, je me penche et je lis : « Nyvenheim me fecit » — la Haye. — Il reste là comme un souvenir de cette alliance qui aurait pu donner l'Inde à la France et il explique peut-être la sympathie qu'éprouvent les princes pour notre titre de Français. Nous passons à la salle des Bijoux. Des rangées de masses portées devant les Nizams dans les fêtes officielles demeurent inutiles, mélancoliquement abandonnées. Il y en a de longues dont le bout est un panier plein de fleurs et de fruits locaux en filigrammes d'argent. D'autres représentent les phases solaires en or : quelques-unes sont faites de poissons, dont les queues retournées soutiennent un dessin en forme de pique du jeu de carte. La « Tonga », chaise à porteurs en argent massif, s'élève sur le dos de dauphins dont les nageoires sont en diamants, les yeux de rubis, les écailles d'or. Les parasols en brocart ancien frangé de perles, les boîtes à bétel, les brûle-parfums, les flacons et les aspersoirs d'eau de rose, les colliers, les aigrettes, les sceaux, les garnitures de turbans, les plaques de bras s'amoncellent dans les vitrines en somptueux désordre.

Dans le trésor héréditaire, des femmes de la maison, les yeux émerveillés, détaillent les bracelets de perles, les bagues dont les châtons éblouissent comme des soleils, les rivières de diamants, les guirlandes d'améthyste et d'opale, des agrafes d'émeraude, larges comme la main et dont la splendeur n'est égalée que par les pendeloques du Shah de Perse. Entassés et comme dédaignés près de la porte, les filets, les caparaçons aux mailles d'or serrées pour les éléphants, rutilent, finement émaillés de fleurs en turquoise ;

le reflet métallique de ces incalculables richesses fascine le regard en stupéfiant l'imagination, sans émouvoir le cœur.

La bibliothèque du palais, l'une des plus anciennes et des mieux fournies du Bengale, est confiée aux soins du Dewan Fuzzle Rub Khan, auteur d'une remarquable étude sur « L'Influence et la Domination musulmane » dans cette partie de l'Inde. Le prince, qui nous escorte, las sans doute de parler anglais, nous prie de l'excuser et se retire laissant au secrétaire l'ennui de nous expli-

Kondkar Fuzzle Rub Khan Bahadur

quer les manuscrits, les dossiers, les recueils de gravures, les livres persans et hindous qui surchargent les rayons. La plupart traitent de questions historiques ; des invasions, des révoltes, de la puissance des Mahométans, de leurs querelles, et enfin de leur soumission à l'Angleterre.

Sous une pièce d'étoffe loqueteuse qu'un « boy » enlève prestement, Fuzzle nous fait admirer un spécimen de Coran sur papyrus, unique au monde, dont la légende affirme que le texte fut écrit de la main même du Prophète. Une histoire de Perse sur parchemin ayant appartenu à Alexandre-le-Grand, avec des planches coloriées représentant des batailles, des guerriers ; plusieurs livres mementos envoyés par les Empereurs de Delhi aux gouverneurs du Bengale complètent la bibliothèque de Moorshidabad. La fantaisie des artistes orientaux s'est donnée libre carrière dans l'exécution des pages peintes : des femmes se baignent dans un lac d'azur, des fleurs d'or poussent parmi d'étranges arabesques, rehaussées par des lozanges de teintes douces et effacées. Tout cela d'un soigné infini dont la brisure, la courbe et la nature des lignes produit un ensemble sans grandeur. La pensée forte, inspiratrice, a manqué, nul lien ne joint entre elles ces œuvres de détail. Dans leur art, comme dans leur éloquence, les Orientaux ne s'élèvent jamais à la représentation de l'Idéal, ils s'attachent à rendre parfaitement une beauté matérielle particulière, aussi leurs créations les plus vantées laissent l'âme indifférente et rassasient vite la curiosité.

Parmi les indigènes, quelques intelligences d'élite se rendent compte de cette insuffisance de leur race et tâchent d'y remédier par l'adoption de la civilisation occidentale. Malheureusement, ils n'en acceptent que les effets matériels, sans connaître et sans vouloir rechercher la véritable cause de la supériorité européenne. Fuzzle est de ce nombre. Il rêve pour l'Inde une Renaissance prochaine, glorieuse, dominée par le drapeau de Mahomet et asservie à ses lois. Son regard sombre brille à l'idée des champs de bataille où les indigènes feraient gronder des canons et ses narines frémissent en songeant qu'ils seraient armés de fusils anglais.

MOORSHIDABAD, 15 MAI

Sous ma fenêtre, une clochette argentine grelinte, secouée par un mouvement inhabile et un souffle embarrassé, un piétinement sourd qui monte du parc m'annonce que les éléphants mis à notre disposition par le Nabab ont devancé l'heure convenue.

Rangés devant l'entrée principale du palais, ils attendent philosophiquement, en dodelinant de la tête, et font claquer contre leur encolure, pour se délivrer des mouches, leurs flexibles oreilles. Un cornac, à califourchon sur chaque animal, le dirige à l'aide d'un crochet de fer forgé faisant office d'aiguillon. Ma monture s'appelle Rahmal. Pour l'encourager, son conducteur répète doucement de temps à autre : « Aïe, Rahmal », ce qui signifie ici : « Rahmal, attention, sois sage ». L'on sent entre ces deux êtres un respect des concessions mutuelles, une sorte de pacte entre la force et l'intelligence scellé par la bête et son maître dans l'intimité constante des longues heures de captivité du « Kraal ». D'un pas lent et léger, Rahmal traverse des bois de manguiers, des forêts de banyans, il cotoie des lacs de lotus roses épanouis. Parfois il s'arrête pour couper une branche d'arbre, tordre une jeune pousse, il ramasse avec sa trompe des fleurs odorantes et les dépose dans mon palanquin Au bord de la rivière Baghirati, dont le flot enserre comme un ruban d'argent les murs du palais, Rahmal fait quelques difficultés pour se mettre à l'eau, mais le « mahout » le persuade et le guide, lui faisant éviter le heurt des petites barques, chargées de fruits et de soies brutes, que les indigènes indolents poussent à la perche jusqu'à Berampore, parfois jusqu'au Gange, le fleuve divin.

L'hospitalité sympathique que nous offre ici le Nabab a complètement effacé de notre mémoire le souvenir des premiers incidents fâcheux du voyage. Il ne se passe de jours où le prince ne nous témoigne, d'une façon quelconque, son amitié. Tantôt, suivant l'usage musulman, il nous envoie des corbeilles de fruits, des flacons d'essence de rose ou de jasmin, des gâteaux, des confitures, des pâtes d'amandes, tantôt il nous prie d'user de ses équipages. Ses fils nous accompagnent au polo à Berhampore, nous allons ensemble visiter les environs, les ruines du Moorshidabad ancien ; le peuple fait la haie pour voir passer ses princes en automobile, tous les fronts s'inclinent dans le salam, et ils répondent d'un geste amical en portant la main aux lèvres.

Le beau-frère de Muna Saheb, troisième fils du Nabab, nous accompagne généralement en qualité d'interprète.

Cet enfant de 12 ans est doué d'une grâce exquise de physionomie et d'attitude. Sa figure mat, presque blanche, éclairée de deux yeux profonds et tendres, a une singulière mobilité d'expression. Il s'appelle Bougha, et s'est pris pour nous d'un attachement de chien couchant. En son joli langage imagé, il se considère comme le « coussin de nos pieds », « la voix de nos pensées » ; il vient à tout instant au guest-house nous voir ; il s'intéresse à nos moindres actions et s'amuse parfois à en préjuger les motifs. D'une indiscrétion terrible, il nous renseigne sur tous les événements intimes de sa famille, nous dit les querelles, les haines, les jalousies, les intrigues. Son âge lui donnant accès dans le harem, il complote avec l'un et décourage l'autre ; il a juré à un de ses cousins, qui va se marier, de lui faire apercevoir la fiancée qu'on lui destine, et s'emploie avec zèle à cette grande affaire. D'autre part, il m'a promis que je verrais sa sœur, la femme de Muna, et il passe de longues heures à décider le prince à m'accorder cette faveur. Tous les jours il m'apporte un rapport circonstancié de ses espérances et de ses doutes. La toilette que je porterai, s'il réussit dans ses instances, le préoccupe beaucoup. Il a examiné mes robes et trouve cela très en dessous des vêtements de femmes qu'il connait. Un gros soupir de regret gonfle sa petite poitrine, lorsque je déclare ne pas vouloir emporter au harem une garniture de sac de voyage en argent, qui l'enchante ; vraiment, je vais paraître trop simple, il dit : pauvre !

Le prince Muna, incapable de résister à ce tenace adversaire et subjugué par l'influence de son épouse, finit par céder, à condition que le Nabab, très sévère quant à la question de réclusion des princesses n'en saura rien. Bougha, triomphant, fou de joie, se précipite au palais pour m'annoncer la nouvelle, me faire mille recommandations, il m'abasourdit, et avant que je sois revenue de mon ahurissement, il a disparu. Je l'entends descendre les escaliers quatre à quatre, claquer la portière de sa voiture, il est parti, et mon imagination le suit, cherchant à faire surgir de l'inconnu la silhouette de ces mystérieuses « begums » qui n'ont jamais vu d'Européennes, et attendent impatiemment ma visite, cloîtrées derrière les grilles de marbre de leur harem.

20 MAI.

A la porte du palais princier, un garde arabe du harem m'attend ; il s'incline silencieusement, touchant la terre de la main avant de la porter au front et me fait signe de le suivre. Nous traversons plusieurs cours carrées, désertes, brûlantes, de longs couloirs à ciel ouvert resserrés entre des murs crépis de blanc, aveuglants sous un soleil de midi. Mon guide, enveloppé d'un manteau de drap noir attaché avec des chaînes d'argent sur la poitrine, paraît, à la lumière crue, plus sauvage, plus décharné que dans l'ombre du porche d'entrée. Les os de la face sont saillants, les yeux sortent presque de l'orbite, le nez est informe, la bouche affaissée et douloureuse. Il se retourne parfois, son regard est d'une fixité tellement cadavérique, qu'il me vient une envie irraisonnée de fuir, d'échapper au spectre dont les bijoux se heurtent avec le bruit sinistre des fers d'un condamné. Nous nous arrêtons enfin devant une porte basse qui s'ouvre mystérieusement dans un mur haut et très épais par delà lequel flotte un murmure de voix de femmes, que dominent des rires aigus d'enfants. Plus sombre, plus effrayant encore dans son rôle de geôlier, l'Arabe choisit parmi les clefs qu'il porte suspendues au poignet, un passe-partout en forme de serpe qu'il introduit dans une serrure à moitié dissimulée dans le mur. Il m'invite du geste à passer devant lui et je me trouve dans le harem des princes cadets de Moorshidabab.

C'est une cour étroite, bordée de bâtiments blancs, ornés d'une vérandah circulaire soutenue par des piliers de stuc. Le milieu du carré est occupé par un jardin dont les allées de marbre glissent parmi les buis taillés en éléphants, les massifs de roses, de gardénias, les plates-bandes de tubéreuses dont les corolles enivrantes se confondent avec le blanc laiteux des marbres. Des perruches apprivoisées picorent les fruits oubliés d'un manguier, au pied duquel deux aras cramoisis sont enchaînés à des perchoirs d'ivoire incrustés de fantaisies d'argent. Des eaux parfumées tombent dans des vasques de marbre rose, pleines de poissons dont les écailles d'or jettent une note forte dans la fadeur des nénuphars et des lotus pâles.

Des paons blancs harassés par la chaleur se sont blottis à l'ombre, laissant traîner sur le sol poli leurs plumes étincelantes ; timidement, des tourterelles grises volètent parmi eux, se disputant quelques grains de riz sec. C'est un véritable Shaz Bagh, un jardin de délices, où la nature dépouillée de toute sa vigoureuse rusticité devient un jouet florituré et embaumé, destiné aux plaisirs d'enfants frêles et capricieuses. Car ce sont bien des enfants, les mignonnes « begums » qui me laissent prendre leurs petites mains, teintes de henné, tandis qu'elles cachent sous des voiles de mousseline, frangés de perles grosses comme des noisettes, leurs bouches mutines, rouges de bétel et leurs yeux effarouchés profonds et candides comme ceux de gazelles apeurées.

Les Suivantes de la Princesse Muna

Assises sur des chaises, concession qu'elles ont cru devoir faire aux usages occidentaux en mon honneur, les princesses sont gênées, empruntées; elles balancent leurs pieds chargés de bagues, comme des enfants ennuyées et boudeuses ou les gardent obstinément rangés sur les barreaux. Des esclaves au rire effronté, accroupis près des jeunes femmes se consultent, bruyamment; les étoffes de coton grossier rouge et jaune, qui leur enveloppent les épaules et les jambes, laissent à nu les pieds gercés par la poussière crayeuse des chemins, les bras noirs alourdis par le travail quotidien. Quelques-unes plus fines, mieux vêtues, suivantes, confidentes, rivales parfois, se tiennent debout contre les piliers de la vérandah, encourageant les princesses à m'offrir du bétel, des épices et des cigarettes. Un frémissement d'appréhension contracte les jeunes visages ambrés, les mousselines dorées se joignent plus hermétiquement sur les gorges éblouissantes de joyaux ; aucune n'ose venir à moi. Elles se poussent du coude comme des pensionnaires timides ; les vieilles, les yeux baissés font glisser entre leurs doigts pointus les grains de bois enfilés de leur chapelet ; l'une des femmes du Nazir Saheb, tournée vers la muraille, essuie de grosses larmes de terreur et dans mon ignorance totale de la langue, impuissante à les rassurer, je reste pour elles un objet de curiosité intense et un sujet d'effroi non moins vif.

Enfin, l'une d'elles, si petite qu'une tige de jasmin semble ne pas devoir courber sous son poids, fixe sur moi ses grands yeux pleins de douceur chaste ; telle une madone, égarée dans un temple païen, elle s'avance, me tendant le plateau qu'une suivante lui passe en détournant la tête, tandis que sa main mate comme un vieil or tremble d'émotion contenue.

Salam......, mes doigts touchent le front ; machinalement, la Salutation Musulmane me vient aux lèvres. Et ce geste puéril, semblable à une baguette de magicien, dissipe la contrainte, la peur ; je ne suis plus aussi étrangère, aussi séparée des jolies princesses par un fleuve de civilisations opposées : ce léger mouvement devient la passerelle fragile qui va me permettre d'aller à elles pour questionner leur intelligence et savoir un peu de leurs joies, de leurs douleurs, dont le masque paraît si différent des nôtres. Toutes m'entourent comme un nuage de papillons éblouissants ; leur timidité a disparu, elles m'accablent de questions, sonores, comme le rire perlé qui découvre leurs dents luisantes et régulières. Elles enlèvent leurs voiles, laissant tomber dans le dos leur tresse de jais entremêlée de fil d'or, leurs yeux allongés de « kadjulla » paraissent plus doux, plus câlins, sous les pointes de cheveux ornés de paillettes qui leur plaquent au front comme un bandeau irrégulièrement étoilé.

Tout d'abord, je suis tellement émerveillée, éblouie par les torsades de perles, les guirlandes de diamants, de rubis, les fleurs d'émeraude, les bracelets, les cercles d'or massifs qui enserrent les minces chevilles, les bagues qui étincellent jusqu'aux orteils, que je ne distingue rien. Tel un avare, précipité dans un trésor fabuleux, je ne sais où diriger mon regard, craignant d'omettre une richesse, fascinée, stupéfiée par ce ruissellement de lumières.

Les étoffes soyeuses, souples, aux claires nuances, roses, bleutées, blanc lamé d'or, enveloppent et moulent bien les formes minces ; les animaux fantastiques en broderie d'or chevauchent sur le tissu entre des lacs où s'ébattent des poissons aux yeux de grenat et des arbres dont les feuilles luisantes sont d'émeraude. La princesse qui m'a offert le « pan » semble me considérer comme sa propriété personnelle, elle se tient à mes côtés, serrant de ses doigts déliés une manche de ma robe, elle me dit mille choses, charmantes j'imagine, en haussant jusqu'aux cris aigus le diapason de sa voix naturellement basse et gutturale. Subitement, elle m'entraine, en courant, dans une vaste pièce blanchie à la chaux, dépourvue de meubles et dont les dalles de marbre sont recouvertes d'épais tapis. C'est la salle commune, où les membres cadets de la famille prennent leur repas, fument ou travaillent. Elle est déserte en ce moment ; seuls, quelques gros frelons englués de sucre bourdonnent lourdement dans la clarté chaude des rayons lumineux qui filtrent à travers les nattes d'aloès. Dans une chambre voisine, des marmots nus chamarrés d'or faux, de rubans et de grelots, se livrent à un match de polo imaginaire et féroce. Un bel enfant, pâle comme un ivoire, fait soudainement irruption dans la pièce, il se précipite au devant de la princesse et, tout en lui baisant les mains, il me tend très hardiment sa petite menotte, accompagnée d'un cordial « how do you do ». Quel minuscule mais précieux interprète ! Nous nous asseyons par terre tous trois ; la princesse s'empare d'une mousseline mauve qu'elle borde d'un liséré d'or ; elle coud, tenant l'aiguille comme une poignée de glaive, à pleine main, et l'étoffe entre ses doigts de pied ombrés de henné. Sans me consulter, elle dépose sur mes genoux des écheveaux de soie avec un crochet. Je m'empresse de lui faire traduire que je suis des plus inhabiles aux travaux manuels et que si elle veut bien m'excuser, je préfère causer avec elle. Une vive surprise transforme sa physionomie éveillée et mobile : je ne sais pas travailler, pas parler l'Urdu j'ai l'air d'ignorer Allah, alors qu'apprend-t-on par delà le « Kala pani », l'eau noire, dont le nom seul la fait frissonner. Est-ce que je sais lire, écrire, par hasard, chanter, danser, quelles prières suis-je obligée de réciter, comment m'appelle-t-on, depuis combien d'années vois-je lever le soleil et revenir les saisons ; les naïves questions se pressent sur ses lèvres, elle écoute haletante, étonnée, les réponses qu'avec une légère hésitation lui transmet le gamin tout yeux et tout oreilles. D'un geste léger, elle écarte une préoccupation importune, une idée subite, qui la faisait réfléchir, puis elle consent à me dire sa vie. Aux premières lunes du Rhamadan, elle aura quinze ans; depuis deux moussons, le prince Muna baise ses lèvres; elle l'admire, l'aime, le vénère au-dessus de toute créature humaine à l'égal d'un dieu. Son nom est le premier qu'elle offre à la bénédiction d'Allah, au matin en s'éveillant, et si son bien-aimé consent à lui lire un chapitre du Coran, la prose inspirée émeut plus délicieusement son âme. De sa religion, le point le plus clair, proéminent, est la grandeur de Mahomet, la douce et mélancolique histoire de Fatima, dont le sang coule dans ses veines et dans celles de son mari qui est en même temps son cousin. Elle se rapproche de moi mystérieusement, pour me conter la grande joie de son existence : le prince Muna n'a pas d'autre femme, elle le possède sans partage. Si jamais une rivale brisait cette jolie trame d'amour....., les petits poings de l'enfant se crispent, de sa bouche souriante où se creusent des plis de dureté, tombe comme une fleur vénéneuse, le nom d'un poison. Son imagination naïve lui représente le monde en dehors du zénana comme un élément de dangers physiques incalculables; l'idée qu'une femme y puisse circuler librement, à pied, le visage découvert, examinée, détaillée par tous les regards paraît odieuse à sa pudeur. Une fois seulement, elle a franchi l'enceinte de ses appartements pour aller à la tombe d'un Saint Iman, demander un fils; mais des esclaves la portaient en litière close, dérobée à tous les yeux par des rideaux de soie. Ce jour-là, elle a vu la rivière, une nouveauté pour elle, des chevaux et des êtres humains différents de ses femmes et de son époux. Parfois, la tristesse s'empare de son cœur; elle n'a pas d'enfant; alors, passionnément, elle enlace de ses bras minces les bambins des autres qui grouillent dans le soleil et des larmes perlent à ses longs cils... Je sais toute son existence; elle se tait, soucieuse.

Le jeune interprète, fatigué, va retrouver ses camarades de jeux; nous ne pouvons plus rien nous dire maintenant, d'autant que les suivantes sont revenues, familières, indiscrètes, cherchant à l'entraîner dans une partie de cache-cache. Auparavant, il faut satisfaire une autre fantaisie, elles veulent me déguiser, me transformer en princesse musulmane; pour la circonstance, je m'appellerai Zubeidha comme la femme du Grand Calife de Bagdad. Il serait inutile de résister.

Le prince Muna et sa femme occupent dans une aile du harem trois petites chambres basses, étrangement garnies de « machams », espèces de planchers d'ivoire élevés de terre sur quatre pieds d'argent sculpté. Des tabourets de paille de riz dorés, de coffres en cuivre ciselé où s'empilent les étoffes, les bijoux, les parfums complètent l'ameublement. C'est là qu'on m'amène et une fois les clefs abandonnées par la princesse à ses femmes, les mosaïques disparaissent en un rien sous les merveilles qu'elle tire de cette étrange garde-robe et jette indifféremment sur le sol. Chacune a une couleur favorite, un tissu préféré, et toutes voudraient m'habiller d'après leur goût personnel. Je subis un véritable assaut ; l'une me déchausse, l'autre me décoiffe, sans pitié, arrachant les épingles, les peignes ; une troisième, ignorant les agrafes, les boutons, déchire mes vêtements ; une toute jeune, très délurée, voudrait me couper les ongles tout à fait ras et me percer les narines avec une aiguille d'or pour me mettre un anneau au nez. Je demande grâce par de petits soupirs et je répète incessamment « asté, asté » (doucement). Pendant une heure, je suis livrée à six paires de mains brun doré, qui ne m'abandonnent qu'après m'avoir fait une tête de tresses minuscules, luisants d'huile de coco parfumée, saupoudrée de poussière d'argent et de paillettes ; armées d'un long crayon d'or, elles me noircissent les paupières, le bord des cils, elles forcent entre mes dents du bétel et une poudre scintillante, qui préserve des sorts mauvais. Mes ongles et la paume des mains sont emprisonnés dans des cataplasmes de henné qu'une vieille femme, la nourrice de la princesse, remplace de temps à autre par des feuilles fraîches qu'elle hache comme un paté d'épinards. Si je remue, si je tourne la tête, elles me donnent de petites tapes familières et me disent des mots amicaux comme à un animal apprivoisé. L'on me presse de choisir un voile, un « sarri », une paire de pantoufles brodées. Dans le fouillis harmonieux des soies, je me décide pour une draperie arc en ciel, une mousseline vert pâle, semée de lotus et de croissants de lune en paillettes de nacre. La princesse bat des mains pendant que les femmes me parent, me décorent, comme une de ces idoles qu'on entrevoit parfois perdues dans la pénombre des grands temples blancs.

Tout à coup, retentit un sifflement aigu, prolongé, une femme affolée accourt le long de la véranda, essouflée, elle se laisse choir à nos pieds répétant « nabab saheb, nabab saheb ». Sa respiration haletante coupe la voix de hoquets. C'est alors une bousculade inimaginable, chacune se rue sur les coffres destinés aux vêtements, elles se heurtent, trépignent, se frappent. En un instant, toutes enveloppées de linceuls blancs sont accroupies sur deux rangs, immobiles, inertes, prêtant l'oreille aux pas cadencés qui s'approchent. Sur un signe de la Princesse, on m'isole dans un coin, et une barricade de tabourets et de coussins s'élève, me dérobant aux yeux du vieux Nabab, son beau-père, qui ne pardonnerait pas à sa belle-fille d'avoir, par courtoisie, soulevé un coin de son rigoureux « purdah » pour recevoir une Européenne. Huit femmes, trébuchant sous la charge, le portent dans sa chaise de malade et le déposent au milieu de l'appartement. Son corps frêle, à demi paralysé, flotte dans une sorte de tunique d'or ; autour de ses jambes infirmes s'enroulent des étoffes de laine rouge. C'est le type parfait du Musulman Bengali ; petit, nerveux, la face anguleuse, éclairée de deux yeux noirs dont une barbe roussie au henné, souligne l'expression dédaigneuse et maligne. Il mâche du bétel sans adresser la parole aux femmes. Après dix minutes, d'un coup de sirène, il rappelle ses porteurs et s'éloigne, arrogant, parmi les salutations respectueusement muettes. On me rend ma liberté avec mille excuses que vient me faire accepter Boughat. Le Nabab fait, paraît-il, une tournée hebdomadaire dans le zénana pour visiter à tour de rôle toutes ses filles, ses brus, ses tantes et ses sœurs, mais on ne l'attendait pas ce jour-là. La gaieté rieuse des suivantes s'est envolée, la Princesse redouble de timidité, quelque chose de la contrainte du matin reparaît dans les gestes craintifs, les chuchotements incessants. Je songe à quitter le Palais pour retourner au « guest-house » et je veux me dévêtir de mes parures indiennes ; mais la petite Princesse s'y refuse obstinément ; elle insiste avec colère, elle frappe du pied ; il faut, dit-elle, garder ce que le cœur a offert : doucement, ses lèvres humides se posent sur ma main...

Par delà les murs blancs, longtemps encore, m'arrive son frais « salam », flottant dans le parfum des myrtes et des jasmins.

21 MAI.

L'implacable monotonie d'une après-midi de juin pèse sur le palais silencieux ; le soleil, réfléchi par les dômes dorés des mosquées, aveugle, et la terre, comme une immense lyre brûlante, vibre confusément du susurrement de milliers d'insectes, tapis dans la ramure des mimosas.

Dans l'étreinte continue de cette nature embrasée, un

Nawab Nazim Feradun Jah

engourdissement sans douceur et sans rêves, s'empare de l'âme et des sens; on ne vit plus. A travers les portes vitrées de la terrasse de ma chambre, une lumière ardente pénètre, malgré les stores de bois et les « tattis » d'herbes odoriférantes; un oiselet jaune et brun, égaré dans l'immense pièce, voltige en se cognant aux cadres des glaces et des portraits qui garnissent les murs, tendus de soieries. Les ancêtres du Nabab actuel, dessinés par des indigènes, resplendissent de pierreries; leur attitude hautaine et guerrière

Nawab Nazim, Suraj-u-Dowah.

respire la force et la domination. Leurs prunelles fixes gardent encore le reflet de cette autorité des Nizam, qui les rendit redoutables.

Au-dessus de mon lit, le père de notre hôte se dresse vêtu de robes de velours cramoisi, étincelantes de perles et d'émeraudes, la main posée sur les plans de construction du palais, il regarde au loin songeant peut être avec amertume à la libéralité britannique, qui crût compenser par une pension la perte du titre de

Nawab Nazim Mir Mohamed Jaffer et son fils Nawab Miran

Nizam et le gouvernement du Bengale qu'elle lui enleva. A côté de ce dernier souverain de la race, le hasard, par un rapprochement saisissant, a fait placer l'image d'un prince habillé simplement de mousseline blanche et appuyé sur une canne d'argent. La sensualité et la mollesse s'indiquent aux lèvres charnues et appesantissent les yeux noircis de « kolh », où ne luit cependant aucune férocité. Le nom de ce Nizam, qui respire une rose, en lisant une lettre d'amour, demeure éternellement associé à la sombre tragédie du *Blak Hole*, c'est Suraj Dowla, l'assoiffé du sang, l'ennemi perfide et inclément qui au siège de Calcutta, fit précipiter dans un réduit obscur, absolument clos, des centaines de femmes et d'enfants, qui y périrent asphyxiés. Après la perte de la bataille de Plassey, Suraj Dowlah, vaincu fugitif, fut ramené captif à Moorshidabad, qu'il avait quitté dans tout l'appareil glorieux d'un conquérant, confiant en son étoile et assuré du concours des Français, auxquels il témoignait une rare affection. Son beau-frère, soutenu par l'Angleterre, l'assassina et régna sagement à sa place. Un naïf portraitiste nous a conservé les traits de Mir Jaffer dans une peinture médiocre, mais pleine d'originalité, qui le représente debout, sur le même plan que son fils, retirant de sa bouche lippue le tuyau d'ivoire d'un nargillé. Amis et rivaux, victimes et assassins, la volonté d'un Dewan quelconque les a tous rassemblés dans la chambre d'honneur que j'occupe, et, durant la lourde quiétude des heures d'oisiveté, je m'amuse à les contempler pour retrouver entre eux et leurs descendants quelque vague ressemblance.

Comme je songe à ces illustres disparus, le balancement des grandes planches du « punka » se ralentit ; j'entends un murmure confus de voix inquiètes, une fuite de pieds nus claquant sur les dalles, et le rafraîchissant éventail s'arrête. Un coup d'œil jeté dans le grand hall, qui sépare mes appartements de ceux de mon frère, confirme le témoignage du ventilateur ; pas un « boy » n'est visible et sa voix courroucée s'emporte contre les absents, tandis qu'il cherche vainement à sortir de sa chambre cadenacée par un mauvais plaisant. La clef a été enlevée. Soudain, un rire malicieux tinte dans le silence, d'une façon inattendue, si près de moi, que je pourrais, semble-t-il, saisir de la main l'insolent gnome qui se joue ainsi de nous. A demi soulevée, une portière retombe sans bruit et une forme blanche glisse lestement le long du corridor. En une course folle, je me précipite à sa suite, guidée par la draperie flottante qui surgit au loin entre les colonnes d'onyx, et conduite par le rire incessant, clair et sarcastique, que l'écho multiplie et renvoie.

Ce lutin agile m'entraîne à travers des salles de marbre où

peuvent banqueter cinq cents personnes, il me fait dévaler de monumentaux escaliers, traverser des antichambres désertes, des pièces vides, peintes à fresque; derrière une porte, que nous dépassons, se démène le chauffeur, également prisonnier, et le rire fuse de plus en plus ironique, léger et insaisissable. Cette gaieté continue, douloureuse comme celle d'un maniaque, résonne étrangement dans la vaste habitation dépeuplée par je ne sais quel caprice « d'apsaras » (fées). D'une fenêtre ouverte, j'aperçois, en courant, le perron du palais que gardent généralement des sentinelles; elles aussi ont été supprimées, sans doute, par la volonté de ce fantôme blanc que je désespère d'atteindre. Une grande lassitude m'accable et l'indicible crainte de me trouver avec une créature démente remplace insensiblement la curiosité qui m'avait jusqu'alors soutenue dans la poursuite de l'être mystérieux. Je tombe sur une pile de coussins entassés dans le coin d'un vestibule, pour reprendre haleine... Le rire s'est tu et mon regard interroge inutilement le fond du couloir, cherchant la porte par laquelle le farfadet a réussi à s'évader. La boiserie est lisse, unie, ininterrompue. Il n'y a aucun passage là.

Cette partie du palais m'est absolument inconnue. Je reviens sur mes pas, cherchant à regagner la bibliothèque qu'il me semble avoir entrevue, mais bientôt j'y renonce, toutes ces pièces démeublées, dallées uniformément de pierres blanches et noires, se ressemblent, et ne renferment aucun indice conducteur. J'inspecte de nouveau le lambris à l'extrémité de la galerie, je promène mes doigts sur toutes les saillies du bois, ils ne rencontrent pas le moindre loquet, pas le plus petit trou de serrure. Impatientée, je frappe du pied de toutes mes forces contre les panneaux, l'obstacle cède, révélant un spectacle ravissant.

Dans une immense rotonde de marbre blanc, une centaine de femmes, assises par terre, entourent un lit de repos sur lequel est étendue une princesse d'une beauté frappante. Ses traits me sont familiers, sa bouche voluptueusement cruelle, la lassitude de son regard me rappelle une autre physionomie que je n'arrive pas à nommer au premier abord.

Elle semble ignorer ma présence, et son attitude me déconcerte légèrement. Suis-je une invitée ou une intruse? Les autres femmes, muettes, les yeux baissés, gardent une immobilité de statue: silencieusement, quelques-unes s'écartent du passage, lorsque, me remémorant le cérémonial de ma visite au harem, je m'approche de la belle princesse pour lui faire les « salams » d'usage.

Un masque d'indifférence moule tous les visages. Subitement, dans le groupe, une hostilité se déclare; une main s'appesantit sur mon pied, des doigts de fer me serrent la cheville. Je regarde cet agresseur, dissimulé dans les plis vaporeux d'une gaze d'argent, et je reconnais, non une ennemie, mais une alliée : la femme du prince Muna. Elle murmure d'une voix imperceptible : « baïto, baïto » (reste). Dans ses beaux yeux pleins de prière, je lis un secret émoi, un ardent désir de me retenir auprès d'elle. Pour la satisfaire, je m'assieds à ses côtés. Nous chuchotons longtemps comme deux pensionnaires, car je comprends difficilement ce qu'elle essaie de m'expliquer.

Le nom de « Wasiff » Saheb, plusieurs fois répété par elle, finit par attirer mon attention, et la ressemblance, qui m'avait frappé en entrant, fait la lumière dans mon esprit. Cette femme, couchée dans des soies souples, est l'image du prince héritier; le fils aîné du Nabab. Est-ce sa sœur? La princesse secoue la tête négativement. Sa mère ? L'enfant se penche vers moi, et, toute frissonnante de crainte respectueuse, elle me dit : Oui, c'est ma « bonma » (belle-mère).

Je ne puis arriver à comprendre comment l'épouse favorite du vieux Nabab, mère de ses trois fils, se trouve dans ce palais, séparé par toute la largeur du parc de son harem, où la confine habituellement sa propre volonté et la force d'une coutume religieusement observée parmi les musulmans.

Sa voix éraillée, qui donne un ordre bref, interrompt mes suppositions. Une femme se lève, disparaît pendant quelques instants et revient portant une magnifique pipe en or. Le pied de ce « hooka » en métal précieux, a la forme d'une cloche renversée, l'intérieur est rempli d'eau de roses, et une sorte de tube en cristal de roche le surmonte comme une cheminée dont le bout, un godet en pierres précieuses, contient le feu, et le « chillum », mélange de sucre brut et de tabac. Un long tuyau d'aspiration en mailles de soie très serrées, adapté à un orifice de la cloche, se déroule comme un serpent et passe de main en main.

On présente le narghilé à la bégum qui me l'envoie aussitôt avec ses salutations et l'assurance de son inaltérable amitié. La fumée, traversant le liquide de la pipe, devient extraordinairement fade et écœurante, aussi, après en avoir tiré une bouffée, je l'offre cérémonieusement à la princesse Muna.

Une sorte d'animation règne maintenant dans la salle, les princesses, membres de la famille, se sont rapprochées de la couche de leur souveraine et forment à sa beauté une auréole lumineuse de pierreries, touchante de respect; tandis que les caméristes, accroupies sur leurs talons dans les coins de l'appartement, jouent aux osselets en dévorant gloutonnement des goyaves.

Ma petite amie, elle, demeure fidèlement à mes côtés jusqu'au moment où la princesse mère me prie, en excellent anglais, d'accepter un coussin d'honneur auprès d'elle et de lui raconter notre voyage. Ma surprise est extrême ; je me demande comment elle a pu apprendre cette langue étrangère ?

Sans se faire prier, elle me dit qu'une doctoresse anglaise vient la soigner tous les jours et qu'elle s'habitue par la même occasion à convèrser avec des Européens.

Il y a chez elle une avidité surprenante de savoir, d'apprendre, une vivacité d'intelligence qui vient aux Musulmanes après la jeunesse. Les premières années de leur vie, esclaves de l'amour, uniquement occupées à se débarrasser de leurs rivales ou à les supplanter, toutes les facultés de leur âme sont concentrées dans le désir de se maintenir en faveur le plus longtemps possible.

L'Oriental n'étant accessible qu'à la seule séduction physique, une fois l'heure de la passion passée, les femmes ne conservent plus aucune influence, aussi le soin de leur beauté, le perfectionnement de cette arme unique sans laquelle leur existence devient atrocement monotone, occupe exclusivement leurs longues heures de réclusion.

Lorsque leurs enfants ont atteint l'âge d'homme, le rang qu'ils occupent les élève ; elles ne sont plus simplement un caprice oublié ; la dignité de leur maternité s'affirme, un champ s'ouvre à leur influence, elles ont en main un instrument soumis et une ambition dévorante les aiguillonne.

L'intrigue politique remplace les intrigues du « harem » ; ces femmes qui étaient courbées sous le joug despotique de l'époux, deviennent les égales du père de leurs fils en défendant ou en consolidant la situation sociale de leurs enfants communs.

L'on a vu parmi elles des princesses, tutrices de futurs souverains, faire preuve d'une habileté diplomatique, d'une profondeur de vues auxquelles le gouvernement britannique s'est plu à rendre hommage, et tel Nabab, dont la ligne de conduite vis-à-vis de la puissance souveraine, étonne, à la fois par sa hardiesse et sa prudence, est dirigée par sa mère ou ses tantes.

Le Nabab de Moorshidabab n'étant point un prince régnant, sa femme n'a pu donner jusqu'à présent la mesure de ses capacités politiques, mais elle a su imposer à son entourage la crainte de sa personnalité. Elle ne subit plus la loi, elle l'impose. Ayant appris que ses belles-filles avaient passé quelques heures avec moi, elle voulut aussi me voir, m'entendre et elle s'est fait transporter en palanquin jusqu'au guest house. Un de ses eunuques, chargé d'éloigner tous les indiscrets masculins, les importuns, s'en est acquitté consciencieusement. Je m'explique le palais désert, les sentinelles écartées, les chambres fermées à clef.

Par une attention courtoise, la bégum avait décidé que la femme de Muna Saheb irait me chercher et me présenterait à elle.

Le sérieux enfantin du gracieux guide n'avait point résisté à ma mine déconfite devant la porte de mon frère, un fou rire avait saisi la princesse et elle s'était sauvée comptant m'envoyer une de ses suivantes pour m'accompagner à la salle de « Durbar ». Je reconnais, en effet, la pièce attenante à nos appartements, ornée de statues de marbre, reproduction de la Vénus de Milo, et de plusieurs chefs-d'œuvre européens placés dans des niches entre des appliques d'argent et le « machan » de la bégum qui n'est autre que le siège en ivoire sculpté, trône des anciens Nizam qu'en flânant dans cette salle où l'on ne couronne plus, que des souvenirs, j'ai souvent admiré.

La bégum s'absorbe dans les délices de son hooka et ne m'adresse plus la parole, tandis qu'une suivante se met à chanter une mélopée plaintive à laquelle toutes les autres répondent en frappant des mains pour marquer la cadence.

La petite Muna me prend alors à part et tâche de me distraire en m'indiquant ses belles-sœurs, les femmes de Wasif Saheb. La première, épousée par ordre de ses parents, est commune, lourde, la seconde, qu'une intrigue quelconque lui a permis d'apercevoir avant le mariage, est remarquablement jolie, effrontée, et disparaît presque sous les amples godets d'une soierie mauve et rose.

Vers la fin de la soirée, l'on apporte les lumières : des torches que les dames d'atour tiennent à la main. C'est le signal du départ. Toutes les princesses ploient le genou devant la bégum, prenant un coin de leurs robes, elles le font toucher à terre et le relèvent à la hauteur du front qu'elles courbent ensuite sur leurs mains jointes. La femme du Nabab répond par un simple salut, elle se lève, monte dans un palanquin amené par ses suivantes, et s'en va majestueuse, arrogante, royalement drapée dans un brocart d'or fauve.

MOORSHIDABAD, 24 MAI.

Le prince Muna, à la requête de Bougha, son tyran, a résolu de nous faire assister à une grande représentation théâtrale. Des courriers dépêchés en hâte à Calcutta doivent ramener certaines célébrités indigènes, pendant que les ouvriers s'occupent à monter la scène dans une des immenses pièces du palais. Les décors sont d'une naïveté enfantine et leurs dessins rappellent certaines caricatures, toutes de traits; les indigènes n'ayant aucune idée des proportions et des plans.

La représentation commence à dix heures du soir pour se terminer à quatre heures du matin. C'est une réjouissance générale. Tous les familiers du Nabab, ses fils, ses serviteurs, les gens de Moorshidabad se pressent et s'entassent dans la salle. Nous avons pris place au premier rang avec le Muna Saheb et ses frères, qui ont revêtu, pour la circonstance, des habits éblouissants et des joyaux superbes. Bougha s'est faufilé dans les coulisses, sa voix fraîche et caressante presse les acteurs, donne des ordres et ajoute à la confusion qui règne derrière la scène. Un parasol de drap d'or, emblème de la souveraineté, s'agite au-dessus de la tête des princes, de nombreux éventails, dont la hampe repose sur le sol, incessamment balancés par des coolies en turban écarlate, rafraîchissent l'air brûlant.

Des serviteurs se trouvent assis à nos pieds et nous présentent de temps à autre des sorbets et du « pan », feuilles de bétel remplies de chaux et de clous de girofle.

Lorsque les princes aperçoivent dans l'assemblée quelqu'un auquel ils veuillent témoigner leur bienveillance, ils lui envoient par un « boy » un de ces petits paquets de « pan », c'est un va et vient continuel qui ne trouble aucunement les artistes. La pièce représentée s'appelle « Laïli et Manjou », une sorte de Paul et Virginie indou, qui compte parmi les œuvres littéraires les plus appréciées de l'Indoustan. Tous les rôles de femme sont tenus par de jeunes garçons remarquablement grimés.

Les situations, les attitudes, sont celles de la vie courante; ils jouent avec un réalisme étonnant et, dans certains actes, des amateurs prennent part à la représentation, remplissant les fonctions qui leur échoient habituellement en dehors du théâtre.

Un chœur de pêcheurs, invoquant par un chant sacré Bhagirat, le père des eaux est entièrement composé de bateliers, dont les voix sonores s'élèvent chaque soir sur la rivière Baghirati dans la même prière; le fakir, qui représente Manjou séparée de Laïli, parcourant le monde à sa recherche, n'est autre qu'un pieux solitaire, auquel l'appât de quelques roupies a fait quitter son ermitage; chacun de ces acteurs apporte à la scène ses habitudes personnelles, ses gestes, ses jeux de physionomie; si cela manque un peu d'unité, l'impression du réel, du vécu n'en est pas moins saisissante.

Le théâtre, chez les indigènes, n'est plus de la fiction, mais de la vie.

Le genre de la pièce n'a que deux variantes : la féerie ou la comédie religieuse, entremêlée de couplets, de simulacres de ballets; le goût populaire préfère celle-ci à tout autre.

Pendant un entr'acte, les musiciens favoris des princes font leur apparition. Coiffés de turbans musulmans, ils ont l'air guerrier et promènent sur les spectateurs un fier regard. Ils saluent très bas et s'accroupissent dans le rayon de lumière douteuse d'une lampe juive. L'accompagnateur, un grand diable robuste, débale un curieux instrument en bois représentant un paon, la queue déployée, qu'il tient comme un violoncelle. A ses côtés, un joueur de « tumboora » promène ses doigts nerveux sur une mandoline taillée dans l'écorce d'un fruit énorme, semblable aux grenades. La table, en racine de bambou, se continue par une canne de même bois fendue dans la moitié et qui dépasse de plusieurs coudées la tête de l'artiste. Un autre indigène s'absorbe dans la résonnance monotone que produisent ses doigts rouges de henné, en frappant un tambour fermé aux extrémités par des peaux de chèvres. Le chanteur mime et comédien à la fois se place légèrement en avant de ses compagnons; c'est lui l'attraction principale, le numéro sensationnel de la soirée. Un accompagnement violent, agité, tout de trilles, de gruppettos, d'arpèges, soutient sa voix nasillarde qui expose en une longue série de couplets la supériorité de la musique vocale sur l'instrument. Il chante à pleins poumons, soulignant les passages décisifs de jolis gestes narquois et distingués. Il en appelle aux princes et leur demande d'ordonner aux mandolinistes de jouer à leur tour pour mesurer l'excellence de leur profession. Des étoffes de soie brochées, vertes, pailles ou cerises, les enveloppent, des galons d'argent ou de cuivre brillent à leurs turbans, égayés de bouquets de soucis et de jasmins. Leurs vêtements sont un mélange unique de couleur, d'or et de crasse. Le rythme vigoureux des marches musulmanes succède aux ritournelles lentes et criardes dominées par un *leit motive* obtenu en touchant d'un seul doigt une corde spéciale. Les princes écoutent, en prenant des poses abandonnées, mais pleines de grâce, leurs pensées sont mélancoliques, leurs yeux se fixent parfois sur les portraits des aïeux qui ont combattu et régné au son de ces mêmes airs, et ils se demandent pourquoi l'Allah de leurs pères les a désertés.

Ils inclinent la tête en signe d'approbation, accordant un sourire et un « salam » aux artistes lorsqu'ils se retirent dignement, laissant le comédien maître absolu de la scène. Celui ci, avec toute la liberté d'un bouffon, interpelle les princes et leur expose le thème de la pantomime coupée de chants, à laquelle il va se livrer pour leur agrément. Joies, peines, amours, description de ses biens, de sa famille, voyages, il narre tout, par le geste et la mélodie, d'une façon saisissante de réalisme : Un soir d'orage, en temps de mousson, il se hâte au bord de la « Bhagerati » pour regagner Moorshidabad, le moindre bruit l'émotionne, et l'appel lugubre du chacal lui cause un indicible émoi. Les éclairs luisent dans ses yeux, des fleuves coulent, dans l'ample mouvement de son bras, son corps frétille, s'allonge comme celui de la bête de proie. Sa respiration est haletante, la sueur ruisselle sur son visage, finalement il tombe à nos pieds, secoué d'un tremblement violent, anéanti, pâmé de frayeur.

28 MAI.

Aujourd'hui, nos hôtes désolés à l'idée de notre prochain départ, ont voulu clôre la série des spectacles qui se sont déroulés à nos yeux émerveillés, par une chasse spéciale au Bengale : la chasse au crocodile. Il n'est bruit ici que d'un énorme saurien, auquel l'exagération populaire prête des dimensions incroyables ; on lui attribue la disparition de plusieurs buffles, d'un troupeau de chèvres, d'un enfant ; la religion elle-même est mise en danger par la présence du monstre, dans un lac consacré aux ablutions dont les fidèles, terrifiés, n'osent plus approcher. C'est une nouvelle tarasque, et tel saint Bertrand, dont la face de bois sourit là-bas en sa vieille cité du Comminges, nous partons pour délivrer la contrée de l'animal oppresseur. La journée s'annonce couverte, les rayons du soleil n'ont point encore dispersé les senteurs de la nuit et une buée légère, d'une ténuité de travail d'araignée enveloppe la campagne. Il fait doux. La voiture roule entre des haies de lantanas, dont les fleurs de safran fleurissent de calices odorants le chemin étroit, que les bambous balayent de leurs branches pleurantes. Dans les sous-bois de manguiers, les canas et les patates douces s'étalent comme une marée verte de feuilles luisantes et touffues ; les écureuils gris, striés de noir, viennent grignotter sous les sabots des chevaux des mangues pourries et quelques grains de riz ; ils ont les plus jolies mines du monde avec leur air futé, leurs yeux noirs brillants comme du jais, le frétillement insolent de la queue dont ils accompagnent leur fuite lorsque nous passons.

De grands singes café au lait gambadent par bande de dix à quinze dans les banians enchevêtrés, se poursuivent, ricanent, nous lapident de fleurs et de bois mort. Il n'y a pas à dire, ici l'animal est dieu ; il le sait et il en abuse. Le moustic s'acharne, le tigre fait trembler, le babouin a des temples, le bœuf sacré pèse sur le budget, la chèvre ensorcelle, le chameau discute, et le malheureux humain passe ses jours à concilier cette création dont il devrait être roi. C'est ainsi qu'arrivés au croisement de route où nous attendent trois éléphants hauts comme de petites maisons, Badahur-Gash, Sultan-Gash et Tagroun-Peari, le cornac s'excuse de ne pas les faire saluer suivant l'usage ; une longue attente les a, paraît-il, tellement énervés, que le conducteur affirme qu'ils traduisent leur mécontentement par de petits cris de colère. Les mains pleines de fruits, de gâteaux tirés de nos provisions, nous allons humblement présenter nos excuses aux pachydermes énormes dont la face triangulaire s'éclaire d'une lueur d'avidité. Bahadur-Gash, auquel je fais de timides avances, consent à accepter quelques mangues et me remercie par un frémissement de la trompe qu'il laisse retomber ensuite comme une lanière sans force. Cet intéressant animal, me raconte Munasaheb, est un artiste et un autocrate. Il a des couleurs et des êtres de prédilection. Il déteste un certain bleu, par contre il raffole du jaune ; l'année dernière, son « Mahout » (cornac) l'ayant par mégarde monté, coiffé d'un turban bleu, Bahadur entra dans une fureur insensée, le jeta à terre, le trépigna et l'étouffa de ses pieds monstrueux. On parlait de l'abattre séance tenante, mais son maître actuel, fils du défunt, s'y opposa, promettant de le corriger ; il le cajole, le calme, lui parle, ne se présente à lui que vêtu de coton ou de soie canari : mais on ne peut encore rien affirmer de sa conversion. Les deux autres éléphants sont chargés de tapis, de couvertures, de cartouches, de fusils de rechange, de harpons pour le crocodile ; les familiers et les domestiques s'arrangent aussi comme ils peuvent entre les bagages et les armes. Bahadur porte les chasseurs, mon frère et moi. Le firman le frappe violemment sur le crâne, il s'accroupit très docilement, son gros corps pantelant, ses défenses éblouissantes cerclées d'or effleurant le sol. Il faut escalader sans échelle cette masse grise et ce n'est pas très facile. Je monte la dernière. L'énorme pied que Bahadur retourne en l'air sert de tremplin ; puis à l'aide de la queue, des cordes qui attachent la banquette sur son dos, je me hisse à la force des poignets et des genoux ; les princes me tendent des mains secourables, et je finis par m'installer entre deux nababs tout vêtus de soie orange. Nous sommes six assis dos à dos, les pieds pendant de chaque côté des flancs de l'éléphant. Nous nous ébranlons pour pénétrer dans une jungle courte et chevaucher à travers les champs de riz, les villages de boue couverts de torchis, d'immenses vacants arides, plantés d'arbres nains dont les feuilles plates paraissent jaunes et appétissantes comme des crêpes ; les tourterelles mouchetées, les oiseaux aquatiques tourbillonnent au-dessus de nos têtes ; les princes ont chargé leurs fusils et les coups de feu partent à droite, à gauche..., partout où ils aperçoivent poil ou plume. Ils tirent à dos d'éléphant ; au premier abord, cette fusillade éclatant à dix centimètres de moi me surprend très désagréablement, bientôt j'imite la passivité de Bahadur, qui, s'en témoigner aucune frayeur, s'évente avec un rameau d'arbre arraché. La chasse se poursuit pendant une partie de la matinée. Lorsque les princes abattent une pièce, deux ou trois domestiques qui remplacent les chiens, vont fouiller les buissons et, armés d'un couteau, ils égorgent les volatiles que les princes n'ont fait que blesser, pour satisfaire la loi musulmane qui interdit à ses fidèles de faire servir à leurs repas des volatiles n'ayant pas été saignés par le fer. Le temps devenant sombre, nous nous réfugions dans une hutte assez spacieuse, dont la véranda de terre battue disparaît sous les nattes et les coussins étendus par les « boys » des princes. Lorsque nous sommes assis ou couchés suivant notre envie, on place devant chacun de nous, dans des bols d'argent, des mangues pelées coupées en quartiers, du « bouna », délicieux mélange de sucre et de riz sec, du bétel et des goyaves. Nous fumons en silence le lourd hooka d'or que très courtoisement l'on nous offre. Il pleut à torrents. L'indigène, dont nous avons envahi le domicile, s'est blotti avec ses enfants dans une cabane voisine où une vieille femme révoltante de saleté cuit la chasse des princes sur de la braise de cocotiers.

Un des familiers s'esquive au coup de midi, se coiffe d'un mouchoir à carreaux, enlève ses chaussures, monte sur une espèce de lit de repos, et, tourné vers le lac délicieux, tout blanc de lotus au bord duquel nous campons, commence de longues prières. Il embrasse la terre trois fois, se relève et les mains appuyées sur les genoux, récite d'une voix sourde et monotone les louanges d'Allah et de Mahomet; puis, il joint les mains, les lèvres au ciel et se précipite sur le sol; les princes l'observent en souriant. Pendant le déjeuner, quelques sarcasmes en Urdu sont mal accueillis par le confident dont les sourcils d'ébène dessinent une ligne nette au-dessus des yeux félins et faux.

Les princes nous invitent à manger avec eux, c'est-à-dire à tremper nos doigts dans le riz, les poulets, les poissons, les piments, les melons préparés au « currie » qu'on leur présente dans des écuelles de Japon ancien. L'on déballe aussi des poumons de vache que les chasseurs arrangent autour des harpons, pour aller, à la tombée du jour, lancer l'appât.

Cinq à six hommes se placent de chaque côté de la pièce d'eau, tenant une des extrémités de la corde au milieu de laquelle se balance le morceau de chair sanguinolente. Avec des précautions infinies ils avancent le long des bords feuillus, contournant les arbres pleureurs, dont les branches couvrent d'un manteau flexible l'eau tranquille.

A l'endroit où les rives du lac retréci disparaissent sous une végétation folle, les noirs, au signal donné, laissent tomber l'énorme hameçon au milieu de la nappe verte, fixant à des pieux les deux bouts de la corde pour assurer l'immobilité de la proie. Quand le vorace « koumir » se précipitera dessus, on le halera enferré sur la berge pour l'abattre à coup de fusil. Mais il faut qu'il vienne. Les indigènes affirment que tous les jours, à cette heure-ci, son long corps écailleux glisse vers l'extrémité du lac; il ne reste plus qu'à l'attendre. Nous nous mettons à l'affût sur une chaussée de briques effritées qui traversent le lit boueux ; les indigènes haletants, se pressent autour de nous, s'accroupissant sur la berge humide. Nous parlons bas, distraitement, les yeux incessamment attirés par la fleur de chair qui flotte entre les lotus. Une longue heure passe, l'impatience nous gagne ; des troupeaux rentrant au village remuent la vase du lac, ils boivent bruyamment, troublant la quiétude de l'heure par des mugissements prolongés. La pluie fine et mouillante recommence à tomber, la nuit descend à l'horizon : le crocodile ne viendra pas aujourd'hui.

Le Prince Muna m'annonce qu'il faut rentrer à Moorshidabad en chasseurs désappointés, mais résignés ; il se débarrasse de son fusil et murmure simplement : « kismet » (c'était écrit).

1ᵉʳ JUIN.

Le soleil se lève à peine, illuminant progressivement les rives de la Baghirati et les barques immobiles où dorment encore les pêcheurs, quand nous sortons du parc du palais. Nous quittons définitivement Moorshidabad, en emportant les vœux de nos amis et le souvenir ineffaçable de cette charmante étape.

Nous nous dirigeons vers Patna par le Gange, que nous allons rejoindre à Godogari, un hameau du district de Moorshidabad. Toujours, partout, l'unique paysage du Bengale, du riz, des villages de boue et de chaume, des allées de manguiers, des plaines où paissent de grands troupeaux gardés par des pâtres indolents, des cultures de jute frissonnant au moindre souffle de la brise, des palmiers nains vigoureux, envahissants.

A Bhagavangola, il n'y a plus de route et sans le secours des « policemen », nous n'arriverions pas à gagner une factorerie de jute abandonnée où nous prenons conseil d'un babou, qui l'habite en qualité de concierge.

Godogari se trouve en face de nous, mais sur l'autre rive d'un bras de rivière, qu'il faut franchir. Nous essayons d'un gué; le sable brûlant s'écroule sous le poids de Philippe, les roues patinent et l'insolation nous guette, si nous nous obstinons dans

Embourbés

cette entreprise. Nous retournons à la factorerie, traversant des champs de jute, nous embourbant à tous les pas, haletants, épuisés, nous nous laissons tomber sur une natte, chez le babou, et nous dormons toute la journée.

Pendant notre sommeil, il parcourt à cheval les agglomérations de bateliers jusqu'à 10 kilomètres d'Assoria, notre gîte, sans trouver une seule embarcation qui puisse supporter le poids de la machine. Quelques fortes barques ont les côtés tellement élevés qu'il faudrait établir une sorte de plancher entre les bords, pour embarquer Philippe, sans le laisser tomber au fond du bateau. Le babou a néanmoins ramené de son excursion un ami musulman, qui se charge de nous préparer, pour demain matin, un radeau ainsi compris.

Son habileté et surtout sa célérité m'inspirent peu de confiance, il parle d'aller quérir des coolies et des bambous à une grande distance et nous laisse entendre, qu'après tout, il ne répond pas du succès. La mauvaise humeur nous gagne, nous le malmenons, je crois, un peu trop, car le babou, tremblant, me dit confidentiellement à l'oreille de ne pas offenser le « musulman gentleman ». Il nous ramène au bungalow, nous offre des verres et des rafraîchissements et s'ingénie à nous empêcher d'aller activer les coolies, qui, lentement, maladroitement, se sont mis au travail. Le babou s'efforce de distraire notre attention, il entame une longue dissertation sur la guerre russo-japonaise, nous fatiguant de son enthousiasme pour la nation jaune. Les victoires des Japonais sont pour lui le signal de la prochaine émancipation de toutes les races d'Orient assujetties aux principautés européennes. Il voit l'Inde libérée, par leur concours, des Anglais, puis abandonnée à la caste brahmaniale dont il fait partie et il se délecte, par anticipation, dans les joies, les puissances, les richesses, résultant de ce nouvel état de choses.

Inutilement, je lui représente que l'Angleterre s'est créée des sympathies et des pouvoirs dans toutes les castes guerrières, les seules qui combattraient ; il veut me convaincre de la force d'un petit nombre, résolu, courageux, contre une multitude moins vaillante : il invoque l'exemple de Napoléon vainqueur des coalitions !!

La fatuité incommensurable dont est pétrie l'âme de ces indigènes, déformés par l'instruction anglaise, l'empêche de saisir le ridicule de ses comparaisons. Il continue à nous égayer de ces propos historiques pendant une partie de la soirée.

Au matin, la barque est prête à nous conduire à Godogari. Les bateliers ont hissé des voiles de toile rouge que gonfle un vent léger, ils attendent patiemment, appuyés sur leurs perches de bambou.

Le soleil indiscret nous poursuit de ses chauds rayons, nous finissons par nous étendre sous les ailes de l'auto pour lui échapper.

Les rives plates, solitaires, défilent devant nos yeux aveuglés de lumière ; pas un bruissement, pas un cri d'oiseau ne rompent le silence de cette campagne monotonement verte et fertile. Des tourterelles aquatiques se perchent dans la mâture, puis elles s'envolent, effleurant l'eau du bout de leur bec de corail.

Aux endroits où le sable agrippe la quille, les bateliers se mettent à l'eau et nous remorquent, en se relayant jusqu'à ce que la barque soit renflouée.

Le trajet est long, ennuyeux ; bientôt, nous entrons dans une plaine d'eau immense, grisâtre, calme et unie : c'est le Gange, « le divin Pudda ». L'on distingue à peine, le long des bords couverts de jungle, les coques de noix fragiles et rapides dont se servent les indigènes pour la pêche, les voiles paraissent à l'horizon, coquettes et blanches comme un vol de mouettes. Le vent nous pousse, les matelots jettent leurs rames inutiles au fond du bateau et font un bout de toilette avant l'arrivée. L'un d'eux laissait tremper ses pieds dans l'eau, il les retire si brusquement qu'il fait quasiment chavirer notre esquif Ses yeux, convulsés de frayeur, semblent rivés sur la tête hideuse et la machoire menaçante d'un crocodile énorme qui baille à fleur d'eau.

GODOGARI, 3 JUIN.

Au « Rest House » de Godogari, chétive maisonnette au toit de chaume, nous attendons le bateau qui doit nous transporter, par le Gange, à Patna. Le fleuve sacré coule lentement entre des rives de sable, ses flots sans remous roulent paresseusement, afin que bercés par leur mouvement tranquille, les morts ensevelis dans ses eaux limoneuses flottent en paix jusqu'à la réincarnation.

L'embarcadère, assez éloigné du village, serait impossible à atteindre par le sentier de halage qui longe le « grand fleuve », mais grâce à l'amabilité d'un Brahme qui veut bien nous servir de guide, nous arrivons, par un considérable détour à travers des bois de bambous et des champs de roseaux, à Sultan-Gang, où s'arrêtent les petits steamers qui trafiquent entre les différents villages riverains. Le jour finit et dans le crépuscule les sables roux se confondent avec la ligne pâle du Gange. *Le Wren* est à l'ancre. Sur une simple planche posée entre le bastingage et la berge, des noirs en longues files trottent silencieusement, déchargeant des ballots de jute, des peaux de chèvres grossièrement tanées, des caisses de liqueurs, des cotonnades; ils embarquent, en échange, des milliers de bananes et de mangues, enfermées dans des paniers ronds, qu'ils portent sur la tête et jettent pêle-mêle dans la cale. L'équipage indigène, composé d'un capitaine musulman et de dix hommes est descendu à terre pour examiner plus commodément la machine. Ils approchent curieusement, tâtent d'un doigt craintif les ailes, le radiateur. Philippe leur semble compliqué et dangereux. Lorsqu'ils comprennent que nous désirons nous installer à bord avec cette voiture magique, ils sourient d'une façon incrédule : il faut toute l'autorité du clerc, distributeur de billets et agent de la compagnie, pour leur persuader de faire arranger une passerelle solide, capable de supporter le poids de la machine. La population des quelques huttes disséminées sur les pentes brûlantes, se tient toute prête à apporter son concours aux coolies. Après beaucoup de tiraillements et de bruyantes exclamations, l'auto glisse dans l'entrepont. On l'y cale avec de gros sacs de maïs. Les passagers ont quitté le bateau pour dîner. Assis par groupe de castes, ils creusent des trous dans le sol pour faire leur feu. Les uns attisent les brasiers, trient les graines pour le currie: quelques-uns marchandent des fruits ou de petits poissons, d'autres fument silencieusement. L'un d'eux, solitaire, entouré de ses inévitables ustensiles de cuivre, semble plongé dans une rêverie mélancolique et mâche du bétel. Des enfants nus courent et crient de tous côtés ; une femme, drapée de blanc, parcourt les groupes, sa cruche de terre sur la tête, offrant de l'eau potable et du lait. Ailleurs, des musulmans sont en prière, tournés vers le soleil qui tombe comme une flambée d'or violet dans le divin « Pudda », sillonné de barques aux voiles cerise que les pêcheurs ramènent au ghatt. Un Brahme, paré de son cordon sacerdotal, se promène seul, dédaigneux de cette humanité immonde, issue des pieds de Brahma. La cloche d'un temple caché dans un massif solitaire se fait entendre, les tam-tams résonnent, une odeur de jasmin et d'encens monte dans la nuit tombante, des feux de Bengale illuminent le rivage : c'est l'heure de la prière. Les Indous fervents quittent leur travail, leur repas, ils s'approchent du fleuve et lentement ils y entrent jusqu'à mi-corps, invoquant par des ablutions répétées l'esprit des eaux.

Il fait nuit noire lorsque, au coup de sifflet du capitaine, le *Wren* file doucement, fendant le courant de sa proue blanche.

Les trois seules cabines du bateau et la partie d'avant sont réservées aux passagers de première classe ; à l'arrière, les voyageurs indigènes s'empilent comme ils peuvent, couchent et cuisinent sur le pont. Des bancs disposés en carré séparent les différentes castes.

On serait tenté de croire que cet incessant établissement de démarcations entre les castes inférieures et les castes élevées doit fomenter chez les premières des haines féroces contre leurs concitoyens plus privilégiés et exciter des convoitises furieuses. Il n'en est rien.

La caste a été établie primitivement pour conserver aux conquérants aryens l'intégrité du sang en les empêchant de s'unir aux populations aborigènes des Sontals, des Bhils, des Mairs et les clans, les familles, chez lesquels l'ascendance s'est conservée uniquement aryenne forment les castes supérieures. Au contraire, la prédominance dans une race du sang des habitants primitifs de l'Inde, en plus ou moins grande quantité, a fait naître les castes inférieures de rang moyen ou bas.

D'autre part, les Aryens, s'établissant aux Indes, forcèrent une grande quantité de vaincus à adopter leurs croyances, ils devinrent Indous de religion, non de race et formèrent une partie séparée et méprisée de la nation.

La supériorité physiologique des aryens est donc celle qui s'est imposée aux « Sudras (1) », et elle ne leur cause pas plus d'envie que l'européen n'en fait éprouver aux Nègres ou aux Chinois.

---

(1) Terme par lequel on désigne toutes les basses castes.

Les basses castes ont véritablement un degré d'humanité inférieure à celui de la race Indo-Européenne dont la caste est la glorification.

Chaque caste est une société exclusive, fermée, elle satisfait à toutes les nécessités morales de ses membres et agit dans le territoire entier de l'Inde. La religion, les usages, les occupations de la caste appartiennent à tous ses membres, où qu'ils se trouvent et malgré les inégalités matérielles, qui peuvent exister entre eux, au point de vue des autres castes ils jouissent de la même considération ou supportent les mêmes dédains.

Un Brahme qui mendie ne s'assoiera pas plus à la table d'un « dhombs » (1) enrichi, qu'il ne permettra à un de ses coreligionnaires pauvre de même caste d'effleurer son bol d'aumône. L'Indou est toujours, avant tout, l'homme de la caste dont il est sorti. Il reste éternellement aryen ou aborigène, quelles que soient ses possessions ou sa misère. Cette première distinction se maintient à jamais dans la société indoue ; elle n'empêche pas les castes inférieures d'améliorer leur sort par le travail, la spéculation ; il y a des Sudras qui amassent des fortunes considérables, occupent des fonctions honorables ; quelques-uns, comme les ancêtres du Maharadja de Kooch Behar, se taillent des principautés, mais l'opinion publique ne leur connaît pas d'autre rang que celui de leur caste. Par contre, un Radjput qui laboure est l'égal des Maharadjas les plus puissants, il peut épouser leurs filles, que ces princes refuseraient à des souverains comme le Gaikwar de Baroda, ou le chef de Gwalior appartenant à des castes de vachers et de bergers.

La physionomie, le costume, les atours des femmes révèlen la caste. Il est du reste très poli de questionner un individu sur ses ascendants, son clan, ses occupations héréditaires. Pendant les moments interminables que nous passons à voir défiler les rives solitaires, dont les herbes grasses ondulent au vent, c'est ma distraction favorite.

Nous faisons escale deux ou trois fois dans la journée, pour permettre aux passagers d'aller acheter leurs vivres.

Toutes les ressources des villages sont exposées sur la berge, des femmes apportent des paniers de mangues, jaunes, vertes, rougeâtres, énormes comme des courges, des mangues de Malwa et des mangues de Behar ; c'est un régal pour les connaisseurs ; à côté, l'on vend des pigeons, des poulets étiques, des caramels, de la farine de maïs, des nasses de gougeons, des « jak fruit » :

---

(1) Fossoyeur, la plus méprisée de toutes les castes.

difformes de rotondité, des marchands servent du thé bouillant, du café, des sorbets.

Le capitaine a fort à faire en empêchant cette foule de vendeurs d'envahir le steamer et de venir harceler les voyageurs pour débiter plus facilement leurs marchandises.

En retirant la passerelle, un de ces importuns tombe à l'eau ; comme je m'apitoie sur son compte, le capitaine musulman sourit de pitié et ajoute laconiquement : Qu'importe, il est de basse caste !...

GAYA, 3 SEPTEMBRE

Dans ce dak bungalow que nous partageons avec un officier de police en tournée de surveillance, une souffrance inconnue jusqu'à présent s'ajoute à l'incommodité du campement : les moustiques nous dévorent. Dans aucune partie de la péninsule, ces insectes ne sont aussi furieusement voraces et malins que dans le jungle Bengali. Ils ont du reste, une réputation d'habileté dûment établie. Généralement, la brise bien factice des « punkas » suffit à disperser leur légère cohorte, mais ici, avec une prudence et des ruses inouïes, ils s'accrochent aux volants d'étoffe et paraissent mollement assoupis, bercés par le mouvement de pendule de l'éventail. Durant les chaudes heures de la sieste, je les suis de mes yeux alourdis de sommeil ; lorsque le punka, dans sa course est prêt d'arriver à l'extrémité la plus éloignée de mon visage, ils s'élancent avec un bourdonnement triomphal et m'assiègent ; avant qu'un coup de vent ait pu les chasser, ils ont repris leur poste d'agression sur les planches ballotantes. Ils sont odieux et leur importunité associée au chant monotone et douloureux du corbeau des jungles, enlève tout repos aux courtes heures tièdes de la nuit. Parfois le coolie, tout en tirant la corde du punka, s'endort ; vaguement, à travers une natte de jutte, j'aperçois sa mince forme noire assise dans la véranda, sa tête s'incline, il croise les bras, passe le cordon entre ses orteils et s'apprête à sommeiller, persuadé que je ne m'en apercevrai pas. Mais le moindre ralentissement dans cette insuffisante fraicheur est vite appréciable, aussi je rassemble toutes mes notions de langue Bengali pour l'inciter poliment d'abord, à activer le mouvement. Il fait le mort. Après la phase des injures, il grogne sourdement, s'apostrophe à mi-voix et reprend du cœur à l'ouvrage. Quelquefois son entêtement me force à recourir aux moyens extrêmes : les menaces et les projectiles. Une paire de chaussures lancées aussi habilement que possible à la poitrine ou à la main a toujours raison de son obstination.

Les premiers temps de séjour aux Indes, cet emploi de la force brutale (vis-à-vis des indigènes) paraît singulièrement cruel, inhumain, souverainement injuste, lâche même. L'on blâme les Anglais et on s'étonne de la patience, de la soumission des malheureux noirs qui les servent. Après quelque commerce avec les castes infimes qui, seules, consentent à former la domesticité des Européens, on regrette que Dieu leur ait accordé la parole pour les distinguer des animaux. Il est impossible de trouver des être plus dépourvus de sens moral, plus insensibles à tout en dehors des coups, plus menteurs, plus vilains, de toutes façons et en toutes choses que ces malheureux indigènes. Ils font ordinairement partie des plus basses castes de parias, de Goalas ou des Tyans du Bengale, primitivement, détrousseurs de grand chemin, voleurs, assassins. Ils n'ont pour ainsi dire pas de caste, et par ce fait même aucun frein, aucune règle de conduite, si ce n'est un intense amour du lucre et une duplicité devenue grotesque par son intensité.

Il y a quelques beaux caractères parmi les « peons » (courriers), membres généralement de certaines classes brahmaniales ou guerrières, qui ne frayent pas volontiers avec les serviteurs. Souvent de longues discussions s'engagent entre eux sur l'excellence de leurs castes réciproques, ce flot pressé de paroles ne cesse pas avec le jour et dans la nuit un murmure de voix chicanières s'élève encore, accompagnant l'aboiement lointain des chiens sauvages et la clameur aiguë des chacals.

GAYA, 3 SEPTEMBRE

Quelle lourde et stupéfiante journée de mousson! Les pluies torrentielles de ces dernières semaines, pompées par un soleil avide, flottent en vapeurs suffocantes entre ciel et terre; dans l'air irrespirable, les moustiques dansent des sarabandes meurtrières et ce lugubre chanteur appelé par les Anglais « brain fever bird », l'oiseau dont le cri annonce l'orage, sautille de branche en branche, jetant avec une désespérante régularité son hullulement sinistre. Tout semble préférable à l'inaction dans ce dak bungalow. Aussi, profitant d'une éclaircie, sans tenir compte des nuages prêts à crever, nous partons pour Boudgaya, une des villes saintes du Boudhisme. Des raiforts gigantesques, des catalpas aux feuilles cotonneuses bordent la route traversée de ruisselets boueux, qui vont se perdre dans la rivière Palgi, dont les flots s'écoulent sous le ciel couvert, en large nappe.

Des femmes chargées de fagots, se débattent contre le courant et se hâtent pour atteindre sur la rive opposée une rangée de collines basses dont les flancs recèlent leurs misérables demeures. Le vent se lève, fouettant les arbres, les jeunes bambous, balançant lourdement les plumeaux blancs des bois de teck. Des voix gémissent et soupirent dans les rafales, elles montent du fond de la vallée et s'éteignent entre les pyramides de briques des temples de Boudgaya.

L'approche des monuments sacrés est marquée par une succession de petits sanctuaires, les uns ruinés, déserts, d'autres habités par des Brahmes Shivites, qui prélèvent sur les vivres ou sur les marchandises des pèlerins indigènes la part de leur dieu. Une femme arrêtée ainsi a étalé le modeste contenu d'un mouchoir de cotonnade : du riz, des fleurs de souci, quelques courges et un peu de farine. Les serviteurs de Shiva examinent cela dédaigneusement. Après d'interminables explications, ils s'emparent des courges, laissant la pauvresse en larmes au milieu du chemin. Effondrée à côté du reste de ses biens, sa douleur l'absorbe au point de ne pas voir Philippe; elle reste également sourde aux appels désespérés de la corne. Siadous descend et doucement la repousse sur le côté de la route. Saisie d'effroi, elle écarquille des yeux noyés de pleurs et ramasse bien vite son ballot. Étrangère au pays, elle était venue, comme le veut la foi Indoue, délivrer l'âme de ses parents, en jetant dans la rivière Palgi une poignée de riz et de farine. Surprise par l'orage, le Temple de Shiva lui avait paru un asile sûr; les prêtres ayant réclamé leurs droits de péage, elle leur cédait son dîner et son déjeuner du lendemain, plutôt que de laisser encore dans la souffrance les mânes de ses ancêtres.

Les constructions Boudiques de Boudgaya ont été exhumées assez récemment, elles ne comptent que deux ou trois temples, dont le principal simule une pyramide immense en briques et pierres blanches, flanquée aux quatre coins de pyramides semblables mais plus petites.

Chaque parcelle de matériaux susceptible de porter une sculpture est frappée à l'image de Boudha ; Boudha assis, Boudha rêvant, Boudha bedonnant, Boudha en relief, Boudha gravé, Boudha ciselé. A l'intérieur, nudité complète des murs et des salles, mais dans l'ombre Boudha en or, gigantesque, colossal. Boudha cynique et patelin qui contemple l'humanité pécheresse en se grattant l'orteil et exulte à part lui dans la conscience de sa force et de sa sagesse. Il n'y a pas de façon plus répugnante d'exploiter l'inlassable crédulité humaine que celle employée par Boudha pour se faire rendre un culte. Un orgueil incommensurable, le désir de, l'annihilation pour échapper aux maux de la vie sont les caractéristiques de sa religion. Un de ses historiens raconte que l'idée de se retirer du monde, d'abandonner sa femme et ses parents, lui vint au cours d'une promenade à éléphant. Ayant rencontré successivement un vieillard, un infirme, un mort, le spectacle de la dégradation physique de l'homme le frappa si vivement, qu'il résolut d'y échapper par tous les moyens. Chez lui, la peur de vivre et de mourir devient une obsession. Il condamne tout ce qui peut propager et soutenir l'une, il défend d'infliger l'autre, il tourne comme un dément dans le cycle inévitable de la naissance au tombeau. Finalement, il déclare que la religion Brahmanicale, que l'acétisme ne délivrent d'aucune de ces terreurs, que seule la possession de la sagesse, l'illumination de la vérité, peuvent satisfaire l'âme et la conduire au bien suprême du néant. Tranquillement, le bonhomme s'assoit sous un ficus (le rejeton existe actuellement), il demeure là sept jours dans un état d'hébétude, puis il se proclame Boudha, le voyant, l'éclairé, il est sauvé. Il sait quoi ? le plus fervent de ses disciples serait fort embarrassé de le dire.

Lorsque dans l'Evangile le Christ accomplissant des miracles prêche au peuple, il dit : « Je suis le fils de Dieu, ce n'est pas moi qui fais cela, c'est mon Père, mon Père et moi nous ne faisons qu'un ». Au jardin des Oliviers il appelle son Père, le fardeau semble trop lourd pour ses épaules humaines, il ne compte pas uniquement sur ses forces personnelles. Tout le long de sa carrière apostolique c'est un humble, un modeste, c'est de par Dieu, parce qu'il est Dieu comme son Père, qu'il poursuit la mission qu'il s'est tracée. S'il n'y a pas en lui de Divinité, le Christ n'en reste pas moins un fou sublime qui veut couvrir ses actes et ses paroles du pavillon de Dieu. Boudha, lui, simplement, se reconnaît humain, mais le premier, le meilleur de tous, le seul qui possède la vérité. Il se pose en modèle, en initiateur, non parce qu'il s'attribue une puissance divine, mais parce qu'il croit être l'unique créature illuminée. Il nie le Brahma, l'être suprême des religions Indoues, il déclare que les dieux inférieurs tiennent le milieu entre les hommes et lui, Boudha. Un moment il songe à ne pas faire participer l'humanité aux bienfaits de la vérité. Il se rend aux supplications des rois et des peuples, il daigne se mêler aux vulgaires pour l'instruire.

Sa charité est une condescendance, sa moralité une ostentation destinée à l'élever dans l'opinion publique au-dessus des dieux et l'une des manifestations de son incommensurable orgueil. On éprouve une sorte d'exaspération devant l'image de ce sournois mielleux, ce faux-frère de l'humanité qui, sous prétexte de l'aider, de lui montrer la voie, l'arrête dès les premiers pas en disant : « Contemplez-moi d'abord, moi le Boudha, l'unique, le seul que la lumière ait visité ».

JAMALPUR, 6 SEPTEMBRE.

Nous ne demandions à Jamalpur qu'une réparation d'automobile et nous y avons trouvé une de ces amitiés saxonnes dont la sincère spontanéité fait tout le charme. Pendant qu'aux usines en train spécial de l'East-indian, la principale compagnie de chemin de fer des Indes, on refond le volant de la machine, brisé par une chute dans une fondrière, nos amis s'ingénient à nous faire oublier notre mésaventure en frêtant un train spécial qui nous permet de visiter avec eux les environs de ce coin du Bengale, auquel

Temple à Sultangunge

Rudyard-Kipling a consacré quelques pages dans sa *City of dreadful Nigths*, Nous allons en pique-nique à Sahebgunge, un village blotti dans la jungle au bord du Gange. Le fleuve déborde. Dans les maïs inondés, les Indigènes, montés sur le dos de leurs bufles gris, avancent péniblement, des barques faisant eau de toutes parts, surmontées de chiffons rouges en guise de voiles, transportent des femmes et des enfants et dans le lointain les montagnes de granit rose, but de notre excursion, se profilent dénudées, lisses, oranges et violettes sous les rayons d'or du soleil. Nous escaladons une colline qui s'avance en promontoire dans les eaux. Au sommet, l'horizon s'étend à l'infini sur des plaines liquides, hérissées de têtes de cocotier, d'arbres élancés, qui luttent contre l'envahissement des flots; au pied du monticule, le Gange coule, baignant les cabanes des pêcheurs, dont les filets sèchent, pendus aux toitures de joncs. Au milieu du « Pudda (1) », sur un rocher enguirlandé de vignes vierges, planté de bananiers et de ficus, s'élève un temple, bâtiment bas, orné de coupoles oblongues et irrégulières. Des escaliers de pierre, perdus dans le feuillage, vont au fleuve qui se brise en nappe café au lait contre l'îlot sacré.

Des Brahmes prient, la figure tournée vers la source du Gange, les Védas sont ouverts devant eux sur des X en bois affectés spécialement à ce saint usage : une ineffable impression de lumière et de repos se dégage de cette nature fine et calme.

Monghyr, que nous visitons en revenant à Jamalpur est une ville importante du district. Ses maisons indigènes sont basses, couvertes de tuiles, protégées du soleil et de la pluie par des auvents en roseaux soutenus par quatre bambous.

Les boutiques regorgent de fruits, de pâtisserie, de bonbons, de pâtes roses, blanches, jaunes, de boules de safran ; les ananas s'empilent entre les goyages, les piments ; les corbeilles de graines débordent, les outres se balancent au vent à côté des jarres d'arak, les marchands somnolent d'un œil, taquinés par des gamins qui font voltiger sous leur nez des lucioles et des cerfs-volants ; les femmes coulent des bracelets de plomb, quelques-unes peignent leurs longs cheveux devant les maisons, des chiens affamés, les vertèbres saillantes, se faufilent avec les enfants entre les bulloks-carts et les petits chevaux des « Ekkas », des chameaux sans conducteurs se promènent gravement, à travers les barreaux des balcons des mains féminines leur donnent du pain.

Le Gange à Monghyr, décrit une courbe dont le contour circonscrit le quartier européen. Des éminences se projettent dans

---

(1) Nom du Gange en Indoustani.

le fleuve et sur chacune d'elles s'élèvent des bungalows, dont les jardins dégringolent jusqu'aux flots sacrés, en tapis de verdure mariés aux parterres fleuris.

Une horde de fakirs a établi son quartier général au bord de l'eau, près d'un temple consacré à Shiva. Chacun d'eux possède une tente ou un pavillon de toile, un bol pour recevoir les aumônes, une cruche à eau en cuivre, des pinces à feu. Ils pèlerinent pour célébrer la visite d'un dieu qui vient, suivant leurs calculs, rendre honneur à Ganga, la déesse du Gange. Une cordellette nouée autour des reins, des nattes de jutte entortillées en turban sur la tête, composent tout leur vêtement. Ils ont le visage barbouillé d'ocre, de plâtre, le corps frotté de cendres, les yeux hagards, les membres meurtris, les chairs abimées par les lacérations, les charbons ardents, les pics de fer qu'ils emploient pour leurs austérités. La majorité sont de pauvres diables de caste inférieure mourant de faim qui trouvent dans l'ascétisme la nourriture quotidienne que les pieuses femmes ne manquent jamais d'apporter aux « Saints ».

Une foule considérable assiège leur camp : l'un demande un conseil, l'autre une guérison, une place, quelques uns confient des secrets, des affaires. Agenouillées à leurs pieds, des dévotes s'efforcent de deviner l'avenir dans les nappes de beurre fondu qu'elles répandent, à la prière des ascètes, sur les brasiers qui brûlent doucement devant leurs idoles.

JAMALPUR, 10 SEPTEMBRE.

Dans la demi-obscurité de la véranda, un petit individu maigre, grêle, frissonnant « *salam* » humblement et se tient devant moi les mains jointes. C'est un cuisinier qui voyage avec nous, car les dak bungalow sont encore plus démunis de personnel que de meubles. Kodah, fidèle du Coran, a trente ans, une seule femme, un fils, un amour désordonné du voyage, une honnêteté presque parfaite ; il baragouine quelques phrases d'anglais et possède d'élémentaires notions d'art culinaire. Un léger défaut de langue nuit à sa diction, mais la vivacité de son imagination supplée par la grâce des figures et des aphorismes à sa conversation balbutiante. Il m'appelle couramment : « La perle de ses yeux », « une rose confite dans du nectar » ; mon frère est « le puissant Saheb dont la bouche distille la mansuétude », le chauffeur même, malgré quelques coups de pieds qu'il lui administre libéralement, « brille de l'éclat de l'or. » Une timidité de lièvre et une sordide avarice se partagent l'âme de Kodah. Comme tous les poltrons, il a le verbe haut, le geste menaçant lorsqu'il traite avec plus faible que lui ; arrogant, impérieux avec le menu peuple, il prélève sur les « boxis (1) » que nous le chargeons de distribuer, un courtage d'un quart de centime par « annas ». Il profite de notre faible connaissance de la langue pour donner des ordres en notre nom et y ajouter de sa propre initiative, des injures ou des recommandations bizarres. L'astuce qui sommeille dans toute âme musulmane triomphe chez lui les jours de compte. Très décemment vêtu d'un pantalon et d'une redingote de mousseline blanche, une calotte de même étoffe posée sur le crâne, Kodah, obséquieusement, me rappelle qu'il attend des « piças ». Il produit une infinité de bribes de papier couvertes de chiffres nettement alignés par un écrivain public ; au premier abord, un total considérable m'étonne et ma surprise augmente invariablement en parcourant le détail conçu en ces termes ;

« Un « pie » pour du fil à coudre, un quart d'anna pour du cirage, un centime à un fakir pour empêcher les mauvais sorts, etc., etc. » Décidément, tout cela est si minime que l'on n'y peut rien reprendre et cependant, lorsque Kodah, changeant de pied comme un cheval dans le pas espagnol, aspirant bruyamment entre ses dents serrées, reçoit son dû, je puis être assurée que les trois quarts de la somme vont « à sa sœur », appellation familière de la danse de l'anse aux Indes. Kodah mènerait une vie de rêve avec nous si le « Dhobie » et le barbier n'empoisonnaient sa tranquillité.

---

(1) Pourboires.

Le premier, Hindou de la dernière caste est héréditairement chargé de laver et de repasser le linge de ses concitoyens qui considèrent cet ouvrage comme une dégradation et une souillure ineffaçable. Le « Dhobie » procède d'une façon primitive. Il restitue les vêtements, tordus, déchirés, brûlés au fer, il arrache liens, boutons, agrafes, c'est un destructeur et un tyran, car nul autre indigène ne consentant à se charger de ce travail, il abuse de la patience de ses clients, bienheureux lorsqu'il ne se livre pas avec leurs nippes à quelque avantageuse combinaison de location.

Lorsque nous séjournons en un village ou un bourg de quelque importance, Kodah, responsable du choix et de la célérité des dhobies, a avec eux des luttes dont les échos font hurler tous les chiens des environs; sa voix sèche, saccadée et aigre comme celle d'une vieille concierge, les gourmande, les presse, les traite de fripiers, d'écume du monde, de *beaux*-frères : il étouffe, il bégaye, finalement il s'adoucit en empochant la moitié du prix convenu et les renvoie battus et incorrigibles.

Avec le « napit » (barbier) par contre, Kodah a rarement le dernier mot. A la pointe du jour, celui-ci s'annonce par un cri court et grotesque, il va de porte en porte offrant ses services, tenant à la main ses rasoirs et un petit pot de cuivre plein d'eau douteuse. Kodah, très soigneux de son apparence physique, aussitôt l'appelle, l'amène derrière le bungalow et les deux bonshommes s'accroupissent par terre en face l'un de l'autre. Avec une regrettable parcimonie, Kodah discute, s'échauffe pour un centime, tant et si bien que le figaro s'exécute. Mais une fois l'opération commencée, lorsqu'il serre entre ses pieds les hanches anguleuses de Kodah et lui étreint le nez à pleines mains, son attitude résignée fait place à la morgue du praticien indispensable et cupide. Il exige, séance tenante, un double salaire sous peine de mauvais traitement et Kodah, malgré les larmes, les serments qu'il prodigue, jurant qu'il est pauvre, que sa femme se meurt, que sa belle-mère est morte, que son beau-père fait un pèlerinage, Kodah tremblotant, désigne des yeux son turban, dans l'ampleur duquel se cache son petit pécule.

Kodah nous est attaché à sa façon ; vaniteux comme tous les Musulmans, il se trouve flatté de servir des gens qui voyagent en « gharri owa », véhicule pris parfois par le vulgaire pour une incarnation divine. Lorsqu'il expose à une foule, bouche bée, nos exploits automobilistes, les provinces lointaines qu'il a parcourues avec nous, les babous eux-mêmes l'écoutent avec respect, on le questionne humblement et l'affirmation de sa supériorité sur ce misérable peuple d'ignorants chatouille délicieusement son orgueil. Parfois, l'un des auditeurs se risque à lui demander quelle est sa patrie, son nom, le nombre de ses femmes et de ses enfants, tous renseignements que l'étiquette indienne autorise le premier venu à se faire donner Kodah, d'un air entendu, s'adjuge comme ville natale Calcutta, la capitale. Ce titre de citadin impressione, paraît-il, les villageois ; puis il s'emporte contre la polygamie, il discute, il disserte et finit par démontrer que plusieurs femmes coûtent très cher, qu'elles constituent un luxe de riche ; il ajoute que lorsqu'il aura fait fortune, alors seulement il prendra les cinq épouses autorisées par le Coran.

Si sa femme le laisse indifférent, son fils, par contre, est l'unique et vraie passion de sa vie. C'est pour lui qu'il thésaurise et a consenti à quitter son hameau bengali ; l'image du bambin de deux ans qu'il a laissé, jouant devant sa cabane, le guide comme un phare à travers les petits ennuis du métier, sa pensée évoque constamment ses grâces enfantines et parfois des larmes de regrets sincères et émouvantes roulent sur ses joues cuivrées, en caressant les mioches qui s'ébrouent autour des bungalows.

Il vient aujourd'hui me demander l'autorisation d'assister à la fête célébrée par les ouvriers indigènes ces jours-ci, et qui, malgré la puérilité de ses rites, reste touchante et caractéristique de l'humilité des âmes indoues.

Afin de propitier la force aveugle du hasard qui transforme parfois en instruments de mort leurs machines et leurs outils, ils les adorent. La lime et le marteau, dont ils se servent pour se procurer une maigre pitance quotidienne, prennent à leurs yeux l'importance d'une personnalité bienveillante et hostile. La religion des basses castes leur ayant appris qu'ils étaient dépendants pour le bien et le mal des dieux, des objets, des animaux sacrés qui les entourent, ils ont fini par perdre conscience de la puissance humaine. Toutes les grandes usines chôment annuellement quelques heures pendant la dernière semaine de septembre, pour permettre aux travailleurs indigènes d'organiser le « Poudja ». A Jamalpur, ils décorent de guirlandes, de fleurs, de tresses de feuillages, les tours, les marteaux d'acier, les moules de cylindre ; ils piquent des herbes des pampas, des bouquets de lotus, des branches de mimosa, entre les machines à étirer et à broyer le fer. Ils effeuillent des pétales de roses, des gardenias sur les longues tables d'ajustage ; ils s'assoient par terre, autour d'un feu de « nim », l'arbre tutélaire et entonnent un chant plaintif noyé par le roulement des tambours et l'éclat des cymbales. Un « jogui » brahme attise le foyer et récite des versets des Védas auxquels les assistants répondent en jetant du parfum sur les flammes. Des concombres, des aubergines, des fruits disposés en tas savoureux sont distribués à chacun lorsque le feu s'éteint. L'officiant marque alors tous les ouvriers au front avec de la cendre et du carmin suivant leurs castes. Aux fonderies, on emploie surtout les Southals, une tribu aborigène; noirs, petits, la face plate, ceux-là retirés dans un coin de l'usine, n'invoquent aucune divinité, mais se repaissent gloutonnement de quelques provisions apportées par des femmes en haillons. Les hommes du Penjab, la tête serrée d'une cotonnade voyante, et les mous et habiles Bengali qui portent avec grâce leur parasol de feuilles de palmier, se sont cotisés pour se procurer le spectacle d'un « natch » (danse de bayadères), l'accessoire obligé de toute réjouissance indigène.

De grands cercles se forment autour des danseuses, laides, déguenillées; certains se perchent dans les charpentes de fer des ateliers, pour jouir plus commodément du spectacle. Une étoile musulmane, âgée de neuf ans, semble très appréciée, car une vive satifaction se peint sur les visages noirs, attentifs à ses gracieux mouvements.

Philippe n'a pas été oublié. Un indigène serviable l'a décoré de fleurs d'ibicus roses et rouges, et une petite cassolette d'encens fume devant lui.

Pourvu que ce rôle de dieu ne lui inspire pas l'orgueilleuse idée de se libérer de notre joug en cheminant demain vers Bénarès.

BÉNARÈS, 15 SEPTEMBRE.

Sur les palais ensoleillés, les temples gris et croulants, qui s'étagent en amphithéâtre au bord du Gange, la mort, souveraine de Bénarès, règne, triomphante et implacable. Tout, dans la cité, est déterminé par l'avènement de son inévitable puissance.

Pour expier les erreurs qu'elle termine, l'Indou vient s'éteindre dans sa ville de prédilection; pour s'assurer la possession de l'inconnu qu'elle cache, il livre son corps aux flammes des bûchers; pour qu'elle lui donne le repos, il fait jeter ses cendres au fleuve son esclave; pour l'affronter sans angoisse, il veut boire du puits dont l'eau putride renferme la science; enfin pour échapper le plus longtemps possible à son immortelle étreinte, il élève des temples innombrables aux dieux qui la maîtrisent et à ceux qui la craignent.

Bénarès

Ghat de Shitala

C'est elle avec ses espérances, ses terreurs, ses doutes, ses béatitudes, qui amène à Bénarès des milliers de pèlerins, des ascètes innombrables; cette population étonnante dont la vie est si médiocre et l'idéal très acceptable. Les préjugés de caste même y subissent son influence; toutes les races, toutes les sectes, toutes les adorations se coudoient et se mêlent dans l'attente du grand nivellement de fins humaines. A côté du brahme, confiant au Gange les restes de ses divins aïeuls, le cultivateur Bengali laisse flotter des feuilles de bananiers garnies de lampions de verre bleu ou rouge en invoquant Shitala, la déesse de la petite vérole qui épargne son foyer; les femmes aux jupes plissées rouges et pourpres, venues des déserts sableux de Marwar, baignent leurs enfants pour vivifier par l'eau sainte les membres grêles que la mort allait flétrir; non loin d'elles, des bayadères vieillies jettent au fleuve, à pleines poignées, des fleurs de lauriers roses, des corolles violettes et veloutées, des pétales embaumées. Les barques chargées de fagots et de bois pour les piles funéraires des coolies heurtent les riches embarcations qui permettent aux princesses de venir invisibles, puiser au Gange les vertus des dieux ; les enfants cabriolent et s'amusent, ils plongent, ils s'aspergent' et leurs souples corps effleurent le « jogui » effrayant, le désabusé, dont les yeux brûlants et la face torturée s'élèvent vers le soleil en une douloureuse et incessante supplication.

Les rives du Gange sont divisées en plusieurs ghats ou quais, et des centaines de marches raides et étroites conduisent du courant sacro-saint au cœur de la ville. Des maisons ornées de tours, d'avancements en widow, des palais qui servent de caravansérails aux sujets des Maharadjas orthodoxes sont comme jetés sur la berge; des escaliers de donjon grimpent resserrés entre leurs hautes murailles percées d'innombrables ouvertures ruinées qui laissent apercevoir dans des pièces immenses et pauvres des pèlerins fatigués, des mendiants ignobles accroupis près de leurs idoles, des ermites, des solitaires, que la charité nourrit, des femmes qui tendent les galeries de cotonnades pour conjurer les mauvais sorts. Ce fouillis d'habitations et de cours, est gardé par des divinités cachées dans des niches dorées ou argentées devant lesquelles se consument des mèches huileuses, des bouts de suif et se fanent des corbeilles de yucas et de lotus.

Le temple dédié à Shiva, qu'on ne visite pas et dont les coupoles dorées abritent les plus curieux rites des Indes, dominent la masse de ces constructions entassées sur un court espace de trois à quatre milles. Une ouverture pratiquée dans le cœur du sanctuaire permet aux Européens de jeter un coup d'œil à l'intérieur. L'obscurité y règne, l'on n'aperçoit que des formes humaines dans des attitudes suppliantes et l'image de Ganesh, le fils du dieu Shiva représenté sous la forme repoussante d'un brahme à tête d'éléphant. Le vestibule en marbre blanc et noir est incrusté de roupies, jonché de trainées de fleurs roses et blanches : tapis merveilleux et intoxicant.

Adossées au temple, se pressent, comme des poussins sous l'aile maternelle, des boutiques basses, sombres, où l'on vend des idoles en zinc, en bronze, en cuivre, pour les bourses modestes ; des étalages de grains enfilés, des cordons de chapelets en noyaux de fruits.

Bénarès

Ablution. — Rites Brahmes sur le Gange

en perles de bois ; des pinces à feu pour les ascètes, des bracelets, des pendants de nez, des anneaux en forme de serpent pour les pieds, des étoffes variées à l'infini de couleurs et de dessins, des bonnets en mousseline blanche brodée qui valent un anna (25 c.) jusqu'à la calotte de soie de Bénarès brochée d'or et de couleurs chaudes

Le soleil pénètre rarement dans cet encombrement de ruelles et la parcimonie de ses rayons ajoute à la noirceur des vieux bois s'effondrant, à la mélancolie des grilles croulantes et des balçons déserts. Des femmes entrevues sur les toits plats retirent la tête au passage des Européens ; des Indous assis dans l'entrebaillement d'une porte regardent s'écouler la foule d'enfants intelligents et fripons qui quémandent, les marchands ambulants suivis de coolies courbés sous le poids de leurs ballots d'étoffes et l'interminable procession des dévots apportant au temple des jasmins et de l'encens.

Toutes les catégories de « Sadhou », de voyants, défilent là en un jour. L'adorateur de Vishnou drapé dans une toge de coton orange, les esclaves de Durga, et ceux de Kali, l'idole sanguinaire, les fidèles de Shiva, le front barbouillé de rouge et de craie blanche, les imitateurs de Krisna, amoureux de ses laitières, le cou et les poignets entourés de guirlandes violettes et vertes. Malgré leurs divergences de cultes, leur idéal différent, une même idée les guide, un même désir les anime ; propitier la mort, cette déesse

Bénarès

Palais Dharmsala

farouche et libératrice, qui se montre avec un réalisme terrifiant aux bûchers de « l'Immortelle Kasi (1) ». Autour des piles funéraires, les prêtres assis sous des champignons en paille tressée, marmottent des prières, les barbiers rasent la chevelure et la moustache de ceux qui ont perdu un des leurs ; les rires et les cris d'enfants, les fleurs effeuillées, la joie de la vie tenace, exubérante, semblent défier cette terrible ennemie de l'humanité. Et les flammes s'élèvent comme une réponse rougeoiante, droites, ardentes, souverainement victorieuses, maîtresses définitives de ces êtres vaincus par la mort. L'on amène sous nos yeux une femme destinée aux bûchers. Des hommes la portent couchée sur un brancard de bambous qu'ils soulèvent comme une plume. Le corps, revêtu de ses habits de fête est enveloppé d'un voile blanc qui cache la figure, mais un petit pied inerte échappe au linceul, et lorsque la morte est déposée au ras du fleuve, pareil à une offrande d'or, il baigne dans l'eau sacrée. Des amis, des parents suivent le corps, ils s'adossent silencieux, en fumant gravement, aux palais délabrés sur lesquels miroitent le soleil. Un petit garçon de six ans conduit le deuil après avoir mis un pagne neuf, il fait cinq fois le tour de l'amoncellement de bûches sèches et essaie vainement d'allumer le feu, il pleure de chagrin ou d'humiliation, des deux peut-être ! Un parent vient à son aide et il introduit sa torche enflammée entre les pièces de bois. Le feu crépite, fume, gagne les vêtements, la chair, la tête qui se distingue encore sous les fagots entassés. Le vent active le brasier et en quelques instants, il ne reste qu'un monceau de cendres, que les assistants éteignent en les noyant d'eau du Gange ; puis, l'enfant prend ces restes carbonisés, ce résidu humain, il l'abandonne aux flots jaunâtres et se courbe sous le joug de la mort orgueilleuse, lui qui n'est que poussière et doit retourner en poussière.

---

(1) Appellation de Bénarès en Indoustani.

BÉNARÈS, 17 SEPTEMBRE.

Il y a dans cet ascète, ce sage, que des guides obséquieux vous conduisent voir à « l'Anand Bagh », près de Bénarès, un caractère répugnant entre tous : l'hypocrisie. Cet homme n'a rien : qu'un masque, derrière lequel s'abrite un cerveau étroit, un orgueil démesuré, une suffisance ridicule et une vanité mesquine. Il a

Derrière la Mosquée d'Aurenzebe

succédé à un certain Swami Bahshara Nand, que des milliers de pèlerins et de curieux venaient visiter, comme un individu quelconque reprend un commerce d'épicerie ou de vin au détail. Il vend de la sainteté, des conseils pieux aux clients du mort ; moins que cela, il s'exploite lui-même, car la bienséance exige qu'après l'avoir considéré comme une bête rare ou vénéré comme une incarnation, on dépose à ses pieds le prix d'un ticket de ménagerie, sinon le denier de la veuve. Il vit de sa vertu, comme d'autres de leurs vices. Cette ostentation vulgaire de charlatan religieux se manifeste dans sa pose extatique, empruntée, dans l'empressement des acolytes qui l'approchent avec un respect dû à la divinité, et enfin, dans le don qu'il vous fait au départ d'une liste imprimée de tous les Européens qui sont venus contempler sa vieille face ridée C'est un snob à sa façon. Il ne peut avoir que deux passions : l'argent et le souci de l'opinion publique ; car s'il sentait le vide de Dieu dans son âme, comme l'humble fakir, le « jogui » nu, couvert de cendres, il s'en irait sans aide et sans approbation par les chemins brûlants, et les pèlerinages lointains à la recherche de l'Infini.

AGRA, 25 SEPTEMBRE.

Les Moghols règnent encore à Agra ; le fort, la citadelle d'Akbar, survit à sa gloire et le Taj Mahal, posé comme une colombe neigeuse au bord de la Jumna, immortalise l'âme tendre de Shah Jehan. Delhi fut le siège officiel et brillant de l'Empire des Fils de Timour, mais les vieilles races de l'antiquité indoue avaient, avant eux, de ces mêmes remparts d'Indraprashata, fait trembler l'Indoustan.

Agra, elle, n'a jamais connu qu'un maître, l'oriflamme d'émeraude et le croissant du Prophète. Elle reste l'esclave de cette servitude lointaine, gardant en ses pierres et ses marbres l'empreinte indélébile de l'âme musulmane.

Akbar, restaurateur du trône de son père, legislateur et politique de sa race, voulut aussi en être le souverain le plus fastueux et marquer cette terre reconquise par ses victoires, du sceau de sa puissance. C'est lui qui fit élever à Agra la forteresse de Lol Kelat dont les proportions colossales en granit rouge poli, les enceintes crénelées, entourées de fossés où circulait l'eau vive, les palais, les sanctuaires qu'elle abrite, demeurent intacts, immortel memento de la plus grande race de conquérants

Agra. Appartement des Femmes de l'Empereur au sommet du fort...

Fort d'Agra

qu'ait vu l'Asie. L'herbe croît entre les pavés des grandes pentes d'allées que jadis le pas cadencé des cavaliers de la Cour faisait résonner; des canons tournent leurs gueules cuivrées vers les portes que gardaient les soldats du Coran et le muezzin n'appelle plus à la prière du haut des minarets de « la mosquée de la Perle » où Akbar le Grand venait s'agenouiller devant Allah, le Grand des Grands.

Partout s'épanouissent encore les bouquets de fleurs précieuses qui tracent sur les colonnes et les cimaises, leurs lignes en émeraudes et en turquoises ; mais la voix du Prince qui rassemblait des ministres de toutes religions pour discuter devant lui de leur foi, n'éveille plus les échos des salles d'audience, et nul petit-fils, continuateur de sa force et de sa tolérance, n'occupe ce trône devant lequel tremblèrent 40 millions de sujets.

Dans les cours creusées de bassins roses où se baignaient les femmes, les lézards frileux se glissent entre les feuillages de pierres, plus de rires, plus de chants, plus d'amour; plus rien, qu'une blancheur exquise de sol taillée dans le jaspe et le porphyre, vivifiée par les coupoles d'or et les miroirs des voûtes. Dans l'épaisseur des murs, se dissimulent les cachettes à bijoux, mais leurs étroites ouvertures ne sentent plus depuis des siècles la caresse des mains furtives et cupides de Jodh Baï, la zadjput, la princesse indoue que son frère força à épouser Akbar, l'ennemi de sa race, et qui mit au monde un Empereur Moghol : Jehangir.

La rivière Jumna s'épand toujours au pied des Zénanas; comme jadis, dans ses flots reposants et sacrés, des pèlerins viennent se purifier : leurs chariots, leurs tentes sont semblables, leur vie identiqne, à celle des fidèles du passé, mais Makfi, la « begum » poète qui disait en vers harmonieux leurs pieux transports, ne se couche plus rêveuse et ardente sous les colonnettes des logias, suivant de ses yeux clairs le vol des ramiers dans la plaine. Témoignant de l'inanité de toutes les puissances humaines et de l'inutilité de leurs efforts pour survivre, une baie s'ouvre sur la campagne, morne dans sa blancheur froide. C'est là que Shah Jehan mourant, dépossédé par un fils rebelle, se fit porter pour rassasier sa vue finissante des lointains embrumés qui estompent encore, l'œuvre de sa vie, le monument élevé par sa tendresse à une épouse favorite : Le Taj Mahal.

AGRA, 27 SEPTEMBRE.

Le Taj Mahal est une merveille, mais une merveille monotone. Il n'exprime point le génie d'une race, la conception architecturale d'une époque; il n'est pas, comme nos monuments gothiques, multiple, vivant, vibrant de l'âme des foules au milieu desquelles ils furent élevés. Cette éclosion d'ors immortels, ce faste de pierreries jetées à profusion dans la somptuosité des marbres fouillés, incarne une pensée, un sentiment unique : l'amour fidèle, chaste et étincelant que l'Empereur gardait à sa femme, la Begum Mutaz ual-mahal, l'exaltée, « la bien-aimée du sérail ».

Il l'a voulue reine, incomparable, sans rivale, dans la mort comme dans la vie. Pour déposer son corps d'ambre pâle, délicat comme un jasmin, il a fait fleurir le porphyre et l'albâtre en une couche de marbres immaculés : il a édifié un temple octogonal régulier, uniforme comme les jours sans variété de la mort. Il l'a conçu riche, soyeux comme sa chevelure, profond et calme comme ses yeux ; unique, reposant, plein de mystères et de lumières comme son cœur amoureux. Il l'avait élevée au-dessus de toute créature humaine, jusqu'à ce trône de Delhi, l'un des plus puissants de la terre, et le lieu de son repos se dresse solitaire, resplendissant, dominant le cours de la rivière Jumna, les plaines fertiles et fleuries qui durent tant de fois charmer son regard éteint. Dans sa gaine de gemmes précieuses, ses pieds sont tournés vers la cité d'Agra où elle régna, un écran de marbres ajourés enserre son cercueil comme jadis l'isolaient du monde les grilles d'ivoires entrelacées de son zénana. Elle aimait le jeu des eaux vives, les chants d'oiseaux les fleurs, les parfums, la fraîcheur et la quiétude; elle dort, dans un jardin de roses, épais de buissons capiteux, qui mirent leur verdure dans l'eau claire des lagunes, où viennent boire les perruches babillardes. L'ardente passion de son époux fut le soleil de sa destinée et la mort a intensifié son étreinte ; dans le tombeau merveilleux sa cendre mêlée à la sienne, semble vouloir perpétuer d'un baiser immortel leur union oubliée.

A la tombée du jour, des femmes voilées, des enfants silencieux, quelque musulman fervent, glissent comme des ombres blanches et hautaines vers la tombe de la « bien-aimée »; avec le soleil couchant, leur prière simple monte, comme un encens, vers celle, dont la bonté fit graver parmi les arabesques de mosaïques de son sanctuaire, les saintes paroles du Coran : « Que celui qui n'a pas la Charité n'entre pas dans le jardin d'Allah ».

CAWNPORE, 28 SEPTEMBRE.

La force du nombre est douloureusement glorifiée à Cawnpore par un puits de marbre blanc, que garde un ange aux bras chargés de palmes. Les mains croisées sur la poitrine, son extatique visage de granit regarde le firmament et sa tête, dont les boucles rigides effleurent la margelle, semblent se pencher vers les profondeurs de ce sinistre trou pour surprendre la plainte suprême des victimes de Nana Saheb.

La nation britannique a élevé ce monument à un petit groupe de ses enfants qui succombèrent lors de la révolte des Cipayes, sous la rage meurtrière des soldats du Nabab de Cawnpore.

Ils n'épargnèrent ni l'âge, ni la jeunesse, ni la beauté. L'on sait à peine le nombre des victimes et l'on ignore presque leurs noms. Le premier cadavre que l'armée anglaise, finalement victorieuse, retira du puits où s'entassaient, en une lugubre hécatombe, des membres mutilés de vieillards, des corps d'enfants, des têtes sanglantes de femmes, fut celui d'une jeune fille dont le pied blanc dépassait l'affreux amoncellement.

Autour du mausolé s'étend un immense et délicieux jardin, dont les buissons fleuris recèlent des plantes vénéneuses, les gazons des reptiles meurtriers, des insectes venimeux.

Involontairement, l'on identifie ce parc au caractère indigène ; ces dangers latents, presqu'infimes, symbolisent l'astuce, la ruse, la haine, sourdes et obséquieuses de certaines races pour leurs maîtres européens et l'on songe avec quelque effroi à la révolution totale de la carte asiatique qu'amènerait une fusion générale des intérêts et des ambitions indigènes, une union, improbable du reste, de toutes les castes, de tous les clans, se levant de l'Hymalaya au Mysore, du Gange au Brahmapoutre, comme une nation homogène et innombrable, contre quelques milliers de soldats britanniques.

LUKNOW, 30 SEPTEMBRE.

Jadis célèbre par la beauté et la grâce de ses bayadères, la capitale des rois d'Oudh, voisine de Cawnpore, conserve le caractère d'un décor théâtral.

Ces souverains, que l'Angleterre allait écarter à jamais des honneurs du trône, semblent, avant leur chute, n'avoir eu qu'une préoccupation : repaître leurs regards de ses danses fastidieuses et monotones, au rythme lent et enfantin.

Des palais hâtivement construits en plâtre colorié, des salles décorées en stuc blanc et jaune, des pavillons aux larges baies en ruines, bâtis pour loger les danseuses, les favorites et leurs suivantes, c'est tout ce qu'ont laissé à l'admiration des contemporains, les Nababs de l'Oudh, la terre privilégiée de l'Inde, le berceau des plus puissantes races de Brahmes et de Kastryas. Après avoir franchi quelques portes en arc-de-triomphe qui mènent aux bazars, l'on rencontre dans le parc de la Résidence, l'habitation ruinée où une poignée d'Anglais se défendirent héroïquement en 1857 contre les troupes révoltées qui cernaient la ville, sous la conduite du roi d'Oudh, dépossédé.

Deux indigènes visitent les salles dont les murs, criblés de

L'Imambara à Luknow.

trous de balles, s'écroulent d'année en année. L'un est très vieux, le visage ridé, la taille courbée par les années; il explique au jeune homme qui l'accompagne les positions respectives des assiégés et des assiégeants; un éclair de haine brille dans son regard et éclaire sa physionomie féline en lui désignant la place où les Musulmans furent repoussés par les renforts britanniques. Ils restent un long instant immobiles, rêveurs, évoquant sans doute la destinée qui aurait pu leur être meilleure; puis le jeune homme coupe une branche de bouguevilliers violet, encadrant joliment une lucarne dans la muraille, il la baise et la cache dans son turban. Ils s'en vont et le vieux gardien chuchotte en me les montrant « Nabab Saheb's brother ». Le frère du dernier roi d'Oudh.

KALKA, 2 OCTOBRE

Le Gouvernement Anglo Indien a décidé qu'il ne serait point sportif ! Après les règlementations sur le transport de l'essence, nous voilà arrêtés par la défense de parcourir en auto la route Kalka-Simla.

Je tiens en main un vrai petit chef-d'œuvre de lettre d'un « Collector » (1) à ce sujet. Je ne le connais pas et ne puis arriver à déchiffrer sa signature, mais je me le figure très sympathique et paternel, rempli d'une juste appréhension à l'idée de nous voir enfiler à toute allure cette fameuse montée de 96 kilomètres. Pour les « tongas », les charrettes à bœufs, les chameaux, les ânes, danger public......, c'est ainsi que ce digne magistrat nous considère ; aussi, impossibilité de sa part à autoriser la plus petite tentative automobile de ce côté de pays. Des regrets cordiaux terminent l'épître officielle et un délicieux Post-Scriptum nous affirme que cette mesure n'a été prise que pour le bien des automobilistes, afin de leur éviter, à cause de l'encombrement des routes, des désagréments inévitables et de terribles accidents. Les prévenances gouvernementales sont pleines de piquant sous toutes les latitudes.

L'honorable gentleman qu'est ce « Collector » ne devrait pas ignorer cependant que nombre de ses compatriotes ont trouvé aux Indes une mort subite et douloureuse, en pratiquant les sports que le Gouvernement britannique approuve et auxquels participent ses membres.

Il y a quelques semaines, lors d'une partie de chasse au lion, offerte à lord L.., Gouverneur de Bombay, en Kattiawar, le résident de Junaghad a été tué par un vieux lion qui sortit à l'improviste d'un fourré ; l'animal cueillit l'homme au milieu de six fusils bien armés ; dans le Dekkan, un tigre blessé, d'un coup de griffe, a ouvert le crâne à un lieutenant inexpérimenté ; un autre officier, qui s'adonnait à l'inoffensif plaisir du canotage dans les terres inondées du Bengale, n'est jamais revenu d'une promenade dominicale : cependant, la sollicitude du Gouvernement ne va pas jusqu'à interdire les battues d'animaux féroces et les distractions nautiques. Pourquoi donc ne laisserait-on pas les automobiles faire leurs preuves et les automobilistes courir tous les risques qu'il leur plaît d'affronter. Sont-ils les seuls qu'il faille sauver malgré eux ? Nous nous chargerions bien de démontrer que non, mais je ne sais quels scrupules nous retiennent : un nombre infini de petits services que le Gouvernement nous a rendus par

---

(1) Préfet de la Province.

l'entremise de ces « officials » nous obligent, sinon à l'obéissance de la loi, tout au moins à la déférence pour ceux qui l'appliquent.

C'est donc à Kalka, gros bourg adossé aux premiers contreforts de l'Hymalaya, que nous laissons la machine et le chauffeur, pour monter à Simla, en chemin de fer ou en « tonga ». Ce dernier mode de transport réunit deux grands avantages : la célérité et le pittoresque ; il n'est pas étonnant, par conséquent, de voir le petit chemin de fer joujou, qui met douze heures à contourner la montagne, n'emporter que les bagages et les domestiques.

Les gens qui veulent voir le pays et ceux qu'une hâte spéciale d'arriver aiguillonne, choisissent le tonga. Nous sommes du nombre. Tous ces petits dog-carts à deux roues, excessivement bas, attelés à pompe de chevaux efflanqués, font le trajet Kalka-Simla à une allure singulièrement rapide. Les haridelles enfilent la route et sans désemparer elles galopent pendant sept ou huit milles. Des relais sont prêts à ces mêmes distances sur tous le parcours, ce qui permet d'arriver plus vite que par la voie ferrée, avec l'arrêt nécessaire pour le lunch dans un bungalow parfaitement organisé à mi-chemin. Peu à peu, on s'élève au-dessus des terrasses schisteuses qui soutiennent la route, les pentes de la montagne se fertilisent, l'orge, le blé, les maïs remplacent le riz et les feuillages des régions plus chaudes. Quelques arbres fruitiers portent des prunes, des pommes, très petites, mais parfumées, des vignes s'allongent en tonnelle d'un tronc à l'autre. En approchant des passes, la végation devient vigoureuse, entremêlée d'espaces de roc rougeâtre et dénudé. Le regard cherche avidement les neiges ; l'on est impatient de n'avoir pas encore aperçu ces fameux sommets qui s'étalaient en grosses lettres sur les atlas de l'enfance et auxquels l'éloignement de notre continent prête la fascination d'une beauté difficile à atteindre. Subitement, à un détour de la route, se déploie l'immense panorama des pics immaculés qui se découpent sur le ciel en lourdes dentelures inégales. La masse des neiges se dresse faite d'une triple chaîne immense, éblouissante de blancheur, vierge d'empreintes humaines. Ces cîmes restent inconquises, elles échappent à l'homme et gardent pour lui l'invincible attrait de l'inconnu ; mais pour subir toute leur séduction, il faudrait n'avoir jamais vu un soleil d'hiver s'abîmer lentement au sein de nos monts de Gascogne.

Au-dessous de ces géants Hymalayens, une chevauchée de pics grisâtres forment un cercle plus rapproché de nous. Dans le fond du paysage, le soleil luit sur des centaines de villas blanches, perdues dans des bois de déodoras centenaires auxquels on arrive par des chemins escarpés tapissés de mousses odorantes et d'œillets sauvages ; c'est Simla.

L'air est léger, plein du parfum des myrtes et des chèvrefeuilles, qui poussent dans les sous-bois et mêlent leurs branches odorantes à la verdure de fougères sveltes et variées. Des vignes vierges, des plantes grimpantes font aux arbres séculaires une parure de jeunesse et de renouveau.

De robustes chênes, des rhododendrons d'une taille extraordinaire, des fleurs rouges rafraîchissent les yeux encore éblouis des brûlants paysages de la plaine; le vent froid des neiges proches fait frissonner et une impression de villégiature pyrénéenne se dégage des maisons coquettes, disposées en arc immense sur les pentes de la montagne. L'illusion s'accentue en avançant vers le centre de la ville; bâtiments officiels; devantures de marchands européens, groupes de cavaliers, d'amazones, bandes d'enfants frais et roses qui jouent surveillés par des « miss » et des « nurses » anglaises, rien ne rappelle l'Inde torride, l'Inde indigène de Bénarès et d'Agra. Il faut un Maharadja qui passe, quelques femmes portant des fardeaux, le cou serré de colliers de turquoises, pour se souvenir qu'après tout l'on est en Asie, au cœur de l'Hymalaya, que la mousseline y est de mise à midi et le feu le soir dans les chambres.

SIMLA, 3 OCTOBRE.

S'il est vrai que les climats et les sols modifient les races, il ne faut pas s'étonner que leur séjour aux Indes transforme les Anglais.

L'on chercherait vainement parmi les Anglos-Indiens, ces types consacrés d'insulaires puritains, secs, rigidement protestants, l'Anglais de vaudeville qui laisserait périr autrui sans le secourir, s'il ne lui avait été présenté. Ils reconnaissent avec une bonne grâce parfaite qu'au contact de populations plus ardentes dans les rapports continuels entre les deux peuples, ils perdent de cet égoïsme racial et de cette vanité nationale qui les rend parfois insupportables à leurs voisins du continent.

A Simla on surprend mieux qu'ailleurs les différences profondes que la vie indienne creuse entre le caractère des Anglais des Indes et ceux des îles Britanniques.

Ce coin de l'Hymalaya est du mois d'avril au mois d'octobre, le rendez-vous élégant de tous ceux qu'une distance trop grande ou des difficultés pécuniaires n'empêchent pas de s'y rendre. L'on y mène la vie des villes d'eaux ; courses à cheval, casino, théâtre, bal, concert parfois, car malgré son ignorance totale de la

Vue de l'Hymalaya à Simla

musique, le peuple britannique en a la passion. L'une des excursions favorites consiste à monter jusqu'aux villages avancés, dans la direction du Thibet. La nouvelle route créée par les soins de l'autorité militaire est une des plus pittoresques du globe. Elle court tortueuse à travers des forêts de cèdres, des bois de pins et de mélèzes à la senteur âcre et résineuse.

Un trafic considérable se fait avec le Thibet par cette voie. De nombreuses compagnies de muletiers transportent en caravanes toutes espèces de denrées, d'objets échangés entre les deux pays. Des centaines de bêtes fines et nerveuses, harnachées de pompons rouges et de sonnailles de cuivre ajoutent une note vivante à la solitude splendide de ces régions.

Les populations de la montagne, bloquées par la neige durant de longs mois, ne connaissent point d'autres occupations que la profession de muletiers ou celle de coolies « de rikshaw ».

Attelés à de petits cabriolets miniatures, ces derniers, vêtus d'un pagne, des fleurs au turban, remorquent les promeneurs par les sentiers raboteux de Simla où le passage des voitures est interdit.

Aucune loi ne protège ces malheureux contre les exigences de temps et de vitesse de leurs clients, qui ne leur épargnent généralement pas les coups, encore moins les injures. Leur torse se courbe en un mouvement douloureux, leurs bras se raidissent dans l'effort; la résignation et la souffrance se lisent sur leurs noires figures. Quelques tribus de ces mêmes races cultivent la terre. Leurs physionomies sont épaisses, le nez épaté, les vêtements grossiers, de couleur terne ; ils semblent écrasés par l'incessante lutte contre le sol, qui leur fournit à peine quelques maigres boisseaux de maïs ; on en rencontre traînant des poutres équarries sur place, destinées aux constructions de Simla.

Les femmes, bizarrement habillées d'un pantalon en coton rouge ou rose, laissent flotter leurs cheveux en tresses ; au nez elles suspendent un bijou d'or en forme de lyre et portent aux oreilles des chaînettes en nickel qui leur transpercent le lobe. Elles travaillent autant que les hommes, servant de manœuvres dans les entreprises de bâtisses, de portefaix à la gare et dans les hôtels. On ne lit plus sur les visages de la population indigène cette joie insouciante de vivre en se roulant dans la poussière et le Gange qui est un des caractéristiques de l'Indou des basses terres.

Le climat rude, les dieux moins cléments courbent ces populations Hymalayennes, sous le joug du travail matériel, détesté et méprisé par les castes supérieures, que Brahma en a exemptées.

SIMLA, 8 OCTOBRE.

Hier, au retour d'un pique-nique, nous avons trouvé à l'hôtel une invitation fort gracieuse d'un aide de camp de lord K....., commandant des troupes impériales aux Indes, nous priant de venir déjeuner à Snowdon. De petits soldats Gurkas montent la garde devant la villa enfouie parmi les cèdres et les dahlias; leur face camarde de népaliens, leurs yeux obliques taillés en amande semblent illuminés par la conscience du poste d'honneur qu'ils occupent; ils circulent gravement, le fusil à l'épaule, entre les canons et les amas de boulets qui étayent la porte d'entrée. Cet appareil guerrier prédispose à rencontrer un soldat, un être dont la personnalité est annihilée par la carrière, un fétichisme de métier dont la vie garde l'empreinte d'un moule convenu et qui ramène toutes ses idées, ses sentiments au cadre étroit et exclusif de sa profession.

Lord K....., au contraire, est avant tout ce que l'Anglais désigne par le qualificatif banal et intraductible de « perfect gentleman ». Il incarne les qualités maîtresses de sa race : la force et la ténacité. Une force froide, voulue et une ténacité sans défaillance comme sans emportement.

Il reste éternellement dans les replis de l'âme saxonne, une sensibilité naïve, une émotion latente, que le bruissement des flots, la caresse du soleil suffit à provoquer. La langue sèche et pauvre ne se prêtant point aux grâces d'élocution latine, ces sentiments demeurent inexprimés, mais parfois si elles se livrent, la jeunesse, la tendresse de ces âmes charme et surprend. Ce trait caractéristique, infiniment délicat et doux, des peuples de brumes, saille, lorsqu'on se promène avec lord K....., sur la terrasse de Snowdon, parée de belles fleurs simples d'Europe, œillets, capucines, roses. Cet homme dont les circonstances ont fait un héros et la nation anglaise une idole, reste rêveur devant les chaînes neigeuses miroitant dans le soleil de midi. Il parle de la nature, de son cottage, des améliorations qu'il y a apportées, des changements qu'il voudrait y faire. Il me dit que s'il n'était soldat, il serait paysagiste ou architecte.

L'on retrouve dans l'ensemble et l'expression de sa physionomie les mêmes disparités que dans sa personnalité. La taille élevée, la carrure superbe. le geste rude, le teint brûlé, enluminé par le soleil d'Afrique, accusent l'homme des camps. le Sirdar d'Egypte, impérieux, irréductible, tandis que les yeux glauques au regard patient, semblent jeter une note de timidité dans ce visage martial.

A table, la conversation amène les sujets les plus divers, depuis nos aventures d'automobile jusqu'à l'incident de Fashoda. Cela vient, très simplement, à propos d'un mot anglais dont je ne saisis pas le sens exact et que lord K....... me traduit. Cette connaissance approfondie de la langue française, la pureté presque absolue de l'accent me laissant surprise, pour satisfaire ma curiosité, il ajoute très placidement : « Nous avons beaucoup discuté, « M. Marchand et moi, là-bas, en Afrique, c'est ainsi que j'ai perfec- « tionné mon français ». Puis il exalte le courage et l'endurance des troupiers de France pendant la guerre de 1870, il a servi parmi eux contre l'Allemagne, et la cordiale entente, dit-il, le compte au nombre de ses partisans. A ses heures, il est musicien, semble-t-il, car un grand piano à queue occupe une place proéminente dans une baie du salon dont la vue s'élance, en suivant le vol lourd des aigles, vers les colossales arêtes Hymalayennes. Au flanc des chaînes plus rapprochées, les maïs tachent d'or et de rouge sanglant les collines, entre lesquelles serpente et grimpe la route sèche encombrée de longues files de chameaux.

La causerie effleure tout naturellement les moyens de transport ; et lord K..... se montre un fervent de l'automobile, il s'intéresse aux détails les plus techniques de nos aventures, il faut lui rappeler l'origine, la puissance de Philippe, qu'il ne connaît que sous son prénom humain ; il lui souhaite, au moment où nous prenons congé de Snowdon, une santé à toute épreuve malgré les routes défectueuses et les rivières sableuses que nous rencontrerons.

Il nous quitte, marchant lentement, entouré de ses aides de camp et boîtant encore légèrement d'une récente chute de cheval.

..... Cahotée dans un petit « rikshaw », que des coureurs demi-nus, ruisselants de sueur, font dévaler par les allées tortueuses de mélèzes, ma pensée évoque le rédempteur de Ladysmyth, tel qu'on me l'avait représenté sous son aspect classique d'adversaire méprisant du sexe féminin.

Puis, me remémorant les lueurs douces dont se paillètent parfois les yeux gris, je me demande s'ils n'ont pas pénétré son âme, ceux qui affirment qu'une grande appréhension ou une douleur inapaisée se cache derrière ce masque de « womanhater ».

20 OCTOBRE.

Depuis Kalka nous suivons une assez bonne route, qui serait déserte la plupart du temps, si ce n'étaient les campements de gitanes perdus dans les hautes herbes des talus. Ils nous saluent au passage par des cris perçants et abandonnent, pour nous voir de plus près, les travaux de vannerie et de sparterie qu'ils exécutent au seuil de leurs cabanes de feuillage.

Avant d'arriver à Umballa, nous avons dû traverser un lit de rivière desséchée dont nous n'ignorions pas la nature sableuse, mais le manque de ponts et l'absence de routes ne nous permettaient pas l'option. Par surcroît de malechance, dans les environs pas un coolie, pas un enfant que nous puissions dépêcher pour aller chercher du renfort. Ce fut un régiment de soldats anglais en manœuvres qui nous aida à sortir de cet empâtement dans le sable. De la rive opposée, un officier, voyant notre perplexité, vint avec une escouade d'hommes nous demander s'il pouvait nous être de quelque utilité, et comme le moindre geste sportif fait vibrer et électrise ce peuple, lorsqu'en quelques mots nous eûmes raconté notre voyage, avec une vigoureuse exclamation toutes les épaules « kaki » s'accotèrent à la voiture et parmi les rires, les lazzis, Philippe atteignit la terre ferme. Mais cette journée était destinée à demeurer dans notre souvenir comme celle des « trois rivières ».

Avant d'atteindre Philour, l'on trouve la Sutledje dont Alexandre et Ranjit Singh ont fait un fleuve historique. C'est une immense et plate ligne de sable jaune, parsemée de paillettes, coupée de creux d'eau que des femmes en rouge traversent retroussées jusqu'aux hanches, leurs fines jambes ornées de bracelets de nickel. Derrière elles, s'avance une interminable file de chameaux balançant d'un air grave leur longue mâchoire muselée de filets, ils portent des outres énormes, en grès, des ballots d'étoffe, des cordages : parfois leur chamelier et son bagage.

De riches moissons d'orge, de patates douces couvrent le sol, et dans les champs de ricins ardoisés, des buffles labourent guidés par un cultivateur Jat. Nous nous arrêtons sous un groupe de raiforts touffus qui projètent des ombres déchiquetées sur le chemin. Le chauffeur, après bien des explications, des gestes, décide quelques indigènes à nous prêter leur concours pour traverser le fleuve ; ils conviennent longuement du prix, nonchalamment, ils détèlent leurs bêtes, les amènent près de la machine, les flattent, les caressent, et les lient aux essieux. Les petites vaches blanches rechignent, inquiètes, lardées de coups de lime que le chauffeur a empoignée en guise d'aiguillon. L'effort des quatre paires de ruminants est vain ; les roues enfoncent dans le sable, les coolies poussent, s'arc-boutant contre la carrosserie et leurs forces très limitées les obligent à réclamer l'aide des passants. Docilement, ces derniers nous apportent le contingent de leur bonne volonté et de leur maladresse. La plupart sont embarrassés de hottes, de paquets de hardes ; l'un d'eux mène une chèvre en laisse, il l'attache à la poignée du tonneau, et la pauvre bête bêle à fendre l'âme, lorsque l'eau qui affleure aux ailes de la machine, la force à nager. Pour retrouver la route, nous nous épuisons encore pendant une heure sur deux milles de sable, protégés seulement contre l'ardeur immodérée du soleil, par une végétation géante d'herbes des pampas, fuselées de panaches blancs. A la tombée du jour, la campagne devient biblique. Sur l'horizon empourpré où éclatent comme des obus des lueurs plus roses, des gerbes de clarté, des femmes se détachent, adossées à un puits de pierres, soutenant de leurs bras levés les cruches qu'elles portent sur la tête. Un chamelier attardé arrête l'une d'elle en lui demandant à boire ; silencieusement, elle ramène son voile sur les yeux, incline le vase et l'eau coule comme une cascade rafraîchissante dans les mains de l'homme qui boit à longs traits et poursuit son chemin sans se retourner.

Nous sommes en Penjaub, le pays Sik, la terre vaillante, dont l'air, dit le proverbe indoustani : « imprègne de force et de courage le cœur des timides. » Nous avons laissé en dehors de notre itinéraire Patiala, Kapurtala pour arriver plus vite à Amritsar. A la nuit, une nouvelle rivière s'allonge en nappe profonde devant nous. Ici, quelques bacs, faisant eau comme des écumoires, servent à transporter les charrettes et les troupeaux. Mon frère et le chauffeur les passent tous en revue avant d'embarquer Philippe sur un large plancher flottant dont la proue s'affine en spatule colossale. Quelques coups de perche nous lancent au fil du courant, puis les indigènes abandonnent leurs gaffes et s'accroupissent en chuchottant des prières à la lune qui se lève toute blanche, et dans la quiétude du soir, une tortue glisse le long de la barque, à demi assommée par un choc d'aviron.

Amritsar est la cité sainte des Siks, c'est-à-dire des Indous qui pratiquent la religion de Baba Nak, fondée entre 1600 et 1700 après J.-C., mélange de christianisme, de mahométisme et de brahmisme. Ils forment une race guerrière issue de la caste agriculturale des Jats. Les distinctions de castes sont nulles parmi eux, la privations de boissons spiritueuses et l'abstention de nourriture animale, ne leur sont pas prescrites, le tabac seul leur est interdit. Leurs coutumes pleines de dignité les différencient des autres

Indous, tout comme leur visage encadré de barbes d'ébène, leur haute stature, leur port élégant, l'ensemble fier et martial de leur physionomie, les distingue même des nobles guerriers Radjputs. Quand un enfant Sik nait, il épouse le fer : celui qui défend et qui tue ; le glaive, ou celui dont l'arête polie pénètre la terre nourricière et féconde : la charrue. Il est soldat ou laboureur ; jamais son âme ne s'avilit dans les cupides calculs du marchand de bazars, vénal et sans scrupules. Les Siks, vaincus, après avoir livré à la puissance britannique des combats de géants, devinrent ses alliés constants et loyaux ; leurs régiments se distinguèrent pendant la révolte des Cipayes, en 1857, comme les plus fidèles au nouveau drapeau sous lequel ils avaient désormais juré de rester groupés.

Leur grande autorité religieuse est représentée par les « grunts », bibles conservées au temple d'or, appelé aussi « Durbar » (temple). Les Européens le visitent aisément, mais l'étiquette indigène exige qu'on se déchausse pour revêtir des pantoufles d'étoffe, destinées à éviter aux saints parvis le contact impur des semelles de cuir.

Nous allons, au matin, assister à la prière dans ce temple fameux.

Une grande pente d'escaliers en marbre blanc s'infléchit depuis le niveau de la rue et de la ville jusqu'à un immense carré emmuraillé dont le centre est occupé par un lac à l'eau morte et verdie. Au milieu s'élève, sur un îlot, un bâtiment de stuc, à coupoles et minarets dorés, rutilant dans la lumière implacable reflétée par les murs crayeux de l'enceinte. Un quai de marbre blanc strié de losanges en mosaïque rouge et noir, enserre la nappe tranquille ; une chaussée, polie par les pas dévots, joint le temple à la rive de marbre. Sous des auvents de toiles, des champignons de paille tressée, les marchands d'idoles indoues s'abétissent à relancer les passants par la répétition nasillarde des bienfaits de leurs dieux ; ils les offrent pour quelques « pices », promettant leurs bénédictions spéciales à l'acquéreur le plus généreux. D'autres, inertes, stupéfiés, fixent des yeux vitreux sur un feu de brindilles et y versent des parfums et du beurre fondu, en murmurant une incantation. Des Brahmes se baignent, l'œil ardent, les mains tendues vers le soleil, l'eau glisse entre leurs paumes jointes, ruisselle sur la face, les bras, le corps, et de leurs lèvres s'échappe la prière de « Gayatri mère des Védas. »

Des « Sadhous » (1), drapés dans des toges de coton saumon, un gigantesque bâton à la main, prêchent à leurs disciples, tout en

---

(1) Ascètes.

marchant d'une allure noble, légèrement traînante ; leur physionomie intelligente, pleine de rêves fous, de spiritualité extravagante, force l'admiration..., puis, ils tendent la main, ils s'humilient, ils implorent, ils font valoir leurs pouvoirs sur les dieux, et le cabotin, le simoniaque en eux dégoûte et repousse.

Les Siks, avec une libéralité qui n'existe pas dans les autres cultes, autorisent les fidèles et les maîtres des confessions brahmaniales, à user des alentours du sanctuaire d'or pour y venir accomplir leurs dévotions. Les ascètes Siks, derniers vestiges des redoutables Akalis, rappellent aux curieux que si, par tolérance, ces sépulcres blanchis usurpent l'autorité au profit de leurs dieux, seul le dieu des Siks, un dieu guerrier comme Allah, bon comme Celui des chrétiens, a droit ici aux hommages, aux prières ordonnées par les « Grunts » inspirés. L'aspect des Akalis impose le respect de la force guerrière. Des carcans en fer, doubles, triples, serrent leurs cous, des bracelets d'acier, des chaînes soutiennent leurs couteaux, leurs haches ; leurs vêtements d'étoffe de laine bleue sombre n'est égayée que par l'éclat du métal fort : le fer, qui luit en cercles multiples sur leur turban pyramydal, à leurs bras nerveux en serpent de bronze. Ce sont les « Soldats de Dieu », les fils de ces fanatiques que Ranjit Sinhg faisait donner à la fin d'un combat désespéré. Ivres de foi et de vin, ils s'élançaient avec des cris furieux, armés de leurs flèches barbelées, ils enlevaient une position inexpugnable et assuraient la victoire au Maradja. Dans les bazars de Lahore et d'Amritsar, ils avaient interdit l'appel des « muezzin » à la prière, n'admettant pas qu'au-dessus de leurs villes sacrées, le vent portât au loin les louanges d'un Dieu qui n'était pas le leur. Le temps a modifié les êtres et les choses, et les Akalis ne conservent plus de nos jours que leurs armes, inoffensives comme leurs âmes apaisées.

Ils se tiennent en groupes fiers et austères sous le porche doré de la chaussée du temple, fioriture de miroirs et de plaques d'étain, dons des Maharadja Siks. L'on vend dans cette cour des roses à profusion, des soucis, des jasmins, des coquillages et du riz sec, aux femmes qui vont en grand nombre faire leurs dévotions ; ne vivant pas en « purdha » (1), elles circulent librement, marchant vivement, les coudes au corps, les mains ouvertes, pleines de grâces et de piété. Sur le seuil du temple, elles s'arrêtent, baisent le sol et pénètrent ensuite dans la salle où, derrière les « grunts », recouverts d'étoffes de soie, le grand prêtre est accroupi sur des coussins, avec ses acolytes, coiffé de turbans, souffre. Sur deux rangs, des musiciens raclent de courtes

---

(1) En recluses littéralement « voilées ».

cithares en bois de cèdre, accompagnant la psalmodie des versets sacrés, d'une ritournelle grêle au son cuivré Les fidèles, faisant trois fois le tour du sanctuaire, passent derrière le grand prêtre en lui remettant des fleurs, des aumônes ; il les pose un instant sur les bibles et les leur rend sanctifiées par l'attouchement de la prose divine. Un prêtre nous fait monter aux coupoles du bâtiment ; des milliers de pigeons roucoulent doucement sur le toit, leurs jabots ardoisés gonflés de riz, qu'ils s'enhardissent à aller picorer jusqu'aux pieds des officiants.

En bas, c'est une vie, un mouvement incessant, coloré, plein de douceur et de senteur, c'est une expansion de foi naïve, sincère, qui émeut l'âme et la rafraîchit. Sur la chaussée chaude de soleil est venu s'asseoir un clerc, un babou, habillé richement, il tourne la tête et son pauvre visage apparaît lancéolé de plaques blanches, de pourriture dévorante : la lèpre rongeuse. Un petit enfant se presse dans ses bras, sans souci de la hideuse maladie, il joue, il rit : son fils sans doute. Et voici que passe un « ascète » nu, un « jogui » barbouillé de cendres ; aussitôt l'homme repousse l'enfant, il se traîne pour baiser de ses lèvres répugnantes les pieds du bienheureux. « Chaque jour, me dit le prêtre, attentif à mes côtés, ce maudit, sans se lasser, essaie, par la puissance de ces saints, d'obtenir la guérison de son inexorable mal. »

Autour du lac, longeant le quai, sont disposés les bâtiments où logent les prêtres, qu'on aperçoit, par groupes de cinq à six, lisant les « Grunts », à l'ombre des ficus, sur un ton plaintif et rauque.

Plus loin, c'est une école en plein air. Autour du maître, un vieux Sik à barbe blanche qui somnole, étendu sur une peau de tigre, entouré de verges en plumes de paon, des marmots de tout âge grouillent sur le sol de marbre. Les frimousses éveillées disparaissent dans l'ombre des gros turbans roses et mauves qu'une application passagère courbe sur des planchettes enduites de blanc d'Espagne. Ils écrivent un chapitre des livres saints que leur dicte un sous-maître à peine âgé de 10 ans. Celui-ci, armé d'une règle, se promène gravement entre ses élèves, assénant de droite et de gauche quelques coups secs sur les mains paresseuses. Sa tâche d'éducateur et de justicier imprime à sa menue personne un cachet de dignité grave qui s'allie bien à son bel atavisme guerrier et aux paroles de vérité auxquelles sa lecture initie ses petits compagnons.

22 OCTOBRE.

D'Amritsar à Lahore, c'est un joli trajet dans une belle campagne riche, irriguée par le canal de la Chenab.

Des fermes sont cachées dans les bosquets de tamaris et à l'entour s'étendent des champs verdoyants de cannes à sucre et de maïs.

De paisibles bœufs blancs font tourner des manèges qui amènent l'eau et la répandent à travers mille saignées de terrain.

A mi-route, un village aux allures de ville fortifiée se dresse sur un petit monticule, les maisons de briques s'incendient au coucher du soleil et une mousseline cramoisie, oubliée par une femme sur une terrasse, se gonfle et s'élève en l'air comme la flamme d'un brasier.

Ce village assez éloigné dans les terres s'appelle « Attari », me dit un pâtre, il surgit en une masse qui se profile longtemps à l'horizon et le feu de ses murailles embrasées, semble être attisé incessamment par une puissance occulte, cachée parmi les toitures plates des habitations.

LAHORE, 23 OCTOBRE.

L'Angleterre a fait sienne la ville de Lahore, au point d'y éclipser presque le souvenir de son ancien maître, le Maharadja Rangit Singh.

Le fief du « Lion du Penjaub » est tout aussi europanisé que Calcutta ou Bombay et il faut franchir les portes à créneaux qui conduisent aux bazars indigènes pour retrouver Lahore, la capitale du royaume Sik. Les Musulmans possédèrent la cité durant la puissance de l'empire Moghol et ils y ont laissé les marques habituelles de leur domination, des mosquées et des jardins. Des mosquées aux revêtements de faïences bleues et vertes, des lambris de porcelaine blanche dont le fond clair se corse de dessins jaunâtres, de lignes serpentines comme des ronces qui relient entre elles des fleurs plates au cœur double et triple.

La plus belle, située au centre de la ville, a été bâtie par les ordres du Wasir de l'empereur Shah Jehan. Un vieillard grave, descendant de ce ministre, la fait visiter et nourrit journellement des vols de pigeons qui viennent boire à une vasque creusée au centre de la cour. Sur la place, entourée de hautes maisons, dont les fenêtres sont soigneusement grillagées et protégées par des miradors de bois sculpté, s'agite toute la vie orientale. Des cordiers aidés de leurs femmes dévident des écheveaux de lin, ils les étendent à terre, maintenus par des bâtonnets ; dans un coin

Entourés dans un bazar de Lahore

quatre gamins font sauter une cruche pleine de crême, attachée par des ficelles qu'ils tirent à tour de rôle. Parmi les groupes bruyants d'enfants, les étalages de fruits, les acheteurs, un pâtissier se faufile portant sur la tête un plateau rempli de beignets, de bananes, de caramels, de farines, de sucre. Quelques femmes l'arrêtent au passage, avec de grands frais d'éloquence il leur livre sa marchandise, elles s'en vont silencieuses, discrètes, rasant les murs, cachées par une sorte de domino en coton blanc qui leur tombe des pieds à la tête, laissant seulement apercevoir une cavité brillante à la place des yeux, sous les résilles du « burka ».

Les corbeilles débordantes de graines, de cannes à sucre coupées, alternent dans les boutiques avec les cages d'osier qui tiennent prisonnières des tourterelles, des cailles, de petites fouines appelées « mangouses », l'ennemi redoutable des serpents.

Toute cette civilisation antique, enfantine et originale de l'Inde tient dans ce bazar de Lahore. L'on y trouve la satisfaction de tous les désirs, de toutes les nécessités, de toutes les vanités de ce peuple, composé de tant de races, de tant de castes, si différentes entre elles. L'on y rencontre les professions les plus inférieures et les métiers les plus nobles. La misère sordide et la richesse la plus fastueuse s'y coudoient, Mahomet y voisine avec Brahma ; les tam-tam indous qui appellent aux temples noient la voix du muezzin invitant les fidèles à adorer Allah, et un bœuf sacré, arrogant, bien en chair, fourre sans contradictions son muffle dans les corbeilles de denrées, qu'un fakir émacié implore de la charité publique.

Dans les rues resserrées, fourmille une population commerçante d'Indous et de Mahométans, dominée par la belle prestance des Siks guerriers.

L'évolution de cette race, accomplie uniquement sous l'influence de la religion, est très particulière. Lors des prédications de Bana Nak et du « Guru » Govind, quelques tribus d'Indous, d'origine rajput ou scythique, agriculteurs, cultivateurs, abandonnèrent la foi des Brahmes pour la nouvelle religion de ces proselytes. Lorsqu'ils possédèrent la terre qu'ils travaillaient, ils devinrent une force et pour garder leurs richesses, ils s'érigèrent en caste militaire, admettant dans leurs rangs tous les Indigènes, sans distinction de naissance, qui embrasseraient leurs croyances. L'Empire moghol se vit arracher par eux des concessions et des titres innombrables, enfin, au commencement du XIXe siècle, Ranjit Shigh réunit les clans Sik en confédération, s'empara du Penjab dont il se proclama roi à l'âge de vingt ans, faisant de Lahore sa résidence favorite.

Tout occupé de batailles, d'intrigues politiques, tourmenté par l'insuffisance de son successeur, le Maharadja ne songea jamais à protéger les arts et son règne n'a laissé aucun monument remarquable dans sa ville de prédilection. A Lahore, comme à Agra, comme partout dans l'Indoustan, c'est la puissance de la fastueuse conquête moghole qui s'affirme par la pierre et le marbre.

Au-delà de la rivière Ravi, dans un jardin de cyprès, l'empereur Jehangir s'est fait enterrer. Sa tombe, abritée par un palais de granit rouge et lieu de pèlerinage fréquenté, rappelle le mausolée de son père Abkar, que le soleil des plaines de Fatehpur Sikri illumine et réchauffe. La royale munificence déployée dans les arabesques de rubis qui incrustent les parois de son sarcophage, célèbrent son impériale majesté, mais c'est sur une tombe dédaignée, celle d'Anakarli, « cette fleur de grenadier » qu'Abkar, jaloux, fit emmurer vivante, pour lui avoir souri, que Jehangir a fait graver l'épitaphe qui glorifie la tendresse de son cœur : « L'amoureux Salim inconsolable de la perte d'une beauté incomparable ».

25 OCTOBRE.

Depuis que nous avons quitté Lahore, le pays est poussiéreux, sec, mamelonné. La vallée de la Jellum se creuse, encaissée entre des murailles de rocs grandioses et dénudées. Des hauteurs qui dominent la ville de Jellum, la vue embrasse des rivières desséchées, des étendues de terres noires, sans une habitation, sans un être humain, rien, si ce n'est le chemin de fer que la route longe constamment, n'indique que des créatures raisonnables vivent et meurent dans cette solitude. Le ciel est couvert; des nuages moutonnés trainent à l'horizon sur des réunions de huttes en boue, carrées comme des cubes d'enfants jetés au hasard et qui se confondent dans la tonalité neutre du ciel et du sol. Les rares passants mènent un ou deux chameaux, des troupeaux d'ânes, quelques chèvres. Nous rencontrons peu de femmes, celles que nous apercevons sont vêtues uniformément de larges pantalons et de voiles à la texture grossière, de couleur crue. Cette race est superbe. Musulmans indomptables, les Pathams ont les traits fins, réguliers, la tête bouclée, serrée d'immenses turbans bleus et blancs. Leur type de physionomie, distinctement sémitique, leur a fait assigner par quelques ethnographes une origine juive que les noms d'Isaac, de Jacob très répandus dans leurs tribus semblent confirmer, mais que leur indomptable courage sur les champs de bataille dément d'une façon complète.

Des immensités argileuses se déroulent entre des collines, des ravins, un chaos de terrains creusés de caves profondes et qui dessinent un plan de ville rasée dont il ne resterait que les fondements. Il semble que la Puissance créatrice, lasse de ne pouvoir façonner ce limon, l'ait précipité là et oublié.

Quelques postes de police, fortifiés contre les incursions des rôdeurs de frontières, apparaissent dans le lointain. Gardiens vigilants des taudis bâtis dans leur ombre, les policemen, armés jusqu'aux dents, suivent, d'un œil soupçonneux, la lente démarche des Afridis qui passent en ces parages. Après l'importante station militaire de Rawah Pindi, la vallée de l'Indus s'ouvre en une plaine infinie protégée par les chaînes de Kashmire, dominées elles-mêmes par l'Hymalaya.

Au loin, les terrasses, les bastions, les chemins de ronde du fort d'Attack tranchent sur le ciel vif; les murailles s'allongent en lacets au flanc d'une petite éminence, englobant dans leurs sinuosités des habitations entourées de jardinets. Au pied de cette ancienne citadelle Sik coule l'Indus, un torrent étroit dont les eaux bleuâtres se précipitent en mugissant contre les blocs de granit qui obstruent son cours.

L'Indus n'a pas la majesté du Gange, mais la nature paraît l'avoir prédestiné au rôle qu'il joua dans les combats de conquérants et les luttes d'empire. L'âpreté de ses rives ardoisées qui tombent à pic, sans un lichen, sans une mousse pour en adoucir l'austère nudité, ne pouvait que décourager les soldats d'Alexandre tandis que l'impétuosité de son cours, la fougue de ses eaux faisait renaître le courage et l'espérance au cœur des troupes décimées de Porus.

Il semble en contemplant ce fleuve, qu'un nimbe de force et de virilité auréole ces flots limpides qui ensevelirent des guerriers illustres, dont les âmes ambitieuses doivent parfois quitter leurs éternels séjours pour hanter ces bords grandioses.

NOSHERA, 27 OCTOBRE.

Décidément, chaque étape dans ce pays amène une surprise, cimente une amitié nouvelle et entr'ouve des horizons insoupçonnés. Ici, des amis, le colonel T... et sa femme, ont tenu à nous offrir une hospitalité charmante dans cette ville de garnison des frontières Afghanes où l'on est réveillé au matin par les fanfares de régiments écossais.

L'exiguïté du « bungalow » n'entrave pas un aménagement coquet et frais, où la cretonne, les tapis blancs du Cachemire, les bibelots d'argent, sont distribués avec ce souci perpétuel qu'éprouvent les femmes anglo-indiennes de faire de ces logis d'exil des habitations aussi semblables que possible, au home, dont l'évocation émeut délicieusement cette race, la plus familiale du monde. C'est, du reste, le vrai caractéristique de sa nation que la facilité avec laquelle l'Anglais crée autour de lui une ambiance de confort, de luxe, dans l'endroit le plus déshérité du globe. En un coin de territoire perdu, comme Noshera, ce génie de peuple éclate mieux que dans les grandes villes où les « babous » riches, les financiers et les fonctionnaires indigènes sont souvent les premiers à provoquer un mouvement de vie commerciale européenne pour profiter eux-mêmes dans une très large mesure des raffinements de la civilisation occidentale.

Dans une garnison, au contraire, tout se meut par l'initiative anglaise pour l'Anglais, pour satisfaire non seulement ses nécessités d'existence quotidienne, mais encore les goûts sportifs, apanage de toute la race sans distinction sociale. L'influence britannique s'y exerce prépondérante, exclusive, dans les moindres détails. Les quartiers indigènes de Noshera, très réduits du reste, ne présentent aucun de ces côtés intensément indigènes que l'on retrouve un peu partout dans les cités mixtes, mais tout indique la présence de l'Anglais, depuis les boulangers (le pain est inconnu des indigènes) jusqu'au débit de boissons spiritueuses, les boutiques de selliers et de bouchers. Tout cela vit d'eux et forme une population flottante qui ne s'est établie là que pour leur utilité.

L'aspect de la ville et de la campagne environnante est empreint également du sceau de leur irréductible personnalité. Pas de temple, pas de mosquée, aucune de ces constructions bizarres, enluminées de bleu ou de vert, que les Indous mettent un amour particulier à élever, mais une église catholique pour les Irlandais, un sanctuaire protestant, rigide, disparate, dans les mimosas roses. Des bungalows bordant des allées droites, entourées de jardins pleins de l'âcre parfum de milliers de chrysanthèmes, mais dépourvus d'arbres : la nature, elle, reste inconquérable.

Sur les routes craqueleuses et sèches, les seuls noirs qui circulent sont les courriers, les domestiques, les ordonnances des officiers ; mais, en revanche, l'on croise à tous les pas, au coucher du soleil, le « tomy » arrogant dans son costume kaki, une cambrure de suffisance niaise aux reins ; l'Ecossais, démesurément allongé par des pantalons collants à carreaux verts et noirs ; les cavaliers, les amazones, les « buggy » que mènent des lieutenants fringants. C'est un éveil général de la torpeur qui engourdit bêtes et gens pendant les brûlantes heures du jour. Les uns, armés de la banale raquette, se rendent au tennis ou chez des amis, d'autres, partent pour Peschawer afin d'assister aux matchs de polo.

Les femmes se réunissent ordinairement au Club, elles y offrent le thé ; la causerie languissante se voit vite détrônée par le bridge, favori du moment et le « badmington ». L'Anglais ne goûte pas l'échange des idées, simplement comme spéculation sans but de l'intelligence comme délassement ; il n'aime que les faits, et à Noshera la vie uniforme de tous n'en fournit guère. D'un autre côté, il ne trouve qu'un plaisir relatif à dévisager ses voisins afin de découvrir en eux une tare ou un ridicule que la conversation puisse, comme parmi nous, exploiter d'une façon inépuisable. Ils sont simples, cordiaux, respectueux de la liberté individuelle dans toutes ses manifestations.

La chasse, les longues courses à cheval, les bals aux clubs ou dans les garnisons environnantes forment, avec quelques mois de villégiature hymalaïenne, le cycle à peu près complet des distractions d'une femme d'officier aux Indes.

Quelquefois, les fanfares de régiment jouent au Club, et tout le monde y vient ce jour-là, pour écouter les « bag pipe », dont les petites notes aigrelettes sonnent infiniment tristes, éveillant dans ces âmes la nostalgie des horizons brumeux et des moors lointains de leur vieille Angleterre.

Une route militaire longe l'Indus d'Attok à Noshera et se continue sur Peshawer, en lacet blanc, entre le fleuve parsemé de rocs gris contre lesquels se brisent les flots bleutés et les monts argileux qui barrent la vue du côté des mystérieuses contrées afghanes dont si peu d'Européens reviennent pour conter les merveilles L'atmosphère de ces régions est lourde de ruse, de sauvagerie latente, de violence contenue. Ce sol paraît asservi comme le reste de l'Inde, mais la haine du chrétien, vivace parmi les populations musulmanes couve lentement dans leur cœur, ranimé par le souffle d'insurrection qui embrase incessamment les tribus nomades des frontières. C'est un feu dormant que l'appel du « Mullah », prêtre fanatique, peut réveiller en appelant aux armes pour le Coran toutes les tribus entre Peshawer et l'Afghanistan proprement dit. Les Kahns (chefs) rassemblent alors leurs hommes, leurs rifles, leurs chevaux volés en fusillant les sentinelles ; comme les Sarrazins de jadis, ils se ruent sur les forts avancés, ivres de bataille et persuadés d'une béatitude éternelle s'ils tombent dans la « Jehad », la guerre sainte.

Lorsque la fureur religieuse les saisit, il faut qu'ils tuent un chrétien, ils deviennent « ghazi » illuminés, la foi décuple leurs forces, étouffe leurs craintes et, aveuglément, ils immolent la première victime qui se présente. Récemment, un soldat de planton auprès d'un bungalow d'officiers, poignarda son maître pour s'être, durant la nuit, couché irrespectueusement les pieds tournés contre La Mecque. Aussi, notre timide Kodah frissonne lorsqu'un suspect vendeur de tapis ou de cuivres nous importune et que nous nous en débarrassons par des paroles dures ; il conseille la prudence. Le soir, il procède à une triple inspection de nos chambres, il clot les portes avec soin et place la tête du lit faisant bien face à l'orient, à la ville aimée, dont le pèlerinage tente sa dévotion et répugne à son avarice. Il se plait à raconter à ceux qu'il approche que, pour reconnaître ses bons services, nous allons le porter à La Mecque, peut-être même, en guise d'offrande, déposerons-nous Philippe entre les mains d'un Mullah.

PESHAWER, 1ᵉʳ NOVEMBRE.

Actuellement, la visite des bazars de Peshawer ne présente pas de dangers, mais il faut être muni d'une permission des autorités anglaises avant de pénétrer dans la cité, défendue par des remparts crénelés, des portes de marbres gravées d'inscriptions du Coran. Un piquet de police indigène s'assure de l'identité des curieux, précaution destinée pour éviter des rixes qui tourneraient en révoltes, à empêcher les soldats anglais de se mêler à la population indigène. Philippe, passe sans observation, mais il n'en est pas de même du chauffeur habillé en toile « kaki », la police proteste, le prenant pour un fantassin britannique. Après de longs pourparlers entre les agents et un « babou » caché derrière les stores de perles d'une maison, nous sommes libres de traverser la ville.

Une foule compacte, affairée, encombre la voie large, les trottoirs de bois; une marée de turbans bleu et or ondule devant nous, c'est une mêlée générale de têtes bouclées, de figures noires éclairées de regards graves. Les uns se bousculent pour nous approcher, d'autres s'essoufflent à nos côtés, hurlant : « Ke burdar » batcho (prends garde), des lazzis, des exclamations, des injures se croisent, s'entrechoquent, en une volée de mots rauques; des rires enfantins sonnent cruels, mêlés aux cris de douleur des femmes, que les petites voitures de cuivre entraînées par le galop fou de poneys étiques renversent sur les côtés. Les cavaliers dominent le peuple, ils poussent leurs chevaux parmi les rangs serrés des piétons; les bêtes nerveuses, harnachées de grelots d'argent, se cabrent, résistent, les martingales de coton rouge se brisent, une rumeur de colère s'élève, apaisée par un policemen armé d'un bâton qui frappe à droite, à gauche, sans souci des êtres sur lesquels tombent des coups. Nous avançons lentement pour ne pas offenser les susceptibilités.

Les maisons sont élevées de deux étages, crépies en couleur et presque toutes ont des balcons et des façades de bois sculpté, noircies au goudron. Partout, aux devantures des marchands, accrochés à des clous piqués dans la muraille, pendent des renards argentés, des couvertures en chacal, des vestes de cuir soutaché, les broderies de filagrammes d'or de Bokhara, les tapis persans, les voiles de laine noire aux fleurs écarlates dont se vêtent les femmes. Dans des impasses grouillantes d'acheteurs, les cordonniers tirent l'alène, tenant entre les orteils des babouches de cuir rouge et vert, des sandales à croisillon, résistantes et grossières chaussures d'Afridis. Les femmes, dont les yeux brillent sous les

« bourkas » tombants essaient, debout sous l'auvent, des pantoufles de velours, elles marchandent âprement, avec emportement pour un demi « pice ». Dans les boutiques, les plateaux de cuivre rouge, des aiguières au col étranglé, des porcelaines verdâtres, des vases de terre cuite, des coffrets d'étain gravés s'entassent à côté des poignards, des épées rouillées, des couteaux courts aux manches d'ivoire ou d'argent, que les Pathamps dissimulent dans les plis de leur large ceinture d'étoffe. Autour des samovars fumants, des enfants boivent à longs traits du thé bouillant ; les passants, envieux de cette jouissance interdite par le jeûne du Rhamadan, leur paient plusieurs tasses de ce liquide trouble, escomptant à la vue de leur ineffable gloutonnerie, le plaisir qu'ils auront eux-mêmes au coucher du soleil à se repaître de gâteaux et de friandises.

La rue des bijoutiers est très spéciale, bordée d'habitations blanches, dont les toits simulent des réductions de dômes de mosquées. Assis dans les pièces carrées, ouvertes au ras du trottoir, les orfèvres, les sculpteurs façonnent de délicats chefs-d'œuvre avec l'outillage grossier d'un forgeron européen. Chez les tourneurs de bracelets, il y a grande affluence, l'artiste tient entre des pinces de cuivre des fils d'or, des lingots d'argent, qu'il

Tourneur de Bracelets

chauffe au-dessus d'un réchaud qu'un apprenti attise en soufflant dans une canne de bambou perforé. Il martelle le métal précieux, l'arrondit, le coule en cercle de la grosseur d'un rouleau de bois appuyé au mur, le soude et le livre aux clientes, qui attendent silencieusement patientes. Quelques-unes ont les chevilles embarassées de bourrelets d'argent ou de nickel, elles marchent lentement, d'une allure lourde et furtive. La place principale de la cité affecte une forme de croix : c'est là que se tiennent les marchés de fruits à l'arrivée des caravanes de l'Afghanistan. Les melons juteux s'amoncellent, appétissants, entre les tas de dattes, les amas de figues, les boisseaux de grenades, les pyramides de pommes jaunes et rouges, les faisceaux verts de cannes à sucre, débités par un gigantesque marchand, qui pèse les tronçons dans une balance en corde tressée. Les chameaux, déchargés, vautrés à l'ombre des tamaris, grognent sourdement, réclamant leurs grains ; certains, d'un poil brun, laineux, ont l'encolure grasse et renflée comme un cou de cygne, ce sont les plus robustes et les plus appréciés. Les chameliers se carrent superbement dans leur veste de cuir ouvragé fourrée de chèvre du Thibet : ils ont le teint hâlé par le soleil et la poussière des longues routes à travers les monts du Kaboul, blanchit leurs sandales, couvre leur large pantalon de soie bise en forme de tire-bouchon et poudre jusqu'aux petites calottes d'étoffe frangée de passementerie qu'ils posent sur leur tête rasée. Ils mâchent de jeunes feuilles de tabac à peine sec, ou fument accroupis près de leurs bêtes, contant aux oisifs les histoires qui ont cours par delà « la Pass : » « Le chef des « Sakahils a promis à celui qui lui apporterait une tête d'officier « anglais vingt-cinq mille roupies et si c'était celle du major « R. K....., commandant le fort de Jamrood, le « saheb », qu'une « escorte n'abandonne jamais, qui a des gardes nuit et jour devant « son bungalow....., le Kahn donnerait bien cinquante mille « roupies », ce serait tentant, si les agents de police, armés jusqu'aux dents, gourmés dans leurs costumes sombres, ne refroidissaient l'ardeur des plus violents, en leur rappelant qu'un gibet est vite dressé à Peshawer.

Une caravane se compose généralement de 5,000 chameaux, attachés de front trois par trois ; un homme en guide à peu près 50 par ce moyen. Leur défilé n'a rien de pittoresque : une succession de bêtes fatiguées, uniformément bâtées des sacs grisâtres contenant les marchandises. A Peshawer, la fréquence de ce spectacle contribue en grande partie à lui enlever tout intérêt. Dans les bazars, le séjour des conducteurs n'émeut guère que les femmes et la police ; ils passent pour galants et le service d'espionnage de l'Emir du Kaboul les compte presque tous à sa solde.

La place du Caravansérail s'anime le soir à l'heure du crépuscule, quand tombe dans l'air tranquille l'appel aigre du muezzin. Dociles à cette voix flutée, les chameliers se rassemblent devant un mur lisse qui s'allonge sur un des côtés de la place. Tournés vers la patrie de leur âme, dans un mouvement magnifique d'ensemble, ils se prosternent, essuyant de leurs fronts recéleurs de pensées mauvaises, la terre encore chaude. Ils prient longuement, méditativement, aussi indifférents au monde extérieur qui les coudoie que peut l'être un moine dans sa cellule. La foule bruyante dont nous sommes entourés et la vue inusitée d'une automobile circulant dans la ville, ne les détournent pas de leur pieux devoir ; aucune oscillation de curiosité ne se manifeste parmi eux ; leurs regards restent attentifs, droits, fixés à l'horizon.

Le quartier riche à Peshawer, croulant, délabré, ne paraît pas, au premier abord, digne d'abriter des marchands, et des spéculateurs, dont la signature vaut 25 millions sur tous les marchés entre Téhéran et San-Francisco. Les maisons sont hautes, contrairement à l'usage actuel des Indes, on y accède par quelques marches et l'on pénètre dans des pièces basses par des portes cloutées dont l'encadrement est très finement sculpté de guirlandes de lotus ou de croissants de lune. Un dédale de cours, de sentiers tortueux, de passages obscurs, sollicite le regard à mesure que l'on avance entre les habitations sans fenêtre, muettes, closes. L'on marche avec une curiosité palpitante, aiguë, en plein conte mystérieux. Quelques demeures restées entr'ouvertes se referment doucement au passage de l'étranger. En une vision fugace, l'on entrevoit alors des intérieurs sombres, sorte de patios dallés, où de vieilles Musulmanes osseuses et ridées tordent du linge à la margelle d'un puits ; parfois, une superbe gamine drapée de noir se tient en équilibre sur des pierres plates, cimentées comme des échelons de poulaillers dans les murs et l'on devine que, perdu dans le gris des siècles et des poussières se cache le harem d'un riche Afghan ou d'un Patham généreux. Un palpitement d'humanité monte derrière les faîtes de murailles, épais de plantes grasses et flotte sur la ville avec les derniers feux de la lumière du jour, qu'en cette saison de Rhamadan, le peuple affamé, attend les yeux au ciel, les mains suppliantes levées vers Allah, le dispensateur de la vie.

PESHAWER.

Aux environs de Peshawer, l'excursion de la « Kyber Pass » est classique. Ce défilé rocheux, long de 50 kilomètres, mène des Indes au cœur de l'Asie centrale à travers des territoires autonomes et le domaine du puissant Emir de l'Afghanistan. Ce chemin de caravane, si resserré qu'au sortir de l'Inde britannique deux chameaux n'y peuvent passer de front, serait la route possible de l'invasion russe. Attentivement jalouse de ses intérêts, l'Angleterre ne perd pas de vue cette éventualité contre laquelle elle se prémunit par un grand déploiement de forces européennes dans toutes les villes frontières, l'occupation des forts avancés dans la direction de Kaboul, enfin par de discrètes, mais décisives preuves d'affection données au Souverain Afghan. Une mission part ces jours-ci pour le Kaboul ; nous avons eu le plaisir de rencontrer plusieurs de ses membres à Simla et ils avouent que ce n'est pas sans une certaine appréhension qu'ils vont affronter l'humeur capricieuse de ce musulman fanatique qui s'intitule « roi », auquel un Allemand, ex-ingénieur de Krupp, a organisé dans sa capitale de Kaboul, une artillerie des plus complètes et des plus perfectionnées. Placé comme un tampon entre l'avidité de deux races, l'Emir voit sans enthousiasme, les progrès de l'une et de l'autre, il refuse toute concession de voies ferrées à l'Angleterre, mais surtout à la Russie. Une curieuse prophétie jouit d'une popularité extrême parmi les Afghans et les Pathams. « Deux peuples viendront, dit le livre des « mullahs », l'un du Sud, l'autre du Nord, le pays tombera ; mais donne le sang de tes veines et ta soumission à celui qui montera vers toi des terres chaudes, odorantes du parfum des jasmins ». Aussi, en temps de guerre, l'Angleterre pourrait peut-être compter sur l'alliance de l'Emir, si le dicton hindoustani, belle image de la perfidie de ces races de frontière, ne l'avertissait « qu'il vaut mieux se confier à un serpent qu'à une femme, à une femme qu'à un Brahme, à un Brahme qu'à un Patham ».

Autrefois, des mesures de police très rigoureuses rendaient l'accès de la « Kyber » difficile aux étrangers n'étant point sujets britanniques ; actuellement, cette sévérité s'est, je crois, beaucoup adoucie, du moins nous n'en avons pas souffert. Au matin, nous quittons Peshawer, en automobile, emmenant avec nous le major R... K..., « le lord de la Kyber », commandant du fort de Jamrood, où il nous offre à déjeuner. La plaine de la rivière Kaboul s'arrondit en cercle, entre les remparts de Peshawer, les chaînes hymaléennes et les espaces pierreux qui chevauchent en ondulations dures et arides jusqu'au pied des premières arêtes de l'Indou-Kouch.

Des ruisselets artificiels apportent la fraîcheur et la fécondité au sol noir et plantureux qui déploie un tapis de moissons variées : l'orge, le seigle, les fourrés lancéolés de cannes à sucre, protégés des maraudeurs par des haies de cactus veinés et blessants.

Un large sentier de sable, plus doux au pas indolent des chameaux que le macadam, borde la route ; de beaux tamaris croissent dans la campagne, leurs robustes troncs se détachent sur la nudité des montagnes lointaines comme des colonnes de verdure frémissante.

Jamrood, ancienne citadelle Sik, affecte la forme d'un navire de guerre. Les officiers, au nombre de cinq, y mènent une vie légèrement monotone, malgré la proximité de Peshawer ; ceux qui ne sont pas de service peuvent aller jouer au polo, au tennis, mais ils doivent, avant le coucher du soleil, être rentrés dans le fort autour duquel grouille une population de bergers et de marchands afridis.

Dans la salle du « Mess «, sommairement construite en bois, badigeonnée à la chaux, les murs étalent une profusion de dessins au crayon, au fusain, à l'huile, indiquant l'état d'esprit et la capacité artistique des auteurs. Les uns ont copié un « cipaye », une caravane, des types grotesques ou connus de la garnison, d'autres ont imaginé des allégories oubliées, des caricatures de politiciens disparus, la plus soigneusement retouchée représente l'Empereur de Russie, Alexandre III, galopant à travers les montagnes et reçu à Jamrod par un soldat barbu, coiffé d'un turban, qui le transperce de sa lance et en le clouant à un arbre.

La « Kyber Pass » commence à Jamrood pour se terminer à Landikota. La route est bonne, de sol ferme, mais très escarpée, elle sinue entre des murailles de rochers schisteux gris et rougeâtres creusés de trous béants, où les indigènes se retirent l'hiver. Un officier, armé d'un énorme revolver, mesure de prudence, nous accompagne. Un silence morne effrayant, que ne trouble même pas le cri des oiseaux de proie, plane sur les bas-fonds broussailleux, le chaos des collines argileuses que nous dominons. La pente s'accentue. Philippe avance péniblement, et le chauffeur demande de l'eau pour rafraîchir le moteur. Le lieutenant C... requiert par certains cris spéciaux les piquets de sentinelles qui gardent les sommets de la « Pass » : ils dévalent lestement les talus desséchés, le fusil en bandoulière ; ils saluent, regardent avec stupéfaction la machine et disparaissent. Quelques instants après, nous les retrouvons entourés de femmes, d'enfants rieurs qui nous apportent de l'eau limpide dans des vases de terre poreuse et légère. En approchant de Landikota, nous passons sous des blocs carrés de terre jaune, perdus dans les nuages : des fortins, d'où la garnison indigène surveille les alentours. Dans ce décor grandiose, de bien douloureuses tragédies se jouent parfois et les pierres y sont encore humides du sang de cet infortuné Fletcher, le directeur des arsenaux de Kaboul. Il rentrait en Allemagne, après sept ans de service chez l'Emir, comblé de présents et de libéralités de toutes sortes. Une nuit retentit un coup de feu lointain dans la plaine Afghane. Le lendemain, des chameliers apportèrent à Landikota un cadavre encore chaud ; celui de Fletcher, assassiné par le chef de son escorte. Les morts seuls ne révèlent pas de secrets, et l'Emir, tout penaud, contristé en apparence, s'est débarrassé ainsi de l'unique Européen qui connût les défenses de son Etat.

Son corps repose dans le cimetière anglais de Peshawer ; sur sa tombe à peine fermée, au printemps prochain, s'épanouira la mauve parure des violettes, qu'un Afridi taciturne viendra peut-être arracher furtivement, au clair de lune, pour insulter encore une fois à sa victime.

PESHAWER.

A l'occasion de l'anniversaire de naissance du roi Edouard VII, un grand « durbar » (1) doit avoir lieu ce matin. Le « chief commissionner » va recevoir tous les chefs tributaires de la région, pour qu'ils lui renouvellent l'assurance d'une loyauté que la crainte seule alimente et les serments d'une fidélité que ces « Khans » considèrent, simplement, comme de bonne politique.

Une tente immense a été dressée dans l'un de ces jardins musulmans de Peshawer, transformés, par le goût britannique, en un parc délicieux, dont les bosquets d'arbres feuillus, les allées ombreuses s'harmonisent merveilleusement avec les champs de roses et de violettes, dernier vestige du caprice des souverains déchus.

C'est un ruissellement de roses.

Des roses épanouies, des boutons entr'ouverts, des fleurs solitaires odorantes, baignées de soleil, des bouquets sur une mince tige que le poids de tant de beauté fait plier, des roses rouges, des roses pourpre, des roses éclatantes comme des rubis, des roses pâles, des roses foncées, des roses de velours grenat et surtout des roses violettes, tristes et parfumées comme des âmes douloureuses.

Seul, un poète ou un amoureux a pu composer ce parterre délicieux. Malheureusement, l'histoire ne dit pas le nom de celui qui voulut glorifier ainsi la fleur suave des poésies persanes et elle n'a pas consacré la mémoire de la femme, pour laquelle l'amour fit éclore cette floraison fastueuse et délicate, destinée à enivrer ses rares heures de liberté.

Quelques invités musulmans, séduits par la roseraie, restent obstinément assis sur leurs talons, tournés vers la profusion embaumante des roses; l'un d'eux, d'un geste brusque, arrache une fleur qu'il place coquettement à son turban, au moment où l'on vient les prier d'entrer au « durbar ».

L'assemblée, bien que réduite, est imposante.

Le colonel D... et son état-major, en uniforme de gala, prennent place sur une estrade au fond de la tente; en face de lui, les Khans des différentes tribus s'asseoient par ordre de préséance nobiliaire; de chaque côté de l'estrade officielle se tiennent les officiers, la garnison, tous les membres de la société européenne de Peshawer et des environs. Après l'étiquette d'ouverture du Durbar, les chefs indigènes se lèvent et vont rendre hommage à la « Puissance suprême ».

---

(1) Réception des chefs indigènes par le Gouverneur.

Ils s'approchent du colonel D..., portent la main au front et présentent dans un mouchoir, les plus modestes dans du papier. une roupie, que le « Chief commissionner » touche du bout des doigts : c'est la reconnaissance du tribut financier. Les officiers indous et musulmans des corps Siks, Dogras, appelés par leurs supérieurs anglais respectifs, tendent leur sabre : c'est le tribut militaire, le gage de leur loyauté.

Les uns empressés, obséquieux, saluent très bas, d'autres sont intimidés, les plus nombreux, méprisants, indifférents ; tous marchent superbement.

Parmi les Khans, il y a des vieillards aux yeux faux, à la longue barbe rousse de henné ; ils sont vêtus pauvrement et ne portent comme ornement qu'un couteau passé dans la ceinture. Des jeunes gens, plus modernes, arborent des bottines vernies, des vestes européennes et de longues redingotes de cuir fauve, fourrées de chèvre grise et soutachées de dessins en argent ou en soie.

Pendant le « speech » du colonel qui les traite rudement d'assassins, de filous, de sauvages, quelques-uns ricanent ; j'observe un vieux chef Sakahil. petit, maigre, ratatiné dans un fauteuil, dont les yeux, moitié clos, lancent des éclairs. Lorsque la voix froide du représentant britannique énumère les réformes qu'il faudra faire et les châtiments que le gouvernement infligera aux récalcitrants, il sourit. Le mépris de la mort donne à ces races, une supériorité incontestable sur les chrétiens, dont la « haine, dit le proverbe Patham, a, dans leur cœur, plus de racines qu'un manguier. »

MORDANE, 25 NOVEMBRE.

L'âpreté poignante de ces pays de frontière agit sur l'imagination comme un aimant; leurs limites extrêmes attirent invinciblement les âmes aventureuses. Nous cédons à cet entraînement. Munis de recommandations pour les commandants des forts de Malakan et de Chakdara, le dernier poste britannique avant les forteresses du Chitral, nous quittons Peshawer pour nous enfoncer par Mordane dans la vallée de Swat.

Nous nous arrêtons pendant une journée dans cette dernière garnison, pour entendre un chanteur, que le résident a eu l'amabilité de faire venir afin qu'il nous chante en pasthu, une belle langue savoureuse et résonnante, toutes les ballades qui bercent l'âme fougueuse des Pathams et des Swatis. L'artiste porte superbement un turban à pointe d'or, drapé sur sa chevelure de jais, il effleure de sa longue barbe, teinte en roux, les chevilles d'une courte et informe guitare d'olivier. Sous ses paupières plissées et baissées, son regard fuyant nous scrute, pendant que les notes étranges, moqueuses et tendres, coulent de ses lèvres, avec des rythmes saccadés et brefs. Il y a, dans ces mélodies, la couleur des montagnes de rocaille, le balancement du pas de chameaux, la douleur et la sauvagerie des vallées, l'éclat du noir dont s'enveloppent les femmes, la rapidité des longs poignards avec lesquels ces tribus indomptées frappent les Sahebs, les faces blanches qui ont traversé le « Kala Pani » (1). Rejetant sa tête en arrière, dans un suprême sourire découvrant des dents fortes et éblouissantes, Mahabud Ali entame une chanson satirique contre le gouvernement; chaque fonctionnaire a son couplet et, s'il se trouve parmi nous, Mahabud Ali la lui chante les yeux dans les yeux. La magistrature, l'armée, la police, la police surtout, tout y passe, il ne fait grâce à personne. Son âme haineuse se rassasie des visages ennuyés de ceux qui l'écoutent. Le Résident le congédie presqu'aussitôt et Mahabud, exultant de son audace, se retire avec un « salam » de déférence et un regard méprisant. Il remet ses pantoufles aux longs bouts retournés en cornets et s'en va, l'instrument sous le bras, raconter que le « Bara Saheb » a donné une grande fête pour des Européens qui voyagent en voiture diabolique.

De Mordane à Malakand, le génie de l'homme est entré en lutte avec la nature et l'a vaincue. Une route vertigineuse s'élève presque jusqu'au sommet de la montagne; seul, un petit mur de

---

(1) La mer, « l'eau noire ».

pierres sèches nous défend contre le vide immense dont les profondeurs attirantes nous font frissonner. Le fort de Malakand s'étage sur une saillie de roc, perdu dans les oliviers rabougris, les ifs, et les buis sauvages. Un régiment vit dans l'enceinte; les officiers nous accueillent très aimablement; le Résident politique et sa femme nous hospitalisent. Au sommet du fort, au pied du mât soutenant le drapeau britannique, on domine tout l'horizon. M. G... nous montre un serpent de poussière qui descend le long du flanc aride de la chaine montagneuse et se perd au-delà des monts, dans la vallée de Swat. C'est le chemin que nous reprenons après un court repos.

Après avoir franchi une sorte de couloir à ciel ouvert creusé entre deux collines, l'aspect du pays change subitement. Les bruyères mortes dessinent une ligne rougeâtre le long de la rivière Swat, torrent de montagne, dont les flots pressés bondissent sur un lit de cailloux brillants. Les saules de ces bords évoquent des fraîcheurs de prairies, des calmes d'étangs profonds et contrastent avec les feuilles flétries des peupliers et des platanes qui sèment de taches rousses, l'immensité grise de la montagne desséchée. Il fait froid; le temps des travaux et des moissons est passé. Les courtes charrues de bois, inutiles, sont reléguées sur les toits de roseaux des étables parmi les cannes à sucre pourrissantes; les petits ânes rétifs, trébuchant sous les paniers de corde remplis de quartiers de rocs, ne dévalent plus en bandes indociles le long des sentiers abrupts, les maïs ne ployent plus sous les lourds épis blonds; c'est l'hiver.

Pour se distraire durant la morte saison, le Nabab de Dier, un des khans tributaires de cette frontière, se bat contre son fils aîné. Le soir, dans le silence et la désolation des hautes cimes arides, les feux de broussailles s'allument par centaines, les flammes claires silhouettent contre les murs de boue des huttes, la haute stature des Swatis, les formes minces des femmes groupées autour d'un saint homme, faiseur de miracles, qui entraîne les volontés indécises dans le parti du chef qu'il s'est choisi. La vallée frémit au rythme dur de leurs voix inspirées; la lutte est terrible, acharnée, sans merci; le père et le fils ont compté leurs hommes, tous braves, avides de pillage ou de vengeance, iront à la mort hardiment. Une grande bataille est imminente. Le Gouvernement britannique, impassible, ne s'émeut pas, mais a fixé aux combattants la limite de territoire qu'ils ne peuvent dépasser sans offenser « la puissance souveraine ».

Dans le lointain, éclatent des coups de fusils, des grondements de canon, les villages paraissent déserts; quelques femmes seules accourent au seuil des maisons pour nous voir passer, elles considèrent évidemment la machine comme un engin de guerre car leurs voix, fortes et sonores, nous interrogent en pasthu et le nom de « Dier » revient sans cesse sur leurs lèvres.

Les tombes musulmanes, éparses de tous côtés, dans les vacants rocailleux, sont garnies de petites oriflammes vertes et rouges ; des fillettes habillées d'étoffes sombres, relèvent, à mesure que le vent les abat, les tiges de roseaux qui les portent, et leur incessante prière monte vers Allah pour qu'il fasse victorieux ceux qu'elles aiment.

A Chakdara, où nous déjeunons, les nouvelles parviennent d'heure en heure. Le bruit de la bataille se rapproche, les chevaux du régiment, entravés dans la plaine, hennissent de terreur. J'éprouve une certaine appréhension, mais le commandant du fort me rassure ; les combattants n'oseraient pas, paraît-il, sortir du périmètre que l'Angleterre leur a assigné ; ils savent les représailles que le Gouvernement exercerait contre eux. La façon nette, calme et précise dont cet Anglais laisse tomber ces paroles, l'inflexible logique de son raisonnement, le courage froid que l'on sent derrière son attitude indifférente, expliquent l'ascendant que cette race britannique a pris dans le monde entier, la stabilité et l'étendue de l'empire qu'elle a conquis et qu'elle compare orgueilleusement à l'antique puissance du peuple Romain.

1ᵉʳ DÉCEMBRE.

La terre qui a bu beaucoup de sang est auréolée de tendresse comme une femme aimée. Sa silhouette se détache, attirant par une certaine curiosité de sa beauté les regards de l'indifférent, et le charme, l'enveloppement de sa présence, justifient alors les folies, les crimes qu'elle fit commettre. Ainsi les plaines arides du Radjputana émeuvent invinciblement l'âme; on tressaille pour elle de cet amour infini que lui témoignèrent les Radjputs, ces guerriers qui la défendirent avec le sang de leur cœur contre la spoliation musulmane. Le paysage demeure le même qu'au temps où les « Fils du Soleil » émigrés de Kanoj s'établissaient en « Marwar », le pays de la soif, la lande ravagée, inculte, dont les bardes, sur leurs rebecs d'olivier, ont célébré en strophes ardentes les femmes vaillantes et les hommes qui s'appellent « singh » (le lion).

A perte de vue s'étend l'immensité du sable crème, argenté, scintillant au soleil. Dans l'eau dormante de lagunes immenses, les coolies ramènent sur les bords, du sel qu'ils entassent en boules sphériques, semant la plaine rase d'un hérissement de cônes blanchâtres. Une rafale de vent brûlant emporte parfois de cette poussière saline ; elle pique aux yeux, humecte les lèvres d'amertume et emplit les engrenages. La route s'allonge en un sentier sableux, raffermi, battu par les pas dolents des chameaux et les sabots des petits ânes du Marwar. Pendant des kilomètres, elle n'est plus indiquée, à travers les vacants rocailleux, plantés d'arbustes nains dont les tiges épineuses laissent de leurs griffes aux roues et à la carrosserie de Philippe, quelques arbres étiolés tordent leur silhouettes grêles dans la plaine, leurs branches couvertes de feuilles minuscules, n'offrent aucun abri et nous nous réfugions dans une cahute en bois, au toit de zinc, pour déjeuner : c'est la gare, car un railway venant d'Agra traverse cette désolation, ce désert, où le passé seul vit. Quelques voyageurs vont à Jodhpur. A chaque arrêt ils descendent, m'explique l'un d'eux, pour puiser de l'eau aux fontaines établies par le Gouvernement britannique ; ils la conservent et la transportent jusqu'aux huttes perdues dans l'immensité sablonneuse, loin des villages.

Dans la paille sèche des maïs, unique moisson de cette terre de feu, des vols de paons s'ébattent, somptueux comme des pierreries étourdissantes qui pareraient une paillasse ; les troupeaux d'antilopes, de daims dévalent devant nous, sous la conduite des mâles, les cornes en spirales au vent, tandis que les jeunes chameaux en liberté gambadent avec des allures de collégiens trop grandis et haussent leur col flexible par dessus les arbres rabougris pour dévorer les rares pousses verdoyantes.

Peu d'humains ; quelques charretées de femmes, leurs jupes de bayadères en plissés vert, bleu, à dessins rouges et jaunes, serrées à la taille, le torse nu, les seins et le dos roulés dans des bandelettes, un voile de coton enveloppant la tête et les bras, chargés jusqu'aux épaules de bracelets en ivoire ou en corne. Des « Radjputs » vêtus de soie jaune les escortent à cheval, portant des enfants devant eux sur leur monture. Un glaive ceint leur taille, car ils sont « kastryas », membres de cette caste indomptable de guerriers et peuvent, quelle que soit leur misère, s'asseoir en égal à la table du Maharadja. Un moine mendiant exténué, couché sous une haie de cactus, les accueille, en égrenant d'une voix pleine de larmes son chapelet indou « Edge ram, Edge ram, ram, ram ». Il leur tend une loque indescriptible ; l'un y jette une obole de cuivre, l'autre une crêpe à moitié dévorée, et il s'éloigne. Longtemps la voix poursuit comme un remerciement : « Ram et ram, ram, ram ».

A la nuit, le ciel s'emplit à l'horizon de lueurs sanglantes, d'ors vifs, que la lune chasse, inondant de blancheur une enceinte crénelée, des palais, des remparts de granit ; c'est Jodhpur. Il n'est plus l'heure de nous prévaloir de nos introductions au Maharadja pour demander l'hospitalité du « Guest House » et le « Dak Bungalow » nous suffira pour cette fois.

Un rêve de marbre rouge édifié par des géants ; c'est ainsi qu'apparaît la capitale des Rathors. En marbre rouge, les portes surmontées de campaniles, de dômes, où les dieux et les éléphants se livrent des combats épiques ; en marbre les rues dallées, en marbre les temples. Sur un mur en marbre, Shiva grimace à côté de Krisna folâtrant avec des gopies de marbre, tandis que Ganesh roule sa trompe d'éléphant autour des piliers massifs. Un marbre, fouillé en treillages de rubans, travaillé en loggias ventrues, en fleurs inconnues, en animaux irréels.

Tout est marbre ; marbre poli, marbre brut. Le peuple vit, achète dans des boutiques, des rues de marbre.

C'est un curieux bazar que celui de Jodhpur ; encore imprégné d'une atmosphère d'atavisme belliqueux, tombé en désuétude

**Le Petit Prince Ilima Singh (Gloire des Lions)
Héritier du Clan Rathor**

depuis que la guerre, le seul métier des Radjputs, est devenue inutile et que la paix universelle sévit aux Indes.

Les bijoutiers, les changeurs, les selliers animent par leur commerce les belles rues de granit ; les uns cisellent les colliers de caste en or enchassés de pierres précieuses, ornement distinctif des Radjputs ; les autres fourbissent des poignards, des épées, de plus modernes éperons, ou brodent de fleurs voyantes les brides et les selles en cuir blanc. Les marchands d'étoffes sont accroupis, taciturnes, parmi leurs cotonnades; mais la majorité du peuple circule nonchalamment, dignement, les Radjputs, l'œil alerte, la barbe courte, partagée et retroussée, la tête serrée d'un mouchoir uni, plat comme un bonnet d'enfant. Au milieu de la ville, un lac d'eau croupissante, dans lequel se réfléchissent les murs robustes des temples dédiés à la « Mata », la déesse qui protège les Rhathors, permet aux habitants de voir sans trop de crainte arriver la saison sèche, les mois terribles, pendant lesquels le territoire de Marwar n'est qu'une nappe de sable mouvant.

La cité niche au pied du fort, l'âme et la mémoire de Johpur. Un mur crénelé de 600 mètres de long en marbre, enserre trois collines entre lesquelles une route rouge d'ocre pilé s'élève en suivant la tranchée du roc jusqu'au fort.

Un pâtre immobile se profile sur le ciel, entouré de ses chèvres rousses qui broutent l'herbe rare du plateau. La lumière du soir l'enveloppe de quelques rayons de soleil déclinants qui touchent le chaos des rochers, violets comme des asperges mûres. Et cette quiétude pastorale contraste étrangement avec l'histoire des querelles sanglantes, des ruses, des perfidies, des défenses héroïques que le fort domina. Le sang des Rathors a lavé, ennobli cette citadelle, chaque pierre est une légende, chaque empreinte un souvenir.

Ici Jodh Sing, le fondateur de la ville et ses quatorze fils assirent sur la « montagne du combat (Jodagir), ce trône puissant dont la faiblesse d'un de leurs descendants devait faire un fief d'Abkar, le Moghol, et que la valeur d'Ajit Singh devait reconquérir. Ce héros Rathor, né dans les monts glacés du Kaboul où l'Empereur avait donné un poste de généralissime à son père, qui y mourut, fut rapporté à Jodhpur dans une corbeille de gâteaux par un humble musulman qui préserva ainsi l'existence de celui que le fanatique Aurengzebe avait voué à la mort et que le poignard de son propre fils devait enlever à l'idolâtrie des Rathors à la fleur de l'âge.

La porte d'entrée du fort que l'on franchit en « doolies » sorte d'escarpolettes tressées en fibres d'aloès, donne accès dans un couloir de roc uni, d'une hauteur de 150 mètres, au sommet duquel l'ancien palais des Maharadjas s'épanouit comme une fleur. Les fondations semblent faire corps avec la haute et lisse muraille, l'on ne sait où commence la façade ni où se termine l'assise naturelle. Nées du même granit, battues des mêmes ouragans, dorées des mêmes soleils, elles se sont fondues, unifiées, même soutien et même orgueil, des mêmes maîtres.

En montant au fort de Jodhpur

Mlle Urbainie de Terssac en doolie

Des escaliers innombrables, des terrasses, des chemins de ronde, un dédale où s'agitent un monde de femmes, de porteurs, des enfants qui piaillent et se battent, pour une mangue ou un chiffon, conservent une vie très réduite à ce palais abandonné, que seule la mère du prince régnant habite encore. Les Zenanas comme une grande caisse à claire-voies, toute sculptée de grilles, de colonnes, de balcons qui surplombent l'horizon lointain, sont posés au sommet du bâtiment, très loin de la terre. Des mains sculptées en relief sur les murs et sur les chambranles des portes, marquent les stations du chemin des « Sutti », la voie que suivaient les femmes éplorées en allant livrer, à la mort de leur époux, leurs corps délicats aux flammes des bûchers.

Cette coutume révoltante, semble-t-il, est presque universellement regrettée par les castes supérieures. Elle témoignait, disent les Indous, non seulement de la fidélité des femmes, mais encore de leur courage qui paraît la race comme une pierrerie au cœur d'un bouclier. La foule faisait d'une « Sutti » une déité, ses paroles étaient prophétiques et leurs mémoires survivent dans les complaintes des bardes.

Dans la salle du trésor de Jodhpur, les conservateurs attachés au service du Maharadja montrent avec fierté les chaînettes énormes qui cerclaient les pieds des femmes du Radja Jeswunt, lorsqu'au nombre de 40, elles périrent de leur plein gré à Mundore, le champ de sépulture des Rathors.

De sa main nerveuse, il désigne au loin les pyramides commémoratives blanches dans la verdure sombre des manguiers, et son regard tombe avec un soupir sur le palais de briques et de zinc, entouré de cheminées, d'usines à gaz que le souverain actuel, dédaigneux de la gloire ancestrale, préfère à ses ruines immortelles.

JAIPOUR.

Les Indous, comme tous les Orientaux, ont la folie du faste, et, chez les Radjpouts, cette préoccupation de l'éclat s'affirme non seulement dans leurs cérémonies et leurs vêtements, mais elle se retrouve encore dans leurs constructions et leurs villes. Jaïpour, capitale des Cuchwahas, ennemis héréditaires des princes de Jodhpur, semble avoir été élevée uniquement pour charmer le regard. Tout y est rose : palais roses, temples roses, murs roses ; les habitants sont légers, délicats comme leur rose. Dans les rues circulent des cavaliers vêtus de soie et de velours éclatants, couverts de bijoux, des femmes roulées dans des mousselines teintes, voyantes et crues ; des enfants chamarrés d'or faux et de rubans d'argent comme de petites idoles ; il semble, à les voir, que leurs remparts roses forment autour d'eux un cercle inviolé par les chagrins et les soucis humains.

C'est au caprice d'une favorite du Raja Jey Singh que l'Etat de Dhondar dut l'érection de cette cité de féerie dont un brahme fut l'architecte. Sur les trottoirs qui bordent de larges voies bien pavées, des marchands ambulants tentent les nombreux piétons par d'innombrables étalages de fruits, des pyramides d'étoffes soyeuses, des choix de bonnets multicolores. Les bateleurs attirent un grand concours de peuple par l'exhibition passionnante des combats de cailles ; les charmeurs, aux sons aigus d'une musette, font sortir de leurs paniers les serpents cobras, dont la tête se creuse et s'arrondit en forme de capeline ; les devins accueillent gravement les confiances qui se livrent à eux ; discrètement, leurs mains sèches palpent les roupies d'argent, puis ils étalent des morceaux de carton ou de bois parmi lesquels le consultant, à l'aide d'un clou d'or choisit la carte de son destin. Dans des cages d'osier de petites chouettes attendent les clients plus aisés ; lorsqu'il désire connaître l'avenir, le charlatan, après de longues et minutieuses incantations, donne la liberté à l'un de ses oiseaux ; aveuglée, terrorisée, la bestiole voltige au hasard, et finit par se poser sur un arbre, un buisson, parfois sur une épaule humaine ou par terre. L'initiateur en conclut à l'élévation, à la décadence, à la fortune ou à la misère du naïf qui accepte cet oracle comme la voix des événements cachés. La chaussée paraît trop étroite pour le nombre de voitures, de charrettes, de chameaux et de cavaliers qui s'y croisent. Ces derniers, bien campés sur des chevaux vifs, le sabre passé dans la ceinture, galopent à travers la foule avec cette allure noble et martiale qui est l'apanage exclusif des Radjput. Cette caste, à laquelle l'Angleterre pacificatrice a enlevé son unique occupation : la bataille, conserve malgré tout la virilité guerrière. Le Radjput « anachronisme en turban » (1) garde, au fond de son cœur, l'amour héréditaire et insatiable de la guerre, il ne peut plus tuer l'homme, alors il sert dans les régiments anglais et essaie, par des exploits de polo et de chasse, de donner le change au sang valeureux qu'il sent frémir et bouillonner dans ses veines. Leur caractère imprévoyant, l'amour passionné du luxe, des plaisirs et du jeu, conduisent petit à petit les Maharadja Radjputs à la suppression de leur autonomie. Sous l'inculpation de gouvernement mal habile ou corrompu, l'Angleterre a vite fait de s'annexer leurs territoires, tandis que les souverains dépossédés traînent misérablement une vie inutile qu'ils abrègent par des excès de boissons et les rêves troublants de l'opium.

Le Maharadja actuel de Jaïpour a bien conservé la mentalité de ses ancêtres; comme eux, amateur d'un grand déploiement de richesse lorsqu'il dût, en vassal, se rendre au couronnement d'Edouard VII, il fit fréter un navire spécialement réservé à sa famille sur lequel on embarqua plusieurs centaines d'hectolitres d'eau du Gange destinées à ses ablutions quotidiennes. On approche difficilement ce potentat. Vers la fin de l'après-midi, il traverse parfois sa capitale à cheval ou en voiture ; très entouré d'officiers, de Cipayes, il passe comme un météore dans un étincellement d'acier et de pierreries. Il n'accueille que rarement les Européens, tout en les autorisant à visiter ses fameux palais et leurs jardins.

---

(1) Ruydiard Kipling. From sea to sea.

Il n'y a certainement pas de façon de voir plus différente entre les Orientaux et les races d'Occident, que leur conception réciproque de la nature. Nous l'aimons large, puissante, vivante et vivace avec des horizons infinis, eux, la veulent rétrécie, tutorée, placée dans un cadre d'architecture délicat et ciselé. Dans ces enclos emmuraillés qui accompagnent invariablement les demeures princières, la voix de la terre est étouffée. La poésie champêtre ne murmure pas dans l'écoulement factice des eaux, contenues par des berges de marbre, l'âme des saisons ne peut faire vibrer les arbustes trop taillés, éternellement verts, et les fleurs languissent entre les bordures d'ivoire sculpté. L'œuvre de Dieu est réduite aux proportions d'un chef-d'œuvre humain. Les jardins des Indous, tels leur somptuosité et leurs arts, provoquent rapidement la lassitude. Le désir de s'attarder qu'on éprouve parfois en passant devant une chaumière enfouie dans les blés verts et les pommiers en fleurs, ne nait jamais dans l'âme parmi cette profusion monotone de couleurs violentes et de parfums entêtants.

En sortant du palais, à l'extrémité d'une des rues principales, nous rencontrons une noce, véritable arc-en-ciel mouvant qui se déploie au soleil, à l'accompagnement de cuivres bosselés, frappés par les musiciens avec des contorsions grotesques.

Des femmes et des hommes ouvrent la procession, portant une minuscule table en papier vert ou rouge couverte de fruits, d'ustensiles de ménage, également en papier, entourées de petites bougies de suif. Deux animaux en carton rose, dont les formes hésitent entre le cochon et le cheval, précèdent une dizaine de « syces » qui ont peine à maintenir de superbes chevaux arabes aux brides d'or et d'argent, les jambes entravées de bracelets et d'écharpes de soie rouge. Les plaques de leurs colliers qui s'entrechoquent, la musique qui les suit affolent ces pauvres bêtes ; certains hennissent et se cabrent, mais personne ne s'émeut, pas même les bayadères qui marchent en bande impertinente. Dans leurs plus beaux atours, les yeux très faits, l'air alangui, ruisselantes de bijoux, elle chantent d'une voix criarde et monotone suivies et dirigées par les barnums sur de courtes cithares.

Une débandade d'amis, de parents, de simples curieux, se bousculent derrière les danseuses : jeunes et vieux, figures claires ou bronzées ; le clerc lettré, vêtu d'une veste européenne, coudoie le radjput dédaigneux, ceint de son épée ; l'homme de peine, en turban rouge ou bleu, frôle le commerçant, qui traîne difficilement son embonpoint et ses « laks » (1) de roupies ; les femmes se

---

(1) Un lak vaut 100.000 roupies.

disputent l'honneur de marcher près des bayadères ; comme un flot d'éternels enfants, ils s'avancent, s'amusant à cœur joie. Le dernier de tous arrive le marié, à dos d'éléphant. Sa petite forme enfantine, enfoncée dans les coussins soyeux d'une gondole d'argent, se distingue à peine. Il porte un chapeau de roi de charade en carton doré, et sa figure est cachée par des franges de fleurs qu'il écarte pour regarder autour de lui. Il nous aperçoit et se hausse en se retournant pour mieux satisfaire sa curiosité.

Il doit être âgé de dix ans à peine, car, suivant la coutume des Indes, on fiance les enfants dans le plus bas âge.

Les Indous attachent au mariage une importance capitale : celui qui ne laisse pas de fils pour continuer sa race et réciter les prières pour les ancêtres, n'entre pas dans la béatitude : son ombre inquiète, erre sur la terre, cherchant en vain quelqu'un qui pense à elle. La famille la moins élevée fait les premières avances ; on demande rarement les filles en mariage, c'est presque toujours aux parents du jeune homme que l'on s'adresse, surtout s'il est Brahme ou Radjput, d'un clan très illustre. Une proposition de mariage s'indique par une noix de coco pleine de roupies, de diamants, chez les Maharadjas, qu'un père de famille envoie à un des membres de sa caste par son barbier ou son directeur spirituel.

Si le voisin garde le fruit, le mariage est décidé en principe, il ne reste qu'à déterminer lequel de ses enfants est le plus éligible, les convenances d'âge, la dot, le jour et l'heure de la cérémonie.

Les astrologues sont consultés, ils examinent les conjonctions d'astres, la position du soleil, ils balancent l'influence de la lune, des planètes, puis, à l'heure propice, les Brahmes accomplissent les rites religieux.

Nous suivons le cortège jusqu'au temple et à la maison, devant laquelle, dans une enceinte faite de toiles à ciel ouvert, les femmes parentes de la mariée distribuent des crêpes et des vivres à tous les invités, assis par terre.

La fillette reste invisible, cachée derrière les fenêtres grillagées de ses appartements.

Dès que l'on nous aperçoit, des femmes se détachent des groupes et nous apportent de lourdes friandises, que nous croquons par politesse, puis tandis que les chants et les flûtes résondent avec un assourdissant tapage, nous filons à toute vitesse vers Ambre.

Pour attester la splendeur de cette cité vingt fois séculaire, il ne reste qu'un palais aux coupoles sans grâce, couronnant le pied d'une colline au pied de laquelle s'étend un lac.

C'est une nappe irrégulière, peu profonde ; les mousses et les algues vertes y tracent dés lignes moirées et des milliers de mouches d'eau la rident de petits sillons éphémères. Des paons perchés sur les murs de marbre se mirent curieusement dans l'eau tranquille. Parfois, les éboulis de rochers, des tronçons de vieilles sculptures, détachés par nos pas, roulent jusqu'en bas, effarouchant, dans leur chute, les lézards et les écureuils qui prennent leurs ébats dans les manguiers touffus.

Notre guide, un chaprasi du Maharadja, monte silencieusement, sans explications banales et inutiles. Nous visitons les cours d'audience, les salles de Durbar.

Tous ces palais sont les mêmes, l'Indou n'a pas d'imagination et une trop grande paresse de l'idée pour créer. Il copie. Les zenanas seuls sont charmants : bien disposés au midi, sous les coupoles. Les miroirs d'étain poli, enchassés dans des guirlandes de plâtre fiorituré, lambrissent les murs et les plafonds, le sol est de marbre blanc, veiné de noir, une rigole traverse l'appartement pour l'écoulement des eaux. Les grandes grilles d'argent laissent apercevoir, par delà le lac, la montagne et la route, qui se perd au loin dans les cactus géants.

Ce fort abandonné vit par les appartements de femmes, dont les formes grêles ont dû tant de fois coller leurs fronts mats à ces barrières impitoyables, pour voir cette vie du dehors, leur fruit défendu. L'empreinte de leurs pieds nus demeure sur les mosaïques parfumées, la pensée les évoque couchées dans leurs soies légères, parées comme des châsses, indolentes, passives ou intrigantes, révoltées, préparant des poisons, dont elles font encore usage, pour se débarrasser d'une rivale plus belle ou plus nouvelle.

Par des escaliers étroits, des portes secrètes, l'on pénètre dans des corridors voûtés, éclairés de loin en loin par des marbres ajourés. Des portes closes à égale distance secouent d'un frisson d'étrange curiosité, mal définie ; on ne résiste pas, malgré soi l'on veut voir, entrer. Des salles basses s'ouvrent sur une cour intérieure, zenanas aussi, mais plus mystérieux, plus clos, plus isolés, zenanas de vieilles, d'abandonnées, ou zenanas de favorites plus jalousement gardées ? La tradition ne le dit pas.

Nul indice ne laisse deviner au visiteur qu'entre ces murs des yeux tendres et rieurs s'initièrent à l'histoire peinte à fresque du dieu Shiva et de sa femme Parvati, et le plan des villes saintes tracées sur les murs avec des personnages et des maisons d'arche de Noé, gardent le secret de celles qui les ont contemplés, puisant dans la religion l'oubli de leurs douleurs et de leurs amours.

9 DÉCEMBRE.

Silencieux, muets, méditatifs, les pontifes déifiés de la religion Jaïn gardent le Mont Abu.

Des temples de marbre blanc, environnés de cloîtres aux voûtes rosacées, fouillées, légères comme des dentelles, abritent les rigides statues dont les yeux fendus, faits d'émeraudes ou de rubis, regardent fixement à l'horizon.

Les prêtres glissent dans les couloirs des sanctuaires, le torse nu, les reins drapés d'une soie ponceau, portant, pour les éparpiller aux pieds des dieux assis et insensibles, du riz et des soucis, dons des croyants.

La foi Jaïn, hérésie des croyances Brahmaniales, s'adjuge une origine qui se perd dans l'obscurité des siècles et des légendes.

A différentes époques ont paru dans le monde, disent les Jaïns, des héros, des initiés qui, après leur mort, sont devenus dieux ; ils les ont appelés Tirtankars et leurs rendent un culte qui, par son ascétisme et le respect de la vie animale sous ses formes les plus infimes se rapproche de la religion de Budha.

Les richesses considérables de la caste des « Banyas » les marchands et les banquiers, à laquelle appartiennent presque exclusivement les fidèles des Tirtankars, expliquent le nombre et la somptuosité des temples Jaïn à Abu. L'emplacement du plus remarquable d'entre eux, d'après la tradition, aurait été acheté par un commerçant d'Ahmedabad, en couvrant le sol de roupies placées l'une à côté de l'autre.

Dispersés dans la plaine des Arawalli, chacun de ces sanctuaires couronne le sommet de petites éminences dont la végétation vigoureuse d'arbustes à fleurs, de verveine sauvages, de palmiers chargés de fruits, encadrent leurs blanches tours coniques, striées de bandes d'or.

En dehors des pèlerinages annuels, une solitude impressionnante plane sur les chaines dénudées de l'Aboo et une mélancolie profonde emplit la plaine qu'on traverse pour aller visiter l'ancienne forteresse d'Uchulgurh. L'on ni peut arriver qu'en riskvaw.

Après avoir parcouru la petite station européenne d'Abu, remonté et descendu les côtes poussiéreuses qui mènent d'un bungalow à l'autre, nous prenons un chemin caillouteux, semblable au lit d'une rivière, qui serpente à travers des vacants incultes, épineux et pittoresques. Au loin les montagnes arrêtent le regard et vont rejoindre en ondulations décroissantes les sables du désert de Marwar.

Des enfants, perchés sur les blocs de granit dont la plaine est semée, gardent de maigres troupeaux de buffles gris fer, au mufle baveux, les yeux féroces. Ces pâtres ont allumé des feux de feuilles et de palmes sèches, dont la fumée monte en un dernier encens vers la citadelle ruinée des anciens rois.

A la base du pic qu'elle domine, s'ouvre un défilé rocheux fermé d'une lourde porte en granit noir, mystérieuse et sombre comme une cachette des contes arabes. Un lac profond ombragé de sveltes et verdoyants palmiers épouse les contours d'un pli de terrain enserré entre les pentes de la colline. Les dieux et les coolis ont pris possession de cet antre de héros, quelques étables appuyées aux pentes de roc, des sanctuaires de divinités secondaires nichent dans les creux des rochers, sur les plate-formes, entre lesquelles on a creusé un escalier qui monte au sommet de la montagne.

Un ermite vivote sur la dernière terrasse, n'ayant pour abri qu'une étamine brune jetée au-dessus de quatre bâtons. Depuis six ans il n'a pas quitté pendant une heure ce lieu qu'il a choisi pour y finir ses jours dans la contemplation. Les bergers de la vallée lui apportent quelques nourritures, parfois il demeure des semaines entières sans manger.

L'âme indoue, essentiellement religieuse, se complaît dans ce perpétuel ravissement de l'ascétisme ; il est rare que les « jogui » de sang aryen ne soient pas des convaincus, à l'inverse des fakirs musulmans, cabotins, acrobates et spirites. Pour éviter la réincarnation, le terrible mal, l'Indou veut arriver à la connaissance absolue de l'Etre, essence du monde dont les âmes humaines sont des parcelles, et mériter d'aller se réunir à lui, ne former plus qu'un être pour être délivré à jamais des incarnations futures. Même s'ils ne sont pas libérés de la vie et condamnés à revenir sur terre, les ascètes jouissent dans leur nouvelle existence d'une puissance de domination illimitée sur le monde matériel.

Les Indous expliquent ainsi le don des miracles : une force suprême acquise dans des vies antérieures par des milliers d'années d'austérité. L'état nécessaire à la fusion de notre essence avec l'essence de toute chose, avec l'Etre ne s'obtient que par la méditation prolongée, le dégagement total des sens ; une hallucination permanente, qui fait croire aux ascètes qu'ils ont dépouillé le corps et toutes ses sensations. Pour cela ils pratiquent une sorte d'extériorisation de la sensibilité qui leur permet de marcher sur du verre, des clous, de passer des jours le dos au feu, sanglants, écorchés, brûlés, sans ressentir la moindre douleur, et l'on s'est demandé si les applications de certains toxiques de la médecine indigène, encore inconnus à l'Occident, n'auraient pas le pouvoir de provoquer chez eux ces anesthésies.

Le Joguï de Chitulgurh n'a pas atteint le degré voulu de perfection et il a d'autant plus peur de renaître, qu'il est très las de vivre. Son regard exalté interroge longuement nos visages, puis il me dit simplement, que jadis, dans une lointaine incarnation, j'ai dû être bonne pour lui. Peut-être étais-je une feuille d'arbre et lui le voyageur tourmenté que j'ai garanti du soleil, ou bien le grain de riz qu'il mangeait, le rayon de lune qui guidait sa route, la source dont il buvait

Dans sa reconnaissance il m'offre son unique ornement, un collier de terre vitrifié ; comme je le remercie, il étend la main vers l'immensité des monts qui se perdent au loin et me dit : « Souviens-toi de moi au jour de ta réincarnation ».

12 DÉCEMBRE.

La peste sévit cruellement à Odeypour, la résidence du Rana de Mewar, Fils aîné du Soleil, dont la famille s'enorgueillit d'avoir, enfermée, dans sa forteresse de Chittor, résisté pendant douze ans aux efforts des Musulmans qui l'assiégeaient. Nous n'irons donc point, malgré la curiosité qu'il inspire, visiter ce chef, tête suprême de tous les clans Radjputs, ce prince qui, obéissant aux vœux d'un de ses ancêtres, ayant juré de coucher sur la paille et de manger sur des feuilles tant que Delhy serait aux mains des ennemis de la race indoue, continue à faire étendre sous sa couche royale des brassées de paille et auquel on ne présente les mets que reposant sur des verdures de bananiers.

Nous ne verrons point les palais de marbre, le lac bleu, bordé de temples, d'Odeypour; il me sera impossible de contempler ces princesses de Mewar, dont les aïeules se firent égorger par leurs pères et leurs frères, plutôt que d'apporter à la race des empereurs Moghols, le sang Radjput; sa vaillance et sa loyauté.

Avec un soupir de regret nous dépassons en chemin de fer (car il n'y a pas même de sentier praticable jusqu'à Baroda), la ville endormie dont tout le monde a fui et où les trains ne s'arrêtent plus.

Les wagons de troisième sont bondés d'indigènes chamarrés de mille couleurs, étincelants de bijoux. Personne ne crie, ne se bouscule ni se presse; s'ils arrivent trop tard, ils s'accroupissent sur le quai entre leurs ballots de literie, leurs ustensiles de cuivre, attendant avec une soumission admirable au destin le train suivant qui ne passe que 24 heures après.

Des marchands de fruits, des porteurs d'eau de différentes castes encombrent les marchepieds, les femmes enveloppées de longues draperies trébuchent en marchant et souvent des marmots les guident jusqu'aux compartiments réservés aux « Purda-Nashin » (1).

C'est un aspect nouveau de la vie indienne.

Le train siffle, il part; pendant toute la nuit son cahotement nous tient éveillés; enfin, à l'aube, il stoppe en gare de Baroda.

---

(1) Femmes voilées.

BARODA, 15 DÉCEMBRE.

Aux Indes, les rois n'épousent pas des bergères, mais les bergers y peuvent devenir rois. Naître dans une hutte perdue des plaines du pays de Maratte, suivre jusqu'à douze ans la course sans but des buffles gris à travers les espaces herbeux, puis être pris par la main comme dans un conte de fées, placé sur le trône d'un Etat donnant un revenu de trente millions : c'est le beau rêve qu'a vécu le Maharadja actuel de Baroda.

A la suite d'une tentative vraie, ou alléguée, d'empoisonnement de l'agent politique, l'Angleterre déposa le précédent Gaikwar ; aucune de ses femmes n'ayant eu de fils, la Rani en titre, Jamnabai, autorisée à adopter un héritier, fit chercher dans une branche oubliée de la famille de Pilagi Gaikwar, un jeune garçon déluré qui est devenu l'un des souverains les plus puissants et les plus éclairés de son pays.

Le Maharadja, qu'on appelle plus communément du nom de sa caste de vachers, le « Gaikwar » (1), est un petit homme vif, nerveux, remarquablement intelligent, qui porte avec une grande simplicité les honneurs pour lesquels il n'était pas né.

Il a beaucoup voyagé en Europe et s'est fait sur la politique, les mœurs, le caractère des nations qu'il a visitées, des opinions personnelles très justes, qui ne sont pas toujours celles que l'Angleterre inculque aux princes qu'elle régit. Cette étude de la civilisation occidentale fournit à sa dévorante activité, un champ immense, en lui permettant d'introduire dans son propre Etat un grand nombre de réformes, d'institutions, de lois empruntées aux divers pays qu'il a parcourus, mais dont les applications à Baroda sont encore de trop récente date pour qu'on puisse apprécier les résultats obtenus.

Dans sa vie extérieure, il a tout européanisé, trop européanisé, mais il l'a fait grandement, ne s'attachant pas au détail niais ou oiseux.

Il vit royalement à l'européenne comme ses devanciers avaient vécu magnifiquement à l'Indoustani.

Le Maharadja habite, en dehors de la ville de Baroda proprement dite, un superbe palais entouré d'un parc immense qui ne déparerait aucune villégiature princière d'Occident. Dans l'escalier monumental, quelques sculptures, des bronzes signés d'artistes connus, étonnent l'œil par leurs coulées souples, leur distribution discrète, ils préviennent en faveur de ce prince indigène qui sait apprécier les manifestations artistiques d'une civili-

---

(1) Gardeur de vaches.

sation plus puissante et plus complète que celle de sa propre race. L'on n'éprouve pas, à Baroda, cette tristesse qui étreint le cœur dans certains Etats radjputs, lorsqu'on considère les efforts impuissants des souverains, voulant faire table rase de leurs vieux usages, pour adopter des coutumes irréconciliablement opposées à leur hérédité et à leur climat.

L'idéal de ces princes, dont les ancêtres sont des dieux, se réduit à vivre comme de simples fonctionnaires anglais, leurs ressources pécuniaires et intellectuelles ne leur permettant pas de faire comme le Gaikwar, un choix de roi, parmi les facilités et les agréments de la vie européenne. En abandonnant le luxe et les habitudes orientales, ils tombent dans la médiocrité de la camelote et le ridicule des idées toutes faites qu'on leur inculque dans un collège quelconque de « Rajkumar » (1).

Peut-être aussi le Gaikwar n'étant, en somme, qu'un parvenu, ne songe-t-on pas à regretter chez lui l'absence des traditions, dont l'oubli chez les fils du Soleil et de la Lune, les dépouille d'un immémorial manteau de gloire et de poésie.

Ainsi, il ne paraît pas étrange d'être invité par le Maharadja, l'on trouve tout naturel de lui voir manger des mets préparés par un cuisinier européen et servis par des maîtres d'hôtel français; sa caste inférieure autorise ses inorthodoxies.

L'aspect de la table est des plus pittoresques; l'or et le rouge du turban des convives jetant des notes vives dans l'étincellement trop neuf des aiguières d'argent, des assiettes de vermeil, des verreries, des surtout de fleurs chargés de bustes en biscuit.

La conversation du prince est des plus intéressantes, il émet d'une façon très libre ses idées religieuses, politiques, ses vues sur l'Inde future, sur la situation actuelle des princes indigènes.

Entr'autre chose, il me dit combien il regrette qu'une étude insuffisante de notre langue le prive de lire nos auteurs, particulièrement les historiens de l'épopée napoléonienne qui reste pour lui la page d'histoire immortelle, à laquelle il compare volontiers avec une grande fierté, l'asservissement de l'Inde par Shivaji le Maratte, dont la fortune fit celle de son ancêtre Pilaji Gaikwar.

Les Marattes, qui enlevèrent l'Inde aux Musulmans et la perdirent à leur tour dans la lutte contre les Anglais, sont une caste guerrière secondaire, très mélangée de sang aborigène, des cultivateurs devenus pillards dont on achetait les services et le nombre.

Après s'être battus à la solde des différents partis qui déchiraient l'Inde, ils s'unirent sous la conduite du chef Shivaji, hâtè-

---

(1) Collège pour les fils de Rafa.

rent la chute de l'Empire Moghol et à la faveur des désordres qui suivirent, s'emparèrent d'une grande partie du territoire indien.

C'est ainsi que se sont fondés les grands Etats Marattes, dont le plus important est celui de Baroda.

Après le repas, nous passons dans un salon attenant aux appartements de la Maharani, à laquelle j'ai exprimé le désir d'être présentée.

A l'invitation du Gaikwar, mon frère et le premier ministre nous accompagnent, admis aussi à paraître devant la princesse qui, bien à contre-cœur, observe encore un « demi-purdha », afin de ne pas froisser l'opinion populaire demeurée fidèle au vieil usage de la réclusion des femmes.

La Maharani vient à nous d'un pas lent, tenant par la main une jeune femme, sa belle-fille, dont le rayonnement de beauté majestueuse qui nimbe la souveraine fait mieux ressortir l'insignifiance. De taille moyenne, avec un port de tête souple et hautain à la fois, la princesse mère a les yeux très clairs, durs, la bouche décidée, adoucie par un sourire aussi rare qu'exquis. Ses cheveux soyeux, abondants, sont cachés par un sarri de soie blanche lamée d'or qu'elle retrousse entre les jambes comme des pantalons bouffants, laissant voir les mollets et les pieds nus cerclés de perles. Elle porte au cou un collier d'émeraudes grosses comme des œufs de pigeon ; une torsade de perles lui tombe des épaules aux chevilles, quelques bagues de rubis et de diamants scintillent à ses doigts effilés ; ses bras, sans ornements, sont tatoués d'emblèmes religieux.

Le Gaikwar n'a que cette femme, mère de ses trois derniers enfants, son caractère entier, violent dit-on, sa rare intelligence, son sens très exact des affaires diplomatiques et politiques, ont eu, en bien des cas, raison de l'obstination et de l'absolutisme que montre parfois son mari dans la vie privée et les affaires de l'Etat.

Elle a sur lui une influence considérable dont elle use toujours pour l'amélioration de la condition féminine à Baroda.

Ses sujets lui doivent la création de nombreux hôpitaux, de dispensaires qu'elle visite elle-même avec sa fille ; une enfant remarquable, dont tout le monde déplore l'inhabilité à succéder à son père, au lieu et place de ses frères.

La Maharani parle et écrit couramment l'anglais, dont elle connait toute la littérature. Le français lui est moins familier, mais elle garde de Paris, où elle a accompagné souvent le Gaikwar, un souvenir qu'aucun pays ne peut effacer.

Originaire de l'Inde méridionale, elle use de certaines libertés concédées, par leur caste, aux femmes Marattes : elle voyage, elle monte à cheval dans le parc de Makrapura, clôturé et affecté spécialement à son usage, enfin elle chasse et passe pour le premier fusil féminin de l'Inde, où cependant ils ne sont pas rares. Il semble que ces talents cynégétiques soient dons héréditaires de sa maison; elle me dit très simplement qu'une de ses nièces, âgée de dix ans, a déjà abattu un tigre, un bison et quantité de menu gibier.

Le Gaikwar paraît très fier de sa femme, il recourt incessamment à sa mémoire et à ses souvenirs lorsqu'un détail de ses voyages européens lui échappe.

Avec une grande justesse d'appréciation, elle émet ses opinions, en anglais correct, conservant néanmoins dans la langue étrangère, la tournure pittoresque des idiômes orientaux. En écoutant sa parole un peu brève rappeler, en les comparant, les impressions que lui causèrent le Kremlin, la Giralda et la Tour Eiffel, il est difficile, impossible même, de se figurer cette femme soumise aux croyances fabuleuses de ses sœurs les recluses; on se surprend à vouloir pénétrer son âme, afin d'y déchiffrer le secret des conflits qui doivent s'élever entre sa brillante intelligence et son impérieuse conscience courbée sous le joug étroit d'un ascète grossier, un mendiant pèlerin, dont elle va souvent visiter l'ermitage élevé par ses soins au bord d'un lac de lotus.

BARODA, 18 DÉCEMBRE.

On célèbre aujourd'hui une fête religieuse. Les boutiques sont fermées, les fonctionnaires en congé, une foule joyeuse emplit les rues, les places et les jardins publics. Armés de seringues d'argent, les passants s'aspergent d'eaux de senteur, de poudre rouge et bleue, dont les taches sur les vêtements blancs désignent les porteurs à la faveur spéciale de Shiva, la divinité du jour. C'est une allégresse générale et le Gaikwar a voulu nous faire participer aux réjouissances populaires en ordonnant, en notre honneur, un de ces combats d'éléphants de Baroda, célèbres dans l'étendue de la péninsule indienne.

La faveur de ce spectacle est excessivement rare, car le Gaikwar, un indépendant dont on ne commande ni les sympathies ni les antipathies, se contente généralement de recevoir en une courte et banale entrevue, les Européens qui lui sont présentés par le résident anglais. Notre titre de Français et de nombreuses lettres de recommandations des chefs indigènes, ses parents ou ses amis, ont sans doute disposé d'une façon toute particulière à notre égard le souverain de Baroda. Retenu par des affaires urgentes, il députe son frère aîné, le prince Sampat Rao, pour nous accompagner aux arènes, qui se trouvent un peu à l'écart de la ville.

Plusieurs milliers de personnes prendraient place aisément sur les murs d'enceinte, très élevés, composant un cercle unique ; le peuple a vite fait de les envahir et s'étale paresseusement au soleil comme un long serpent chatoyant.

Les couleurs vives, le rose, le mauve, le vert des turbans, l'or des bijoux féminins, l'éclat des pierres précieuses, la délicatesse mate des coliers et des tresses de fleurs blanches, se fondent et s'unissent en une immense draperie de moire changeante.

Placés dans la tribune du Gaikwar, nous dominons du regard la multitude attentive aux luttes de béliers et de coqs qui se succèdent dans l'arène et servent de prologue aux combats plus émouvants de pachydermes.

Les maîtres des bêtes rivales s'avancent et, après un salam aux invités du palais, ils lâchent chacun les concurrents, leur propriété ; le choc des têtes de béliers raisonne aussi bruyamment qu'un coup de fusil. De petites perruches, habilement dressées par un éducateur patient, se livrent à toute espèce d'exercices militaires, ce qui semble enchanter la foule, des cris d'approbation se font entendre, et les mignonnes exécutantes sont obligées de recommencer plusieurs fois leurs manœuvres.

Bientôt une sonnerie de trompettes fait courir un frémissement d'impatience dans les rangs du peuple : coqs, béliers, perruches se hâtent de sortir de l'arène, laissant le champ libre à un héraut qui annonce le combat d'éléphants.

Lentement, les colossales et informes masses de chair s'avancent ; les cornacs les montent et les placent aux extrémités du cirque, se faisant vis-à-vis. Leurs pieds massifs sont entravés par une chaîne que le conducteur, descendu, tient en main par le bout libre. A un signal de la trompette, le « mahout » (1) détache l'éléphant et se coule hors de l'arène par des ouvertures basses, pratiquées dans les murs. Leurs petits yeux luisants de haine, secoués de rage, les trompes relevées, hideuses, les énormes animaux se ruent l'un sur l'autre, ébranlant le sol du poids de leurs pas pressés et pesants ; les trompes s'enlacent, les défenses s'entrechoquent, ils restent joints, impuissants à satisfaire leur colère, jusqu'à ce que la brûlure des étincelles de bombes et de fusées que l'on fait partir entre leurs poitrails haletants, les force à se séparer. La lutte avec l'homme est plus longue et plus passionnante. L'éléphant resté seul dans l'enceinte, est attaqué par des coolies nus, armés de longues piques rougies au feu ; ils le harcèlent, le blessent et le rendent furieux. Le nombre des ennemis, la multiplicité des agressions affole la bête ; il charge à droite, à gauche, comme un taureau, et si, d'aventure, dans sa rage il saisit son adversaire, il le lance en l'air ou le broie contre un mur.

Lorsque Sampat Rao juge qu'il est l'heure, au coucher du soleil, de faire cesser les jeux, on apporte des colliers de fer brisés, garnis de pointes acérées, que très habilement des hommes lancent aux jambes de l'éléphant et qui l'immobilisent.

Il est pris. Calinement, son cornac s'approche, lui dit quelques paroles et l'emmène soumis et résigné.

Il traverse la foule pacifiquement, les enfants balancent sa trompe, on le taquine, on l'insulte ; il reste indifférent. Il est comme désabusé de sa force ; tout à l'heure il luttait en désespéré contre ceux qui l'ont enlevé à sa jungle savoureuse, encore une fois ils l'ont asservi, il se courbe sous le joug et reprend ses habitudes passives d'esclave.

Les voitures du Gaikwar qui viennent nous chercher détournent à notre profit l'attention publique.

L'hostilité de leur souverain pour le gouvernement britannique n'est pas ignoré des sujets de Baroda, et un certain étonne-

---

(1) Cornac appelé aussi firman.

ment se lit sur les visages en voyant des Sahebs être traités aussi somptueusement par le Gaikwar. Un vieillard, simplement vêtu, parlant bas, s'approche du prince; le vieillard paraît insister pour obtenir une faveur. Le prince hésite, puis il se tourne vers moi et me demande si je verrais avec plaisir des femmes Tatares, séjournant à Baroda, qui offrent de terrasser les plus habiles lutteurs du pays. J'accepte, et le vieux musulman, leur barnum, va les chercher dans un caravansérail voisin. De ma vie, je n'ai vu créatures aussi disgracieuses.

Elles sont cinq, de petite taille, les cheveux collés sur les tempes, le teint terreux, les vêtements en lambeaux. Leur face est écrasée, olivâtre, leurs membres musclés, leurs mains grosses et tannées. Un goitre naissant achève de défigurer la plus jeune, le premier sujet de la troupe.

Elles interpellent plusieurs hommes et leur proposent une joute musculaire. Tous déclinent sans façon l'honneur de figurer dans cet engagement. Les belles personnes s'impatientent, elles ont hâte de se mesurer avec un ennemi digne d'elles; mais bien que Sampat Rao allèche les professionnels de la lutte, nombreux à Baroda, par un prix de cent roupies, aucun ne se soucie d'exposer sa réputation sportive. Ils s'en excusent avec l'astuce orientale qui couvre toujours le véritable motif, par une affectation de gravité raisonnable posée en axiome ou en dilemne. L'un d'eux baise la terre devant nous en s'écriant : « Femme, si je te bats, l'on dira : Où est la gloire ? n'était-il pas homme ? et si je me laisse vaincre, quel honneur y aura-t-il pour toi ??? » L'argument les laisse sans réplique.

**

18 DÉCEMBRE.

Le Gaïkwar n'a pas voulu que nous quittions ses états sans avoir assisté à l'un des plaisirs les plus réputés de son territoire, la chasse au cheetah. L'on se sert de cet animal mi-léopard, mi-jaguar comme d'un faucon destiné à poursuivre du gros gibier. Ce matin, Kodah nous a éveillés à la pointe du jour, en nous apportant les « salam » d'un officier du palais, notre compagnon de battue, qui nous faisait prier de nous hâter pour jouir de la fraîcheur de la matinée avant l'ardeur du soleil. Nous traversons en voiture une campagne fertile, bien irriguée, des champs de coton, blancs et floconneux, la principale richesse du pays. A Makrapura tout dort au palais; les jardiniers arrosent à larges jets d'admirables plates-bandes de pétunias roses, ratissent les allées ; leurs silhouettes brunes convainquent invinciblement que ce décor européen est fixé en sol indigène. Pour arriver aux immenses enclos des chasses réservées au Maharadja, on monte dans de petites charrettes à deux roues dont les panneaux longs et fort etroits sont émaillés de clous de cuivre et d'argent formant mille dessins. La caisse et les brancards en cuivre poli, font de ces voitures des véhicules très élégants; dans le lointain sur une route poudreuse, elles filent au soleil comme des flèches d'or. Deux bœufs zébus les traînent encouragés par un bonhomme assis à califourchon sur le timon et qui les dirige par des cordes passées dans les naseaux. Le cheetah, condamné à un jeûne rigoureux pendant les deux jours qui précèdent la chasse, manifeste lorsque nous arrivons au rendez-vous une légitime impatience de s'élancer à la poursuite de

Ekka attelée de bœufs trotteurs

Le Cheetah avec sa suite

Encapuchonné

son repas. Il est très entouré Deux cipayes à cheval, des gardes chasses, des piqueurs, son gardien marchent à ses côtés tandis qu'il se roule et s'étire à l'aise sur une claie de feuillage attelée de vaches trotteuses. Un capuchon de cuir rabattu sur les yeux le maintient dans l'obscurité et l'obéissance. Des centaines de daims, d'antilopes, des troupeaux charmants de gazelles inoffensives paissent dans les plaines, nous en voyons quelques-unes couchées sans méfiance au pied des arbres, qui nous considèrent de leurs yeux humides. Le bruit de la charrette ne les effarouche pas. Le cheetah par exemple sent sa proie, il s'agite, il grogne, cherchant à se délivrer de son masque. Derrière un rempart de buissons, le carnassier et son gardien mettent pied à terre en se dissimulant sous le couvert des ronces desséchées. A quelques mètres d'eux, des antilopes broutent tranquillement, ignorantes du danger qui les menace. Ebloui par la vive clarté du jour, le cheetah, que son maître déchaperonne, reste une minute hésitant ; puis ses yeux, conduits par son flair, embrassent le paysage. Il bondit d'un saut souple et léger, à trente mètres et terrasse un mâle superbe qui protégeait la fuite du troupeau.

Ses dents luisantes déchirent la chair encore palpi‑

Retour de Chasse

tante, il s'enivre du sang de sa victime jusqu'au moment où sa suite accourue en hâte,

Encore affamé

l'arrache à ce rouge festin en le recapuchonnant.

Cette chasse est extrêmement cruelle, elle n'exerce ni l'habileté, ni l'émulation humaine. C'est une tuerie froide, sans poursuite, qui exhale un relent de férocité sauvage et lâche, inséparable du caractère asiatique.

L'Antilope terrassée

En allant définitivement prendre congé du Gaikwar, nous n'oublions pas néanmoins de le remercier vivement de cette distraction des plus goûtées et dont la rareté fait le mérite.

Nous trouvons le prince dans son parc. Sur les grandes pelouses garnies de fleurs, les serviteurs ont étendu des tapis moelleux, recouverts de toiles blanches et pendant des heures, sa cour l'entourant, le Gaïkwar, pieds nus, assis à terre, s'emplit les yeux et les oreilles de musique et de danse indigènes. Cela semble une anomalie à la lumière électrique, devant ce petit homme si européen d'extérieur, de voir évoluer des femmes Mahrattes, dont tous les mouvements souples et lents dessinent les formes minces sous les sarris collants.

Une danse officielle de bayadères est une marche rythmée, d'une grande lenteur, un long enchaînement de gestes et d'attitudes, que des chanteurs accompagnent en cognant en cadence deux cymbales de plomb qui rendent un son plein, sans éclat. On imagine difficilement un spectacle plus ennuyeux que ces danses lorsqu'elles se prolongent pendant plusieurs heures. Le Maharadja semble goûter assez cette représentation, sa main tapote le sol, suivant la mesure ; parfois il se retourne vers un de ses courtisans pour demander son appréciation ; il s'abandonne aux goûts de sa race, à ses plaisirs ataviques, jamais il ne m'a paru aussi étranger à l'Europe et à sa civilisation. Mais voici que retentit un gong, l'heure sonne, et tandis que les bayadères et les chanteurs continuent pour le peuple et les familiers à tordre leurs membres au battement des « tublas », le Gaïkwar se lève, ses ministres avec lui. Il nous salue cordialement, en rentrant au palais.

« Nous allons travailler, dit-il ». Je me rappelle alors qu'il quitte l'Inde avec toute sa famille par un prochain paquebot, qu'il s'absente pendant deux ans de ses Etats pour visiter l'Europe, aller en Amérique et au Japon, étudier ce qui fait les nations riches et les peuples victorieux.

LES ÉTATS INDÉPENDANTS DU KATTIAWAR.

En quittant les possessions du Gaïkvar, quelques heures de mer sur un petit steamer encombré de passagers Gujratis nous mènent de Sorath à Verawal, le port de l'Etat musulman de Junaghad dans la presqu'île de Kattiawar, l'antique Shaurastra. Un Brahme nagar, officier du port, premier magistrat de la ville, vient nous chercher à bord en nous souhaitant la bienvenue au nom du Nabab. Une voiture qui nous attendait nous entraîne au galop de deux chevaux pies, à travers les ruelles de la cité, qui s'étage en gradins blancs sur la dune, dominant de ses faîtes crénelés l'immense nappe bruissante que les lourds bateaux du golfe Persique fleurissent de voiles cramoisies.

Nous avons abordé enfin la terre classique de la légende hindoue, de la fable monstrueuse, le sol sacré qu'ont foulé les dieux et les héros plus grands que les dieux mêmes.

En Kattiavar, il n'y a pas une montagne, pas un lac qui ne soient élevés, creusés, pour abriter ou désaltérer une divinité, envoyée par le grand Brahme comme secours ou punition aux humains. De Dvarka, la cité de Krisna, enguirlandée de mer, jusqu'à la colline de Shatrunja, consacrée aux Tirlankars des Jains depuis Sihor, la patrie des cinq cents Brahmes, jusqu'à Anhilwara Pattam, la capitale de la divine race des Cholunkee, chaque ruine est vivante, chaque pierre crie la foi forte des siècles passés.

Là-bas, à quelques kilomètres de nous, sur le rivage moëlleux de goëmons et de lianes de mer, où s'ébattent les macreuses et les goëlans blancs, le flot baigne encore Sonmath Pattam, la grande déchue, la spoliée, dont le temple d'or fut élevé par le dieu de la lune à celui qui conquière la mort et que l'espace habille Mahadeva. Elle est exquise, la légende de ce jeune Somma, frappé par la malédiction de son beau-père, d'une maladie de langueur mortelle et traînant sa souffrance à travers les lieux saints, s'arrêtant à chaque ruisselet pour contempler sa face mourante, enfin défaillant sur cette grève aride en murmurant de ses lèvres pâlies le nom de Shiva. Malgré sa puissance, le grand dieu ne put que commuer la peine et promettre au malheureux que l'éclat de son visage demeurerait encore dans les cieux quinze jours par mois. Dans une explosion de reconnaissance, l'adolescent érige à la gloire de son protecteur un temple dont les briques sont d'or fin, les guirlandes en pierres précieuses. Des milliers de Brahmes entretiennent le feu sacré qu'alimentent des libations de nectar divin, des fleuves de lait et de beurre fondu. Cent mille danseuses se courbent devant le lingam, au son des conques, des tam-tams et des fifres aigrelets, tandis que la foule immense adore silencieusement.

L'un des plus célèbres pèlerinages de l'Inde est né. Puis viennent les jours durs des destructions successives, par la volonté des dieux et la main des hommes. La légende se tait, l'histoire ne parle pas encore, jusqu'au jour, en 1001, où, dans la poussée des races, un torrent d'infidèles, robustes montagnards du Kaboul quittent leur aire de Gazni et sous la conquête de Mahmud le Bhut Shikan, l'iconoclaste, la vengeance d'Allah, ils se ruent sur la cité et ses dieux. Comme l'indiquent les monceaux de galets polis qui recouvrent leurs restes depuis près de dix siècles, les victimes de cette lutte fanatique sont tombées en moissons dans les plaines caillouteuses, semées de touffes d'alfa, que la route de Véraval à Pattam coupe comme un ruban de poussière.

Nous allons à pied à travers ce vaste cimetière, rongé par la mer, dont les vagues tranquilles clapottent à marée haute contre les grossières tombes, comme pour calmer encore d'une caresse, l'angoisse de ces musulmans farouches qui, la bataille gagnée, se couchèrent sur le sable brûlant et pleurèrent de nostalgie au souvenir de leurs fraîches vallées, toutes roses de fleurs de pêchers effeuillées. Sous la coupole à demi-effondrée, un trou béant marque la place où s'élevait la pierre sainte, profanée par les sectateurs du Coran. Ils entrèrent à cheval dans le sanctuaire et saccagèrent de leurs longs glaives recourbés tout ce qui rappelait l'idolâtrie abhorrée qu'ils avaient résolu d'extirper. Les Brahmes terrorisés firent offrir à Mahmud les trésors cachés du temple, s'il voulait arrêter la rage destructrice de ses soldats; un instant, la cupidité fit vaciller ses officiers qui le pressaient d'accepter, mais lui, « la verge d'Allah », fier de la mission dont il se croyait investi, comme tous ceux de cette magnifique race musulmane, amoureux d'un beau geste, répondit noblement :

« Je suis un destructeur, non un marchand d'idoles, je suis venu pour abattre, non pour vendre. » Le soir, le drapeau vert du prophète flottait pour la première fois sur les débris de l'adoration hindoue, présage de cette lointaine conquête qui devait un jour faire régner sur l'Inde entière la splendeur des grands Moghols. Un Brahme nous sert de guide, et en nous racontant tout cela, sa voix vibre d'émotion religieuse dans laquelle perce une grande tristesse, la tristesse du découragement, en songeant à l'effort qu'il faudrait que fasse sa nation pour redevenir la race du passé.

A l'extrémité de cette nécropole, une ruine circulaire à ciel ouvert, jonche le sable frais du rivage de moëllons disjoints, de chapiteaux sculptés. C'est le temple merveilleux dont les piliers décapités ne supportent plus que des nids de mouettes et de pigeons sauvages. L'on distingue encore sur les colonnes extérieures des torses de dieux, des membres de déesses, les chevauchées guerrières des fondateurs, les faces hideuses des démons, l'éternel combat du fort et du timide, tout cela usé, déformé par les siècles et les intempéries de façon à n'être plus pour ainsi dire que le squelette des finesses primitives.

La ville de Sonmath Pattam n'est guère qu'un village de murs croulants, de rues étroites, pavées de pierres blanches, où vit une population mixte d'Hindous et de Mahométans, dont l'inimitié née il y a mille ans n'est point encore complètement apaisée.

Nous passons à travers les portes cloutées d'une cuirasse de crocs forgés, sous les arches couvertes de plantes grasses, entre les maisons, par delà lesquelles scintille la ligne verte de la mer, dont la voix monotone berce le repos de la cité morte. En sortant de Pattam, au confluent des rivières sacrées Sarswati et Hiran, nous nous arrêtons au Ghat crématoire abandonné où furent incinérés les restes mortels de Krisna : l'incarnation du dieu Vishnou, la plus populaire parmi les jeunes gens, les femmes et les simples du peuple. Krisna, d'après la légende, naquit en Katiawar, de la race lunaire : les Yadous, perpétuée de nos jours par le Jam de Jmmagar, et le Maharaja de Jessalmeer ; Il y bâtit Dvarka, l'asile des justes dont il quitta le rivage odorant pour secourir de ses armes célestes les Pandous dans cette lutte cyclopéenne racontée en sanscrit par le poème épique Maharatta. Enfin, c'est ici, sur les escaliers de marbre, que les ficus balaient de leurs fleurs luisantes, qu'il dépouilla la forme humaine pour retourner parmi les dieux, après avoir assisté, impuissant, à la destruction presque totale de sa race. Krisna, dit le naïf conteur, avait eu d'une de ses 16.000 femmes, Jambuvatti, un fils Samb, beau, intelligent et indomptable, Un jour que l'enfant s'amusait sur la place ensoleillée de Dvarka avec ses petits compagnons, ils virent passer des Brahmes graves et recueillis, allant offrir des noix de coco et des prières à un temple voisin. Aussitôt leur vint l'idée mutine d'ennuyer les sages en mettant à l'épreuve leurs pouvoirs de prophétie. En un tour de main, Samb est habillé en femme, soigneusement voilé, paré de bijoux et amené aux « richis » pour qu'ils prédisent quel sera le sexe de l'enfant que la femme mettra au monde. Les saints hommes, irrités par cette irrévérence et sans pitié pour le jeune âge de leurs persécuteurs, répondirent, en les maudissant, que la femme serait mère d'un morceau de fer qui causerait la destruction de la race Yadou. Grande fut la consternation dans Dvarka, lorsqu'en déshabillant Samb, l'on trouva dans les plis de son voile une flèche de fer, qui, d'après les conseils du roi Ugrasena, fut réduite en poudre sur une meule à broyer le grain. Portée par un courant maudit, la poussière jetée au vent tomba sur la rive de Sonmath où elle germa et produisit des champs de bétel, tandis que la pointe acérée de la flèche, enlevée par la mer, fut avalée par un poisson que captura un chasseur de la tribu aborigène des Bhils.

L'homme fixa le fer effilé trouvé dans le ventre de l'animal à une des baguettes de son carquois pour s'en servir dans ses expéditions à la poursuite des buffles et des léopards. Et lorsque les Yadous, pour effacer l'effet de la malédiction qui pesait sur leur race, entreprirent un pèlerinage à Sonmath, ils s'assirent au bord

Temple de Sonmath

des vagues murmurantes, à la place où nous sommes, me dit notre guide, à l'ombre des feuilles de bétel nées de la poussière détestée. Ils en mangèrent, s'enivrèrent, se battirent entr'eux d'une façon si atroce que le sable n'était plus qu'un tapis de chairs mutilées, un lac de sang. Krisna seul, son fils et son conducteur de char échappèrent au carnage; derniers survivants de la princière race de la lune. Krisna, courbé par son immense douleur, exténué de fatigue, s'éloigna des deux autres pour se reposer à l'ombre d'un ficus dans la plaine. Alors le chasseur Bhil qui avait ramassé le morceau de fer acheva de réaliser, instrument inconscient, la prédiction des Brahmes vindicatifs. Au sommet d'un petit temple que la piété des fidèles entretient encore de nos jours, il aperçut une forme vague ramassée au pied d'un arbre ; il choisit sa flèche la plus meurtrière, le sort guidant sa main, il tire, transperçant le dieu folâtre et inconstant pour lequel moururent d'amour les laitières de Muttra. Un rejeton de l'arbre qui abrita Krisna expirant se dresse solitaire dans la plaine poussiéreuse ; autour de son tronc énorme, les pèlerins viennent encore apaiser par les cérémonies de Shrad (funéraires) l'âme des ancêtres.

À l'endroit où les cendres de Krisna furent livrées aux flots bourbeux, un carré de murs enserrant un rameau desséché commémore le fait. Des escaliers, étroits comme une bordure de pierres, descendent jusqu'à l'eau calme, verte de mousse flottante, dans laquelle se jouent des poissons qui se rassemblent à la voix des « Joguis » accroupis sur les marches où ils prennent leur repas. Ils sont jeunes et très beaux les Ascètes. L'un est un Brahme Gaur, de l'Inde du Nord, adorateur de Shiwah, le cou ceint d'un collier de rudrack, les bras chargés d'anneaux en fer, de sonnettes, il est drapé d'une peau de tigre, et tout en grignotant des graines frites, il chantonne des hymnes religieux tourné vers la rivière divine.

Le plus jeune a des yeux ardents, des dents éblouissantes, un triple rang de talismans aux chevilles, au cou, sur le front; il a tout quitté pour se livrer aux pèlerinages sans fin, à la mendicité religieuse, aux austérités folles, extravagantes. Il tourne vers moi son regard flamboyant, me montrant le ciel, la terre, l'espace, et me disant : « Takor, Takor » (Dieu, Dieu). Il frémit d'ivresse religieuse, ses membres se tordent comme en un spasme, il retombe anéanti, les lèvres agitées d'une prière inconsciente. Un autre est vieux, drapé d'orange. C'est un « Sanyasi », qui ayant vu le fils de son fils revêtir le cordon sacré, a tout abandonné pour arriver sur terre à la connaissance absolue de l'Etre-Suprême qui envahit tout, pénètre tout, mais que seul « Yoga Bias », l'ascétisme, peut faire trouver. Il vit depuis deux ans dans une hutte de boue avec un bol de cuivre et une peau d'antilope, pour tout ameublement. Le matin, il s'accroupit en face du soleil, son chapelet entre les doigts, et il s'absorbe dans la contemplation de Dieu. Il perd conscience de son existence corporelle, ses yeux errent, sans le voir, sur le ravissant paysage qui s'étend à ses pieds, ses oreilles n'entendent pas le murmure du vent dans les branches tombantes, il ne goûte pas les modestes provisions que de pieux fidèles lui apportent. Il est dans un état de rêve perpétuel, dominé, subjugué par une idée fixe, une folie particulière. Du moins, c'est ce que me raconte notre Brahme qui le considère comme un saint, un initié, une puissance formidable. Si je l'en crois, le Sanyasi possède des pouvoirs visionnaires et prophétiques dont il me cite plusieurs exemples. Timidement, je demande s'il ne voudrait pas me faire pénétrer à sa suite dans ce futur qui n'a pas de mystère pour lui, paraît-il. Il écoute la requête du Brahme sans témoigner aucune surprise, aucune vanité, aucune satisfaction. Pas un muscle du visage ne remue pour indiquer que c'est à un être de chair et non à une momie bronzée que nous nous adressons.

    Lentement, il se tourne vers moi, ses yeux fixés dans les miens, il me tend un coin de ses draperies oranges et me fait signe de m'asseoir près de lui, par terre. Il continue à me regarder sans me voir, et murmure des citations, des Védas, qui résumées par l'interprétation de notre guide se réduisent à une exhortation à la patience, parce que la vie est longue, dit-il, et le fardeau de douleur trop lourd pour les forces humaines. Je voudrais bien encore questionner, demander, mais le Brahme me fait comprendre que nous avons déjà trop abusé de ce saint homme et qu'il est temps de le laisser à sa solitude. Il ne se détourne pas pour nous voir partir, il demeure toujours les yeux perdus dans l'invisible, émiettant machinalement un gâteau de riz aux poissons enhardis par son immobilité de statue.

JUNAGHAD, 20 DÉCEMBRE.

D'une des fenêtres de la villa que le Nabab met à la disposition de ses hôtes, j'aperçois à travers un treillis de fleurs grimpantes Junaghad, le vieux fort, la ville des jolies légendes, dominée par la masse rugueuse du Girnar, la montagne qui efface les péchés et rassasie les désirs.

La brume du matin enveloppe encore les sommets les plus élevés, consacrés à Kali, la mère sanglante; à Durga, la déesse pacifique; à Goraknat, ce demi-dieu mystérieux sorti des flots; mais le soleil fait déjà resplendir les toitures, les murs blancs des temples situés à mi-côte.

Il est grand temps de commencer l'ascension des monts sacrés et de nous mêler à la foule des pèlerins qui guettent l'ouverture des portes de la cité menant au bienheureux pèlerinage.

Au sortir de la ville, nous suivons un pittoresque chemin qui se déroule en lacets poussiéreux, sous les manguiers, les bois de crategus, aux feuilles rougeoyantes et fanées. Peu à peu, la vallée se rétrécit, la colline déborde, les blocs ronds et plats de rocs gigantesques surplombent la route.

Ils semblent retenus, comme par miracle, sur les flancs des escarpements, l'on est tenté de ne pas bouger, de respirer à peine afin de ne point rompre l'équilibre qui les maintient grandioses et menaçants au-dessus de nos têtes.

La roche gravée des édits du roi Boudhiste Asoka, par lesquels il enjoint à ses sujets la construction de caravansérails, la charité, la justice, l'humanité, précède le Damodar Kund, grand temple dédié à Krisna, élevé pour commémorer le fait de force physique attribué à ce jeune dieu, lorsqu'à l'âge de huit mois sa mère, pour l'immobiliser pendant qu'elle lavait, l'attacha à une roue de moulin-mortier, il tira avec une telle énergie sur cette étrange lisière placée entre deux arbres qu'il les déracina.

Un pont jeté sur un torrent qui sautille et murmure au fond d'un ravin, conduit au sanctuaire, dont les coupoles se reflètent dans l'eau verte et glacée d'un lac, formé par l'évasement du courant.

Des Brahmes y accomplissent leurs devoirs religieux quotidiens : ils entrent dans l'eau, s'aspergent des deux mains, debouts sur un pied, l'index et le pouce joints, ils se touchent le front, s'assoient, se tiennent l'orteil, tendent les paumes des mains ouvertes vers le soleil sacré.

Le temps est doux, le soleil légèrement voilé, des lézards, des écureuils gambadent entre les pierres disjointes des piles funéraires qui sont disséminées à l'entour du lac. Sur la rive opposée des gens de haute caste célèbrent « Shrad », l'anniversaire mortuaire d'un de leurs parents. Le prêtre, ratatiné à l'ombre d'un banian, habillé d'une étoffe rouge, attise un feu de ficus sur lequel, dans un vase de terre, neuf, bouillent le riz et la mélasse que les assistants roulent en boulettes, pour offrir aux âmes des défunts, en les jetant dans l'eau.

Sur la route, un incessant mouvement de voitures, de cabriolets, de piétons augmente à mesure que la matinée avance. Au pied de la chaîne, les uns se font hisser dans des « doolies », et les moins fortunés, s'aidant de chants rudes et sauvages, accomplissent pédestrement le parcours. Des escaliers en pierre, bien entretenus, coupent à travers la jungle de caneliers, qui enve-

Porteurs de Doolies au Gernar

loppe la base des six pics consacrés aux divinités Indoues et Jaïns et s'élèvent à 200 mètres d'altitude au-dessus des plaines stériles du Kattiawar.

Les porteurs noirs, dégoûtants, ont en main des bâtons fourchus sur lesquels ils reposent la barre des doolies en changeant d'épaule; un faux pas, un geste mal calculé, nous précipiterait dans le vide béant pour y être dévorés par les oiseaux voraces qui tourbillonnent en sombres essaims dans la vallée. Les pentes de rocs ardoisés menacent la nue comme de gigantesques falaises ; des blocs énormes s'avancent en voûtes, en encorbellements ajourés, striés, découpés par les pluies. A un coude du sentier, une passe de rochers barre la vue, cachant l'horizon et ne laissant apercevoir qu'un coin de ciel bleu qui paraît s'encadrer dans cette grandiose porte naturelle.

La route se resserre et semble devoir se terminer, en tombant dans un gouffre mugissant, insondable ; puis, au contraire, nos yeux surpris se reposent avec plaisir sur une tonnelle de lianes sauvages dont les tiges enlaçantes couvrent d'un dôme de verdure un petit plateau. Un ficus aux belles branches pleureuses abrite de l'ardeur du soleil un « jogui » nu, gris de cendres et de boue, frotté de vermillon, qui s'immobilise dans la fixe contemplation d'un petit feu, sur lequel rougissent des pinces et de longues aiguilles qu'il s'enfonce dans les chairs moyennant une roupie. Notre guide le salue humblement du titre de « Maharaj » (frère), il lui demande son « Nath » (ordre d'ascètes), sa caste. Le saint veut bien répondre. Pour nous parler, il s'habille ; il détache les cordes de jute qui retiennent sa longue chevelure et les tresses de fil grossier mêlées à ses mèches d'ébène lui tombent jusqu'aux genoux comme un manteau.

C'est un shivite qui fait du dieu Shiva le maître du monde. Il nous invite à explorer sa demeure, une cavité dans le roc où l'on a peine à se tenir debout. Des peaux de daim, de léopards lui servent de couche, des colliers étranges en perles de bois, en coquillages, en fleurs séchées, en pâte de santal, sont accrochés aux parois pêle mêle avec des hardes incolores, des oignons et un bol pour recevoir les aumônes. Dans un coin mystérieux d'ombre, une torche de résine brûle devant une idole qui paraît toute rouge, mais dont il nous prie de ne pas approcher. Nous le laissons debout sur les marches de son domaine, dans une attitude de commandement et d'extase.

Les cris de foi et de dévotion, des pèlerins qui reviennent sanctifiés, nous annoncent l'approche des premiers temples ; c'est un défilé constant d'hommes, de femmes, d'enfants, habillés de soie verte, jaune, de mousselines blanche et rose, coiffés de turbans cerise, violet et vert, qui se succèdent le long des flancs grisâtres de la montagne, en s'interpellant et en chantant.

Quelques vieillards, de vieilles femmes nous croisent, la plupart à pied, ayant ramassé des fagots de bois mort, des faisceaux de longues herbes. Ils sont rajeunis par cette visite aux lieux saints. De distance en distance, des refuges aux allures de temples minuscules, contiennent des cruches de cuivre pleines d'eau potable, destinée à rafraîchir les dévôts éreintés.

Dans chaque anfractuosité de rocher, vivent des ermites, des solitaires ; ils nous poursuivent de leurs supplications. L'un d'eux agite une sonnette, l'autre tape un tambour jusqu'à ce que, lassés par leur importunité, nous leur jetions, au passage, quelque obole. Tous les cultes voisinent à Girnar. A côté des dieux orthodoxes, les jaïns hérétiques viennent adorer Heminath et

Moine Jaïn

Pèlerins des basses castes

Ascètes du Girnar

Adinath, les plus célèbres Tirtankars, Shiva y a des sanctuaires et Krisna des autels ; on y vénère la force meurtrière de Kali et la clémente bonté de l'Amba Mata, la mère des dieux.

Celui qui a respiré l'air vif du Girnar, salué d'un regard ému ces pics éclairés de rayons lumineux, possède la paix et l'impeccabilité pour le reste de ses jours périssables.

Nous dépassons un couple de « mehter » (égoutiers), une des castes les plus méprisées. Ils montent péniblement les escaliers, leurs ressources ne leur permettant pas le luxe du doolie. La femme serre contre sa poitrine un informe paquet de haillons : un enfant, qu'elle dépose sur une pierre sculptée en relief de petits pieds. C'est un endroit saint, à la vertu curative.

Jadis, une femme du Marwar, venant implorer la déesse, mit au monde un enfant dans cette effroyable solitude; elle mourait de faim, et nul secours ne pouvant lui parvenir, elle s'adressa à la divinité qu'elle adorait. Répondant à sa suprême prière, Durga fit jaillir de la montagne des flots de lait et de miel dont le Brahme, notre compagnon, me montre les traces en me désignant les vagues lignes blanches qui zèbrent les parois lisses. Au sommet du premier pic, les buissons bas fleurissent de végétation parfumée les terrasses des temples Jaïns.

De triples enceintes de pierre entourent le chœur où se cachent les statues; de larges cours s'étendent entre les murs et servent de caravansérails aux fidèles.

Il y règne cet étonnant mélange de réserve et de familiarité, ce contraste de la richesse des habits et de la simplicité primitive des habitudes quotidiennes qui sont les caractéristiques de la vie indigène. L'on y voit des marchands dont les femmes se parent d'une valeur de plusieurs laks de roupies de bijoux, se nourrir d'une poignée de riz, manger avec les doigts, tout comme le pèlerin pauvre qui fait sa cuisine derrière un pan de muraille ruinée; ces recluses dont on chercherait vainement à surprendre les traits, ne répugnent pas à camper pendant plusieurs jours en public, ces hautes castes que le contact d'un Sudra souille, couchent par terre au seuil des temples, sans se préoccuper des coolies qui s'étendent dans les coins.

Les prêtres nous font descendre dans la crypte d'un des sanctuaires. Elle est si basse et si étroite qu'une seule personne à la fois y peut à peine pénétrer. Deux ou trois marches glissantes et humides conduisent à ce trou obscur, éclairé par une veilleuse d'huile de cocotier qui brûle au pied d'un tirtankar disproportionné, en or massif, dont les membres précieux transpirent, au dire d'une légende fort accréditée en Kattiawar.

Jadis, les lèvres du dieu distillaient « l'Amritphal », l'ambroisie, le nectar des dieux, mais nous avons beau scruter du regard les ténèbres, tâter le corps de la statue, nos doigts ne rencontrent que le métal froid et parfaitement sec. Seulement, entre les phalanges de la main abandonnée aux baisers pieux des pèlerins nombreux, se produit une certaine moiteur : dernier effet de la puissance de Neminath, depuis l'invasion anglaise, ajoute sentencieusement un vieux moine jain.

Cet ascète est très différent des « Jogui », de confession brahmaniale ; vêtu d'une sorte de toge blanche, la tête complètement rasée, imberbe, il marche à petits pas, balayant avec un fouet de crins jaunâtres la place où ses pieds vont se poser, afin de ne pas enlever la vie par inadvertance au moindre insecte. Il vit dans un monastère qu'il a quitté pour voir, avant de mourir, les lieux consacrés aux Tirtankars; il voyage avec une nombreuse caravane de son ordre ; tous ses frères, habillés comme lui, ont les mêmes manières douces et policées, craintives ; ils semblent hésiter à froisser leur prochain par un regard ou une parole inconsidérément brusque. Ils logent dans la première enceinte, le plus près des saintes images, ne prennent qu'un repas, avant le coucher du soleil et ne boivent que l'eau bouillie par une personne de basse caste, qui supporte ainsi le poids du péché de destruction des germes vivants. Leur règle très sévère leur interdit de converser avec des Européens et ils se refusent obstinément à satisfaire plus amplement notre curiosité.

Il n'en est pas de même d'un groupe de pèlerins que nous trouvons assis devant le portail de l'Amba Mata, sanctuaire situé à l'extrémité d'un troisième pic et adossé au vide. Une dizaine de familles brahmes y sont venues ce matin déposer leurs vœux de bonheur pour un jeune ménage qui a, suivant la coutume, gravi la montagne, les époux liés l'un à l'autre par le sarri de noce de la mariée.

Ces pauvres bambins sont épuisés de fatigue, la fillette, âgée tout au plus de cinq ans, s'est endormie sur les genoux de son mari, dont la menotte brunie s'efforce d'écarter de son visage les mouches et les insectes. Les femmes me laissent admirer leurs jupes de soies teintes, violettes et vertes, les bandes de broderies, les pièces de drap d'or soutaché de leurs voiles, les larges bracelets d'ivoire rougis au vermillon, cerclés d'argent ou de cuivre, les colliers en grains d'or, les clous de nez en perles, les boucles d'oreilles de rubis qui les parent. L'une d'elles me fait visiter le sanctuaire. Des tambours, des flûtes gisent abandonnés dans un coin, le pavé est inégal, les murs dénudés.

Au fond de la salle, une sorte de poupée en carton, habillée de rouge, la figure couverte d'une étoffe avec deux trous simulant les yeux, et la bouche de laquelle s'échappe une langue de laine écarlate, représente la déesse.

Les prêtres, moyennant une aumône, laissent les voyageurs libres de circuler à leur aise autour de l'image.

A partir de l'Amba Mata, des escaliers suivent la crête de la montagne ; ils s'infléchissent, se relèvent, s'encastrent fidèlement dans les dentelures du roc. Une aiguille de granit, terminée par le trident de Vichnou qu'un « jogui » y a planté est le point culminant de la chaîne. Sa base se divise en une voûte composée de deux tronçons entre lesquels un corps humain a peine à se faufiler. L'ascète qui vit sur ce sommet magnifique l'appelle le « Pas du Péché », et nous engage gravement à essayer de le traverser ; si nous réussissons, nous échapperons aux futures réincarnations. Sinon, nous serons condamnés à renaître pendant des milliers d'années. Debout, le bras levé, les traits émaciés, le regard sublime, sa tête effleurant presque le firmament, ayant à ses pieds les vallées immenses, l'image de cet ermite domine tous mes souvenirs du Girnar, il m'apparaît comme le génie de la religion indoue dont l'influence a consacré aux dieux les plus beaux sites de cette sauvage nature.

JUNAGHAD, 22 DÉCEMBRE.

Vieilli avant l'âge par l'abus immodéré du « bhang », sorte de liqueur fermentée et l'abus de boissons spiritueuses, le Nabab régnant de Junaghad laisse s'enfuir ses derniers jours, abêti dans la torpeur de l'opium. Lorsque quelques lueurs de raison éclairent son regard stupéfié, il s'absorbe dans la contemplation du déhanchement monotone de ses bayadères, et s'occupe parfois

des affaires publiques. Il est rare qu'il soit en état de recevoir des étrangers et nous n'étions pas destinés à être, de ce côté là, plus favorisés que d'autres.

Il a chargé son premier ministre, son dewan, de nous faire visiter en son lieu et place, la cité historique de Junaghad.

Le palais se trouve au centre du bazar ; une grande cour spacieuse s'étend devant les bâtiments insignifiants en stuc blanc et jaune; des éléphants entravés et un peloton de cipayes à cheval s'y tiennent prêts à exécuter promptement les ordres du souverain.

Le gouvernement de ces princes indigènes est tout paternel et la pompe étonnante qui rehausse leur prestige, ne nuit jamais à leur popularité, parce qu'elle ne blesse pas le peuple par une étiquette contrariant ses goûts, ou entravant ses habitudes.

La cour d'honneur du palais est une place publique, les uns la traversent pour raccourcir leur route, d'autres puisent de l'eau à ses fontaines, les gamins y jouent aux barres, des vieillards cherchent l'ombre des vérandas, des curieux, des oisifs, discutent du temps, des moissons, appuyés aux royales murailles; tous sont chez eux et partagent avec le Nabab un des biens qu'Allah lui a départi.

La population, presque uniquement mercantile est généralement musulmane, mêlée d'Arabes venus du Sind. La dynastie des Babi qui règne actuellement à Junaghad, doit son origine à un gouverneur de la province de Shaurastra, placé dans cette ville par les sultans d'Ahmedabad. Après leur victoire sur les Indous, à la suite des troubles inhérents à l'invasion Maratte et à la chute des Moghols, les « Fouidjar » de Junaghad se déclarèrent indépendants, et l'Angleterre ayant reconnu leurs prétentions, ils continuent à posséder légitimement l'état usurpé sur les antiques races du Gugerat dont le fort, appelé Uparkot, évoque mieux le souvenir que la cité neuve et moderne.

A l'entrée de la citadelle démantelée, des pieds de femme sculptés dans le sol de granit font surgir du lointain des siècles, la figure gracieuse et funeste de Ranik Devi, la princesse merveilleuse, dont les pas laissaient des empreintes, couleur de rose et qui trébucha en arrivant à Junaghad, au seuil de ce fort, sa future demeure.

Les Bardes considérèrent cet incident comme un fatal augure. La suite leur donna raison, car le roi Kengar étant devenu jaloux de ses neveux les exila ; ils allèrent offrir leurs services à un ennemi du Raja de Junaghad, puis déguisés en maquignons, ils prirent l'Uparkot par surprise, tuèrent leur oncle et emmenèrent captive Ranik Devi qu'ils autorisèrent cependant à devenir « sutti ».

Les travaux d'art militaire qui ont pu exister sur ce petit plateau, où une mosquée grise achève de s'effondrer, n'ont laissé pour témoigner de leur force guerrière que quelques murs en pierre sèche. Des paons chatoyants se promènent fièrement la queue déployée, entre ces débris d'une gloire que l'on crût immortelle, et leur désagréable cri ajoute à la morne tristesse de ces lieux. Deux puits carrés, d'une profondeur insondable, contiennent encore de l'eau que l'on allait puiser en descendant des escaliers circulaires creusés entre les parois des puits et les pentes de la colline.

Pour donner raison à la légende qui attribue l'exécution de ce travail à des jeunes filles captives, détenues par un roi de Junaghad, semblables à des âmes libérées, des milliers de colombes blanches viennent voltiger au-dessus de l'abime, et emplissent de leurs tendres gazouillements les profondeurs sombres.

Un parent du Nabab, le Wazir Bahubdin, tient à Junaghad une cour, dont la splendeur égale celle du souverain. Il nous fait prier de venir le voir un soir à la fraîcheur, dans un jardin de plaisance qu'il possède non loin de la cité.

Pendant trois règnes successifs, Bahubdin a été le véritable Nabab de Junaghad ; jouissant de tous les pouvoirs, agissant à sa guise. Il a toujours subi une influence inconquérable, celle de sa femme : une « purdanashin (1) » dont les mains, dit-on, sont teintes du sang de plusieurs meurtres politiques. Il me plairait infiniment de voir cette princesse extraordinaire et je lui envoie une écharpe de soie pour disposer favorablement son humeur altière. Mais elle me fait remercier simplement, s'excusant de ne pouvoir me recevoir, à cause de son grand âge.

Le Wazir, désolé, s'ingénie à me faire oublier cette déception. Il nous offre une fête dans ses jardins et réunit tous ses officiers, ses amis. Ils revêtent leurs plus beaux costumes, leurs bijoux les plus précieux ; à la lumière des torches de résine, dans ce décor d'ifs et de buis taillés, nous vivons un conte des mille et une nuits.

Des combats de béliers et de singes, un ours présenté en liberté, égayent la compagnie. Seul, le « Mullah », le prêtre favori du Wazir ne prête aucun intérêt au jeu, il déteste les européens et son regard perçant ne quitte pas nos visages, cherchant à y déchiffrer nos âmes.

---

(1) Femme voilée, littéralement une recluse.

JASDAN, 23 DÉCEMBRE.

Hier, le chef Katti de Jasdan, un chef pauvre, un hobereau de Kattiawar, a marié le même jour son fils aîné à deux femmes, deux sœurs jumelles. Le Takoor a reçu avec une extrême cordialité des Européens, ses amis personnels ou ses relations diplomatiques parmi lesquels M. R....., agent politique anglais, nous avait fait réserver des tentes au camp, mis par le Prince à la disposition de ses invités.

De Radjkot, une des capitales du Kattiawar où s'arrête le chemin de fer, l'on ne peut arriver à Jasdan qu'en voiture ou en charrette à bœufs. Nous parcourons au gré du conducteur pendant de longues heures, l'immensité rocailleuse de plaines rousses, incultes, que coupe parfois un lit de rivière desséchée. Pas un cri d'oiseau, pas un appel humain ne rompt la monotonie du lourd silence qui pèse sur la terre ravagée, mourante des caresses brûlantes du soleil-roi. Aux approches de rares villages, perdus dans une floraison géante de figuiers de Barbarie, quelques chèvres feu et noir dévorent les raquettes épineuses, sous la garde mélancolique d'un pâtre à l'œil ardent et sec comme son domaine aride. Cette terre des Kattis, nés, dit la légende, d'un bâton fiché dans le sol, demeure éternellement pour eux une esclave stérile, méprisée et abandonnée; tremplin des petits chevaux fougueux avec lesquels ils parcourent les plaines embrasées, les yeux fixés dans la direction du soleil levant qu'ils adorent.

Par la campagne désolée, cheminent de longues files de piétons en habit de fête. Un bâton noueux soutient leur marche, apesantie d'indolence et de chaleur; les femmes, vêtues de soie rouge lamée d'or, portent sur la hanche de jolis marmots parés de colliers et de bracelets en cuivre ou en nickel. Ils disparaissent dans les nuages de poussière crayeuse soulevée par le galop des chevaux pomelés qui nous entraînent vers Jasdan. Certains se courbent jusqu'à terre, dans le « salam », le front caché des deux mains. Sous un bouquet de banians ombreux, un groupe de femmes se sont assises ; elles pèlent des mangues juteuses qu'elles mangent avec du riz; des chiens étiques se roulent dans une mare boueuse, en compagnie d'un troupeau de buffles gris, dont les mugissements redoublés emplissent la solitude d'échos de tonnerre. De tous les points du territoire de Jasdan les sujets du Prince sont en route pour la capitale, où doit avoir lieu, suivant l'usage, une distribution quotidienne et gratuite de crêpes, de sucreries, de riz et d'avoine à tous ceux, sans distinction de castes, qui se présentent au palais durant les fêtes.

Jasdan est un village de terre ; les maisons basses bordent la route, collées l'une à l'autre, grises, pauvres, toutes semblables, sans fenêtres et sans porte, composées uniquement d'une vérandah carrée, posée sur un socle de boue.

Le palais, une ferme fortifiée de tours rondes crénelées et d'un mur d'enceinte coupé de portes en teck massif, occupe le pourtour de l'unique place de la cité. Des souhaits de bienvenue, des sentences flatteuses s'étalent sur les transparents rouges suspendus aux toitures des huttes, sur les banderoles de papier et d'étoffe qui s'enroulent le long des pilliers d'argile des arcs de triomphe. A l'entrée du palais, dont l'accès est libre à tous aujourd'hui, une foule de mendiants, de femmes babillardes et rieuses, d'enfants coiffés d'or, se presse; les yeux avides, les mains tendues vers les délices culinaires qui saturent l'atmosphère de l'odeur grasse des fritures.

Pour commémorer le rapt des fiancées de jadis, que les Katti enlevaient à main armée, le marié part au crépuscule, accompagné de ses frères, de ses amis, en une chevauchée guerrière, dominée par le bruit des sabres s'entrechoquant, le cliquetis des lances, au son des cris inarticulés d'une foule ravie. Il est allé à la conquête d'une « rani » pour l'enlever de force, la ravir, l'emporter défaillante en travers de sa selle, l'enfermer dans son castel de Jasdan, derrière les tours rondes et les portes garnies d'une cuirasse de pointes de fer, contre lesquelles la lourde masse des éléphants se meurtrira.

Là-bas, dans un village de la plaine poussièreuse, il va s'unir à une enfant qu'il n'a jamais vue, et après la cérémonie religieuse, accomplie dans le zénana de la jeune fille, ils doivent revenir en gala à Jasdan.

C'est cette procession avec son déploiement de richesses et d'usages, que tous attendent impatiemment. Dès huit heures on vient nous chercher au camp. La population de la ville a quadruplé en quelques jours, il est presque impossible de se frayer un passage à travers la foule joyeuse et empressée, qui encombre les ruelles étroites. Le « syce » son fouet de crin blanc à la main, court en tête des chevaux, criant : « batcho » (prend garde), ceux-ci heurtent du naseau quelques femmes effarées, qui tombent dans les fossés cimentés par lesquels la route est séparée des maisons; le cocher plaisante et rit avec les gens installés sur les toits de roseaux ou de zinc, des pétards éclatent sous les roues, des voitures portant des princes invités croisent la nôtre ; les « ghariwalla » discutent, s'expliquent, chacun veut avoir la préséance, car deux équipages ne peuvent passer à la fois; il faut que l'un d'eux recule jusqu'à l'entrée de la route. L'autorité de M. R... ramène le calme non sans peine et nous arrivons tant bien que mal à l'entrée du palais où des sièges d'honneur nous sont réservés.

Toutes les castes sont confondues, mêlées dans les rangs pressés du peuple accroupi sur la grande place. Des laboureurs, vêtus de toile grise, de turbans souillés des sueurs d'un labeur ingrat, sur la terre immuablement sèche et ennemie, s'adossent aux maisons en groupes silencieux, craintifs. Un sabre orne la ceinture des Rajpout, les cultivateurs s'appuient des deux mains sur de longs bâtons. Des jeunes gens, bien découplés, fument en soufflant les cigarettes par le bout allumé. Quelquefois une draperie prise dans toute la largeur, jetée sur l'épaule, la tête, d'un geste lent et digne indique qu'il fait frais : la saison d'hiver. Des femmes, rapides et muettes, traversent la scène, violemment apostrophées par un garde champêtre indigène, gonflé d'importance, grâce au costume de drap bleu déguenillé qui serre son torse débile. Il n'y a parmi eux ni la curiosité, ni le remous d'une foule latine, pas plus que la grossièreté d'une foule saxonne ; c'est une foule patiente, indolente, qui sait qu'il y en aura pour tous, que cela viendra, que rien ne presse... une foule qui s'amuse ou s'ennuie en silence.

Subitement éclate au bout de la rue une sonnerie de pipeaux aigrelets ; les gardes arabes du zénana débouchent d'une ruelle avec des exclamations gutturales en leur langue native. Ils s'avancent, forment un demi cercle et commencent une danse fantastique et imagée : la poursuite d'un ennemi à travers les grands sables roux. Le danseur a un fort mélange de sang nègre. Ses dents luisent comme des morceaux de verre. Il se courbe, serpente, se redresse avec des cris aigus, il touche terre des deux mains, s'agenouille, se met aux aguets, sur un rythme pressé, haletant, saccadé, qui enlève la respiration, tient suspendu à ses pas. Les autres battent des mains en cadence. Parfois, l'un d'eux entre dans la danse, alors le premier danseur le mène en rond le tenant par la main : il y a des défis, des mépris, des passes de bras, de mains, comme à la bourrée ou au fandango. Un petit vieux ratatiné, fluet, délicat, danse comme une porcelaine de Saxe. Son pas est menu, semblable à celui des dévotes proprettes de vieilles villes de provinces, courant à l'église. Il effleure à peine le sol et son grand turban vert, la seule chose de lui qui soit d'une proportion volumineuse s'agite gracieusement, marquant la mesure. Les porteurs de torches ravivent les flammes en versant sur l'étoupe de l'huile tirée d'un bidon qu'ils portent suspendu au cou ; un rougeoiement fumeux monte, éclairant vaguement la scène finale. Un gaillard gigantesque aux yeux féroces, l'ennemi, est entré en scène; les hommes se coulent l'un vers l'autre; ils se pourchassent, se joignent, s'étreignent; finalement, l'adversaire tombe à genoux, terrassé, abandonné à ses amis qui l'emportent. Des taches de sang en grandes plaques humides collent sur le corps ruisselant du nègre : ce n'était plus un jeu, dans la malicieuse ivresse d'une liqueur vineuse, le « darrou », son compagnon, l'a frappé plusieurs fois, avant qu'il fut possible de lui enlever son couteau, pendant que tous les yeux se tournaient vers un admirable cheval Katti qui marche en tête du cortège.

Il s'avance, dressé sur les pieds de derrière, l'œil enflammé, les naseaux frémissants, sa longue queue balayant le sol, monté par un cavalier dont les formes minces et nerveuses font corps avec lui, un Radjput, semblable aux dieux de la légende, maîtrisant les coursiers fantastiques des épopées védiques. Les serviteurs viennent ensuite, sur deux rangs, portant d'immenses corbeilles pleines de melons, de fruits, de légumes; ils précèdent les suivantes qui ont été recevoir la fiancée et seront ses esclaves, les confidentes de sa vie, ses moyens d'intrigue. Elles sont entassées dans de vulgaires charrettes à bœufs et accompagnent le cahotement de chants nuptiaux lents et criards.

Derrière elles, une foule bigarrée, colorée, se bouscule à la lueur des feux de Bengale. Les gerbes d'étincelles des bombes, les fleurs des feux retombent en pluie étincelante devant le marié, qui suit à cheval dans tout l'éclat de son turban d'or, le front chargé d'une frange d'émeraudes, l'air méchant et ennuyé.

Le char de mariage, une plateforme immense traînée par quatorze bœufs, aux cornes dorées ou argentées, roule lourdement sur le pavé de cailloux pointus. Le père du prince, les parents, les amis des mariés y ont pris place, assis dans des gondoles d'argent ou des chaises d'écaille soutenues par des dauphins. Ils fument leur hooka d'or, les yeux fixés sur les bayadères qui évoluent lentement à l'autre extrémité du char.

Parfois, le pas somnolant des ruminants s'arrête : le peuple alors se masse autour des Princes pour recueillir, après la danse, les fleurs et l'argent qu'ils laissent tomber parmi la foule. Lorsqu'ils passent devant nous, le Takoor fait un signe et tous les princes descendent pour venir nous saluer. L'on apporte des colliers de rubans d'or et de jasmin avec du bétel et des aspersoirs d'eau de roses. De sa main ridée, le vieux souverain nous fleurit et nous parfume. Puis il fait demander du champagne et, après avoir bu, il me tend en signe d'honneur son verre encore plein... Très discrètement, j'imite Mme R... qui, dans la nuit complice, a vidé le sien par dessus la balustrade d'un toit désert.

La procession se continue par des bonbonnières géantes, incrustées de pierres précieuses, pleines de gâteaux et de sucreries, destinés aux femmes du zénana, gage d'amitié des parentes de la jeune femme à sa belle-mère. Ces coffres de cuivre jaune, en forme de brioches, sont attachés par de simples cordes sur les charrettes à bœufs, d'une façon rustique et pauvre, contrastant ordinairement ici avec le luxe des vêtements et les coutumes grandioses. Les présents faits aux époux arrivent de la même façon ; ils ne sont pas nombreux : le chef de Jasdan n'est guère influent. Seul, un de ses voisins lui a envoyé un monumental éléphant dont les petits yeux clignottent intelligemment sous la résille d'or qui couvre sa face toute peinte et enluminée de scènes religieuses. Enfin, la dernière s'avance, une voiture close appelée « shigram », traînée par huit bœufs trotteurs blancs, caparaçonnés de soie rouge, les cornes encapuchonnées de cornets d'or, les cous enguirlandés de colliers de vermeil. Et là-dedans, dérobée à tous les yeux, la petite princesse, encore inconnue à son époux, fait son entrée dans la cité, joyeuse, qui hier a reçu, avec les mêmes fêtes, une autre reine dont la forme voilée se dissimule derrière les grilles de marbre pour assister, invisible, à l'arrivée de sa sœur, l'autre femme de son mari.

BHAVNAGAR, 30 DÉCEMBRE.

Un petit homme grêle, sec, nous accueille au guest-house de Bhavnagar. Sa bouche souriante, ses yeux fins et narquois nous examinent avec satisfaction ; il nous salue cordialement et nous tend sa carte : Proroshancar, dewan de son altesse le Takoor de Bhavnagar. Son maître, averti de notre arrivée, le prie de nous procurer toutes les distractions possibles et les facilités les plus complètes pour visiter les curiosités de son Etat. Un déjeuner et des convives indigènes nous attendent, suivant les ordres du Prince, qui nous a envoyé à cette occasion la vaisselle d'argent dont il fit usage au Durbar de Delhi.

Le dewan nous présente les autres invités : un Koït, ayant abandonné pour la peinture sa profession héréditaire, et s'emploie à faire le portrait du Takoor ; sa femme, ses frères et ses enfants. Chacun de nous s'accroupit sur des carrés de bois, disposés en deux lignes, les hommes faisant face aux femmes. Un plateau rond, chargé de bols et de gobelets, dans lesquels nagent toutes sortes de compositions culinaires indigènes est ensuite déposé devant chaque convive.

Nous mangeons avec les doigts, après les avoir trempés dans de l'eau rose passée par un serviteur fluet, silencieux. Je regarde mes voisines façonner le riz en petites boules, en tas, qu'elles mêlent de curry, de crevettes, de « dal », une purée verte, de piments fourrés, de muscade râpée, de farine de sagou, de graines sautées, de pommes de terre coupées en forme d'éléphant, de hachis qui emportent le palais.

Au dessert, je découvre parmi mes bols un lait d'amande où tourbillonnent des pépites minuscules d'or : le métal qui fortifie la jeunesse, des bananes, des melons évidés, pleins de pâte de sucre. Au fond de la salle scintillent les jupes de damas tissées de fleurs de rubis d'une des chanteuses du Maharadja. Il l'a envoyée pour nous bercer de son chant étrange, guttural, endormant. Elle chante sans discontinuer, accroupie entre les deux musiciens qui l'accompagnent. Ses traits sont communs, le teint très noir ; elle a l'apparence d'une bête repue. Parfois, sans s'interrompre, elle relève les tiges de bois odorant qui tombent du brûle-parfums ; elle fait cela méthodiquement, lourdement, comme une ménagère villageoise.

Proroshancar se tient debout, à l'écart, sans affectation. Il appartient à la caste des Brahmes Nagar, l'une des classes les plus élevées et les plus strictes du Kattiawar. Les précautions qu'un

Nagar doit observer pour se conserver pur, pendant qu'il mange, sont une des plus frappantes indications de la mentalité de ces races indoues, esclaves d'une tradition qu'elles acceptent sans discussion, tout en reconnaissant son inutilité et sa mesquinerie. La force de la coutume, malgré toute l'influence européenne, a régné et règnera encore, pendant de longs siècles, aux Indes, car les plus avancés parmi les Indous, dans la voie des réformes occidentales, restent toujours secrètement attachés à quelques-uns des préjugés indigènes. Le Takoor de Bhavnagar, dont l'Etat est organisé entièrement sur les plans proposés par le Gouvernement britannique aux Princes tributaires et qui s'attache à copier en tout et pour tout ses maîtres, donne actuellement une preuve évidente de la vitalité de certains sentiments indigènes. Veuf, sans enfants, il songe à se remarier ; l'un de ses voisins, le Takoor de Gondal, lui avait fait proposer sa fille, une jeune personne élevée à l'européenne par des gouvernantes anglaises. Avec une irréductible logique indigène, le Maharadja, que notre civilisation enchante, cependant, répond peu galamment que si une femme cloîtrée cause mille ennuis à son époux, une femme libre double la somme de ses tribulations.

BHAVANAGAR, 31 DÉCEMBRE.

Notre ami, le Dewan, m'a proposé aujourd'hui de livrer les lignes de ma main à l'appréciation d'un astrologue. Cette distraction entrant fort dans mes goûts, j'accepte, et vers le soir, le chiromancien fait son apparition. C'est un Brahme maigre, à la figure anguleuse, décharnée, au regard effrayé et fatigué. Il paraît très discret, réservé, serré dans un « doothy » de mousseline blanche et une veste de drap noir. Il a la tête roulée dans une écharpe verte et jaune. Son fils, âgé de treize ans, l'accompagne et s'instruit. Il n'est pas de ce pays, mais du Sud : de Madura, la ville des temples mystérieux, d'où l'on l'a fait venir à Bhavanagar, pour établir l'horoscope d'un petit prince qui vient de naître. Il est célèbre dans cet art devinatoire très prisé par les Indous, étudié dans le code sacré des Shastras védiques et professé héréditairement. Il prédit les événements par année, par mois, par jour. Il hésite à prendre ma main, son regard inquiet m'interroge ; je lui fais signe qu'il peut me toucher et son délicat doigt noir suit la ligne de ma paume ouverte. Il a d'imperceptibles mouvements de surprise, d'émoi, ses yeux s'agrandissent, une expression d'intense tristesse les assombrit, ou bien le rire s'épanouit sur sa bouche. Sans rien dire, il écrit en caractères Tamouls, avec une main estropiée, tenant son crayon entre des doigts informes. Après avoir examiné mes pieds, mes mains, les plis de l'intérieur du coude, il m'annonce à peu près ce que prophétisent tous les devins : des joies, des douleurs, des deuils, de l'amour, mais il donne à ces révélations le caractère grave d'une science religieuse et l'expression poétiquement emphatique des Orientaux. Pour me prédire la tranquillité financière, il dit joliment que « je chevaucherai sur un éléphant jusqu'à mon dernier soupir ». Ayant terminé l'horoscope, il se lève avec une grande majesté, reste quelques instants pensif et tire de son turban un jade, gravé de mots sacrés, qu'il me donne. « Avec ce talisman,
« ajoute-t-il, tu connaîtras le cœur et les pensées secrètes de ceux
« qui t'approchent, porte-le et n'oublie pas le serviteur qui te
« l'offre ».

JAMNAGAR, 1ᵉʳ JANVIER.

Chefs secondaires au point de vue financier et administratif, les Maharadjas du Kattiawar sont, néanmoins, quant à la race, les égaux des souverains Radjput les plus puissants, fils comme eux du soleil ou de la lune. Parmi les princes qui ont conservé la tradition indoue dans toute sa grâce, l'un des plus hospitaliers et des plus accueillants est le Jam de Jamnagar (1), dont nous sommes les hôtes pour quelques jours. Il habite au cœur de la cité de Jamnagar un palais délabré où il mène une existence tranquille et toute indigène, embellie par l'amour de ses femmes, et l'attentive tendresse de sa mère, une bayadère mahométane, que le vieux Jam épousa étant assez avancé en âge, malgré les protestations de ses héritiers déçus, et les fureurs de sa caste outragée.

Des fleurs : « Padma », le lis, « Phulli », le bouton, s'épanouissent dans le zenana du Jam et disputent son cœur à Jambamoti « la perle », dont la beauté laiteuse, comme son nom, maintient le souverain épris dans une sujétion complète

C'est elle qui a voulu me voir, et pour lui plaire, le Jam m'a ouvert toute grande la porte des appartements où s'écoule la vie de ces princesses qu'on appelle de noms précieux et parfumés.

Un labyrinthe de passages mystérieux mène au harem, et dénoue ces sentiers à travers des cours plantées d'arbres, touffus le long des vérandahs où des idoles graisseuses grimacent, solitaires.

Les bâtiments sont couverts de treillages qui ferment les galeries et donnent à ce vieux palais des Yadus l'aspect d'un morceau de chalet suisse. Un battant de bois s'entr'ouvre soudainement, la tête curieuse d'une suivante apparait, disparait, un froissement de soie, un rire étouffé m'indique que l'on m'a aperçue et que les Ranis m'attendent.

Une vieille indigène aux lèvres lippues, me fait entrer dans une salle basse, sans fenêtres, obscure et humide. Elle me laisse assise sur un machan grossier et s'éloigne. Puis elle revient, en me faisant signe de la suivre. Nous montons un escalier de planches mal rabotées qui tremble sous nos pas ; il conduit à une galerie sur laquelle s'ouvrent de nombreuses portes. La femme en pousse une et m'introduit ; je suis arrivée.

Quel éblouissement !.. Le sol est de marbre incrusté de fleurs de mosaïque. Le plafond simule un lotus en or, duquel s'échappent

---

Le Jam Shri Jassagt est mort pendant la publication de ces notes de voyage.

des guirlandes d'argent, garnies de milliers de bougies fumeuses. Les murs, jusqu'à hauteur d'appui, disparaissent derrière les coffres à robes, en argent et en cuivre. Dans la pénombre, le relief s'accuse ; les chevauchées de dieux, les écureuils qui grignottent, les paons qui soutiennent Sarswati, Ganesch et son éléphant, tout ressort, luit, les métaux précieux se plient, ondoient, se fondent en un éblouissement, en une lumière générale dont je reste quelque peu étourdie.

D'une façon vague, j'aperçois enfoncées dans des divans de soie rouge, quatre petites princesses rieuses et parées. Elles ont l'air de sœurs jumelles, toutes habillées de même ; jupes bordées de franges aux glands d'or, voiles incrustés d'opales, émeraudes, rubis, diamants dans les cheveux, aux oreilles, au nez, aux pieds tatoués d'emblèmes de l'ancêtre Krisna. De chaque doigt partent des chaînes de perles attachées à une bague et qui vont se réunir dans un cercle d'or au poignet, couvrant les mignonnes mains d'un somptueux bijoux.

Une grande concorde semble régner entre les épouses du Jam, et il s'efforce de les maintenir dans cette paix, en leur prodiguant également les suivantes, les richesses, les friandises, mais il garde pour Jamba son amour de prédilection. Cette princesse, d'une beauté médiocre, a dans la physionomie la lourdeur de mâchoire de la caste Radjput ; ses dents sont noircies et abîmées. Elle paraît d'intelligence moyenne et n'a rien de la spirituelle vivacité des « bégums » de Moorshidabad.

Les femmes indoues ont de solides et sérieuses qualités de fidélité, de patience, d'amour endurant que l'on rencontre peu chez les mahométanes, par contre, elles ne peuvent, au point de vue de l'esprit et de la beauté, rivaliser avec les suivantes du Coran. Cette différence de races est très apparente lorsqu'on compare les femmes du Jam et Sura Baï, la princesse Bayadère dont les bardes répètent l'histoire sur leurs grossiers rebecs. Ses belles-filles vont tous les jours lui rendre leurs devoirs ; aujourd'hui, elles m'emmènent avec elles.

La Rani nous reçoit assise dans un fauteuil, ses caméristes affalées à ses pieds ; l'une d'elles agite au-dessus de sa tête un éventail de plumes de paon, l'oiseau favori de Kartibukia, le dieu de la guerre. Son visage, encore très jeune, a une expression de réserve hautaine, familière aux musulmanes. Ses doigts, presque blancs, terminés par des ongles effilés tachés de carmin, sont couverts de bagues, elle ne porte aucun autre bijou.

Cette princesse a fait preuve, durant la minorité de son fils dont la tutelle lui a été confiée, conjointement avec le Gouvernement britannique, d'une sagacité remarquable dans le choix des hommes qui élevèrent le Jam et en ont fait un souverain juste, bienfaisant, adoré de son peuple.

L'état de Jamnagar est florissant.

La population du bazar vit presque uniquement d'industries textiles, pratiquées héréditairement avec succès malgré l'envahissante concurence européenne. Par la porte entr'ouverte des maisons décrépies, l'on aperçoit en passant, des métiers primitifs, des cadres de fils d'or, de soies, entre lesquels une main noire et sèche lance de petites navettes qui retombent sur le sol de terre battue.

Des merveilles se façonnent dans ces taudis obscurs dont les murs suintent le salpêtre et l'indigence.

Ailleurs, au quartier des teinturiers, certaines castes possèdent seules le secret d'un procédé appelé Bandhmi, qui donne ces étoffes ravissantes, aux dessins compliqués, teints de mille nuances enchassées, l'une dans l'autre, ces mousselines légères, pointillées, ces pièces pour les turbans posés comme des tours penchées : coiffure distinctive des sujets du Jam.

Le souverain visite souvent sa capitale; lorsqu'il parcourt à cheval, en automobile, les rues étroites de la cité, les femmes lui jettent des fleurs; il chevauche entouré de l'auréole romanesque de sa naissance et de celle de ces aïeux Yadus, ces fils des dieux, ces ancêtres fabuleux, dont le premier émergeant de la légende pour passer dans l'histoire fut un rajah qui se battit avec Porus contre Alexandre

BOMBAY, 4 JANVIER.

A Bombay, l'on a une distraction particulière, celle de voir disparaître le corps humain par des procédés différents : la peste, le choléra sévissent constamment dans les bazars, et la mortalité indigène contribue à entretenir un spectacle quotidien, émouvant parfois, aux bûchers indous de Quenn's Road et aux « Tours du Silence », le cimetière Parsi, accroché au flanc d'une colline qui allonge dans la mer la pointe extrême de la presqu'île de Bombay. C'est un parc, embaumé de gardénias et de roses, dont les allées sablées conduisent aux blocs de maçonnerie carrés et blancs, où pourrit la chair de ce qui fut l'humanité Parsi. Les vautours, par milliers, montent une garde hideuse, aux rangs pressés et voraces, sur la crête des murs. Parfois, d'un vol lourd, appesanti par son sinistre fardeau, l'un d'eux s'élève du centre de ces sinistres cubes, et les yeux agrandis, effarés par la vision brutale de cette fin de la chair, le suivent avec angoisse. L'on ne peut visiter l'intérieur des tours, mais un guide Parsi nous en explique l'arrangement, très simple : une plateforme circulaire en marbre, divisée en trois zones, hommes, femmes, enfants ; les petits les premiers, les plus près du trou du milieu, où, lorsque les oiseaux auront dévoré tout ce qui reste de la fragilité humaine, s'entasseront les os frêles, les squelettes rongés, la poussière des êtres.

Parfois, le cri rauque des paons orgueilleux, le pépitement des perruches se mêlent au lugubre appel des oiseaux de proie, le murmure des flots tranquilles domine le croassement des corbeaux, les senteurs de la riche et puissante nature orientale embaument ce charnier et la brutalité de la mort atténuée par la caresse de la nature ne laisse plus dans l'âme qu'une ineffaçable impression de grandeur macabre, un sentiment d'étonnement infini pour ce rite, par lequel les Parsis disposent du corps, ce don de Dieu, que nous dévêtons au seuil de l'inconnu, ne conservant que l'âme intangible que les vautours ne dévorent pas.

**

Les Parsis, caste dominante à Bombay, sont des émigrants de l'Iran, chassés de leur pays par le prosélytisme musulman et établis sur toute la côte de Gujarat et de Malabar. Boutiquiers dans les moelles, les Parsis sont exclusivement commerçants, et certains ont amassé dans cette profession des fortunes de plusieurs centaines de millions. Ils adorent le soleil, suivent la religion de Zoarastre et les préceptes du Zend Avesta.

Le matin, ils se lèvent avant l'astre divin pour le saluer de prières ferventes, et le soir, à son déclin, ils se tournent pieusement vers le couchant, en lui envoyant une dernière salutation. Au bord de la plage, on les voit tous les jours, à la fin de l'après-midi, contemplant longuement leur dieu qui s'abîme dans les flots. La mer chaude et parfumée, qui enserre Bombay, monte dans les jardins et baigne presque la voie ferrée, est l'unique, la vraie poésie de la ville. Elle a capricieusement mordu la presqu'île, creusant des baies, des anses dans la côte, faisant ressortir des promontoires et de longues traînées rocheuses. L'imagination humaine a suivi son fantasque dessin en construisant des bungalows le long de ces sinuosités, et en plantant de fleurs, d'arbres, de buissons variés et odorants les enclos qui les entourent. On garde de Bombay le souvenir d'un décor de feuillages et de couleurs. La vie y est fastidieuse, monotone ; le contact des Européens a enlevé tout caractère aux bazars indigènes et la curiosité n'a plus de ce côté-là aucun aliment.

Il reste pour tromper l'ennui, l'arrivée et le départ des mails (1), et quelques promenades en auto aux environs de la ville. C'est encore la mer qui procure la plus agréable distraction : la traversée de la rade jusqu'aux caves d'Éléphanta. Au sein d'une colline boisée, envahie par la jungle, s'ouvrent ces fameuses grottes, célèbres dans l'antiquité indoue par les victimes humaines qu'on y immolait à Kali la féroce. Sculptée dans le roc, d'une grandeur plus que naturelle, la Trimurti effare par ses proportions colossales. Les faces de Brahma au milieu, Shiva à gauche, Vichnou à droite, réunies en une seule tête, vont du sol à la voûte en un bloc de granit gigantesque et serein. Des géants armés de massues, des griffons ailés, la gueule fendue, menaçante, gardent l'entrée des caves.

Aucune trace de la dévotion qui amenait ici des milliers de pèlerins ne subsiste ; les indigènes visitent rarement ce sépulcre des dieux, qu'explorent seuls les touristes désœuvrés.

Du sommet de l'îlot l'on surplombe l'immense Océan, Bombay qui apparaît dans le lointain blanche, fleurie, la route des steamers venant d'Europe et celle de la côte vers Poona et le Dekkan que bientôt nous suivrons.

---

(1) La malle d'Europe.

VERS GOA, 2 FEVRIER,

Lors de notre départ de Bombay la saison s'avançait, maintenant l'hiver vient rapidement, dépouillant les bois de teck de leurs panaches blancs, ombrant d'or et de pourpre les canelliers et les poiriers du Japon. Les feuilles jonchent la route solitaire que traverse parfois une antilope apeurée. Les villages s'espacent, deviennent plus rares, plus pauvres, à mesure que nous approchons des frontières de l'Inde Portugaise. La jungle est silencieuse ; les grands fauves en ont été exterminés et les êtres inoffensifs qui s'y cachent, n'osent affronter ni la vue, ni le bruit d'une automobile.

Parfois, dans une coupée de sandals et de rhododendrons, nous apercevons des coolis nus occupés à abattre quelques arpents de forêts, ils suspendent un instant leur travail, inquiets, anxieux, suivant d'un œil dilaté par la terreur, l'apparition fantastique qui disparait dans un tourbillon roux de feuilles mortes. Un torrent, dont les flots verdâtres disparaissent sous les branches des arbustes pleureurs, se brise sur des galets polis et le chauffeur prétend avoir distingué parmi la blancheur écumeuse des remous, des fagots, des pièces de bois équarries, grossièrement liées ensemble, indication d'un camp de flotteurs que nous espérons atteindre avant la nuit, pour nous renseigner quant à la distance du prochain hameau et nous informer de l'état de la route. Nous sommes passés devant une hutte en planches, ornée d'un grand écriteau déplorablement barbouillé de lettres gigantesques « British last Post of Custom's Office » (dernier poste de douanes britanniques), mais rien, si ce n'est la disparition des bornes kilométriques et des poteaux télégraphiques, n'indique que nous foulons le sol portugais. Le soleil s'est couché brusquement dans une explosion de flammes ; l'horizon s'obscurcit, les cartes deviennent inutiles depuis que nous sommes sortis de l'Inde anglaise. Toute civilisation cesse et il ne faut compter que sur notre propre habileté pour nous procurer gîte et repas.

Après avoir monté une pente rapide et rocailleuse, nous arrivons au sommet d'une petite colline, sur un vaste plateau couvert d'arbustes odoriférants. Un indigène vêtu militairement d'un ceinturon de cuir, d'un pantalon de drap bleu et d'un casque solaire, monte une garde inutile dans ce désert, assis sur un bloc de granit rouge. Il caresse doucement de la main une crosse d'espingole qui date sans doute du temps d'Albuquerque ; il la brandit majestueusement à nos yeux surpris en nous faisant signe d'arrêter. Enfin, nous allons savoir où nous sommes, et surtout où nous allons. Le bonhomme toussote, crache par terre pour s'éclaicir la voix et en une langue inconnue nous fait par trois fois une sommation magistrale, à laquelle nous ne répondons que par un accès de rire débridé. Il nous observe sans férocité, mais avant de recommencer son triple appel à notre entendement, il arme son fusil et nous met en joue.

Mon frère, d'une paire de taloches, l'envoie rouler parmi les buissons, tandis que l'arme confisquée demeure comme un trophée aux mains du chauffeur. La malheureuse sentinelle se relève péniblement, sa maigre carcasse osseuse frissonne de terreur, ses dents claquent comme des castagnettes, il se traîne à nos genoux, suppliant, désespéré, nous adjurant de lui rendre son fusil, il s'humilie, il rampe, de gros sanglots tremblent dans sa voix et des larmes jaillissent de ses yeux, mornes, comme ceux d'un chien battu. La douleur du pauvre homme paraît si sincère, que nous nous laissons toucher. Il s'agit de savoir en quelle langue nous allons l'interroger ? L'Anglais, il n'y faut pas songer ; reste l'Urdu et l'Hindoustani ? mais en vain, il ne comprend rien ; l'angoisse qui se lit encore sur sa physionomie décomposée, achève de paralyser ses facultés, il ne saisit même pas la signification des gestes, il reste ahuri, abasourdi, plus mort que vif. Peu à peu il paraît reprendre confiance et se dirige en courant vers une cabane que nous n'avions pas aperçue ; il revient muni d'un petit livre qu'il me tend timidement. La couverture en maroquin écorné, atteste une usure quotidienne, les premières pages manquent, mais en le feuilletant, je reconnais vite un livre de prières catholiques en portugais. Le dernier feuillet déclare que le livre a été imprimé chez José-Maria Diaz, à Pangim. Enfin, voilà une indication, un nom propre, celui d'un bourg important, sans doute, où nous trouverons peut-être des sodas et des lits.

L'indigène étudie anxieusement nos physionomies, il secoue la tête avec tristesse, il s'exclame, montrant tantôt la route par laquelle nous sommes arrivés, tantôt la vallée profonde et silencieuse à nos pieds. Il m'a repris le missel et, lentement, son doigt crasseux souligne certains mots dans le texte, les assemblant évidemment pour en faire une phrase destinée à nous expliquer sa conduite. A ce moment, un secours linguistique inattendu se présente à nous sous les traits d'un métis bedonnant, la face bouffie et graisseuse, qui chemine à petits pas sur le dos d'un âne rétif. Il n'attend pas que nous réclamions ses services ; avec l'obséquiosité naturelle à sa race, il s'avance et, dans un anglais pompeux, fleuri, plein de circonlocutions, il nous prie de lui expliquer notre présence en territoire portugais sans passe-ports et sans certificat médical attestant que nous n'apportons ni la peste, ni le choléra. Nous ne devons pas ignorer, dit-il, que les voyageurs venant de l'Inde britannique restent en quarantaine à Collem, la première ville que nous allons trouver dans une cinquantaine de milles. Lui, ce Sancho Pança, grotesque représentant de l'autorité portugaise, aurait la prétention de nous détenir ici jusqu'à l'arrivée d'un médecin qu'il irait chercher au trot de sa monture épuisée... Collem, 50 milles ! c'est tout ce que nous voulions savoir. Nous voilà partis, malgré le flux de commentaires effarés du clerc et les gestes menaçants du soldat (car c'est un soldat), qui tient étroitement embrassé son inoffensif mousquet... La route descend en lacets étroits, aux angles si brusques que plusieurs fois il faut reculer la machine à la main pour ne pas nous exposer par le moindre mouvement mal calculé à être précipités dans le torrent qui bouillonne à quelques centaines de mètres en dessous de nous, dans la vallée. Nous marchons sur un véritable lit de pierres ; il en est d'énormes formant de petits îlots, autour desquels les pluies torrentielles des moussons annuelles ont enlevé la terre, creusant des ornières, des trous remplis de quartiers de rocs aigus ; les ressorts bondissent, les freins sont serrés à bloc, les phares s'éteignent et le chauffeur, une des lanternes à la main, marche devant la machine indiquant à mon frère les passages praticables entre les éboulis de rochers. Les hauts talus qui dominent le chemin emplissent la nuit de l'arôme résineux des cèdres et du bruissement des feuilles de bouleaux dont les troncs serrés luisent au clair de lune comme de l'argent neuf. Une file de bûcherons attardés glisse le long du ravin, mais c'est en vain que nous tenterions de les arrêter, ils fuient rapides et muets effleurant à peine le sol de leurs pieds nus. Un brouillard dense monte lentement du fond de la vallée, son floconnement s'enroule autour des arbres et prête des formes distordues à toutes choses. Subitement, la lueur vacillante de la lanterne disparaît, un cri d'horreur retentit, dominant le bruit sourd d'une chute de corps humain entraîné par les gravats. Pendant que, terrifiés, indécis, nous cherchons vainement à percer la fragile muraille de brume des rayons d'une lampe électrique portative, une brise plus violente s'élève, la lune voilée de nuages gris se dégage ; nous commençons à distinguer vaguement une crevasse béante qui coupe la route sur un espace de cent mètres. Dans le fond de cette profonde tranchée gît le chauffeur, angoissé, gémissant, mais conservant intact l'usage de ses membres meurtris. Un verre de whisky le réconforte et il est bientôt sur pied, supputant avec nous les chances qui nous restent de trouver un abri cette nuit. Il ne faut pas songer à rétrograder : une déclivité de 13 0/0, hérissée de blocs de granit comme un lit de torrent, a pu être descendue, mais, malgré notre hardiesse et la docilité vaillante de la machine, Siadous affirme que nous ne remonterions pas. Le campement sur place serait primitif, nous n'aurions guère qu'une couche de feuilles desséchées pour étendre nos literies et pas même une hutte de branches pour nous abriter. Il faut trouver une façon de traverser cette lézarde de la route : contourner le morceau, enlevé probablement par une répercussion du tremblement de terre Hymalaïen, paraît être la seule solution praticable. Un sentier étroit dont la poussière garde l'empreinte de roues, se faufile dans la jungle et semble indiquer que les rares charrettes venant d'on ne sait où suivent cette voie en attendant une réparation encore lointaine.

Le chauffeur, armé d'une longue baguette, explore en le mesurant ce passage entre les troncs grêles dont les branches fusent de toutes parts, obstruant le ruban de terre battue. Décidément, pour nous permettre de traverser le taillis et pour revenir sur la route, il va falloir déraciner des arbustes et abattre deux arbres. N'est pas bûcheron qui veut, surtout lorsqu'on ne possède aucun des outils nécessaires. En dix mois de voyage et d'aventures automobile, nous ne nous sommes jamais trouvés acculés à une difficulté aussi insurmontable que celle de l'heure présente. Un découragement intense étreint le cœur et paralyse l'imagination. Il n'y a rien à tenter, rien à faire, qu'à attendre le jour, peut-être une intervention secourable, improbable, du reste, si nous n'allons la quérir nous-mêmes.

Nos provisions sont épuisées et une soif affolante nous tord la gorge. Je ne sais quelles hallucinations désespérantes dansent dans l'air saturé des parfums de la jungle, nous tressaillons au moindre bruit de bois mort tombant et une biche effarée, qui débouche d'un fourré, nous cause une véritable terreur. La pauvre bête éperdue, détale à toutes jambes vers la partie éventrée de la route, elle plonge dans le trou noir et reparaît aussitôt au loin, continuant sa course rapide. Machinalement, nos yeux l'ont suivie et la même idée nous frappe simultanément; d'un commun accord, nous nous approchons de la saignée de terrain. Elle se creuse en forme d'entonnoir, les pentes des côtés s'inclinent insensiblement, mais dans le fond un lit de terre meuble rend le passage impossible à une automobile. Il ne s'agit que d'y rouler des pierres et des morceaux de rochers pour que le sol raffermi puisse supporter sans fléchir la charge des roues.

Cet arrangement terminé, lentement les freins lachés, la machine descend, puis remonte, entraînée par son propre élan et aidée des vigoureux coups d'épaule du chauffeur. De nouveau, s'allonge à perte de vue, dans la clarté blanche, une ligne droite d'ornières profondes.

GOA, 4 FÉVRIER.

Marmagoa et Panjim, où réside le gouverneur portugais, ont supplanté la vieille Goa d'Alburquerque et de saint François Xavier. Cette dernière, située sur un îlot, battu de grandes vagues, est séparée de la terre ferme par le cours fangeux de la Mandeva, qu'on descend en bateau, pour visiter l'ancienne capitale des possessions portugaises. Après un court trajet de Marmagoa à l'embarcadère, nous prenons place dans une pirogue faite de deux troncs de cocotiers évidés qu'un noir dirige à la perche. Un prêtre catholique, qui lit attentivement un crasseux bréviaire, une femme métis et ses enfants, des marchands dont les bras embrassent de lourdes cassettes, un pêcheur portant une nasse pleine d'anguilles, se tassent, comme ils peuvent, dans la fragile embarcation. Le cours de cette rivière est sinistre. Ses eaux grises et noirâtres réfléchissent lugubrement les berges vaseuses, couvertes de plantes aquatiques et de végétation vénéneuse ; une atmosphère fétide se dégage de la boue, échauffée par un soleil brûlant ; des reptiles visqueux, des salamandres, des crapauds se traînent entre les troncs à demi embourbés des figuiers, des myriades d'insectes pullulent dans l'air et sur les rives silencieuses. Si Dante avait connu ce paysage, il en eût fait le séjour de la bassesse d'âme et de l'ignominie. Au-delà de ses bords empestés, la campagne paraît fertile ; des cabanes d'herbes sèches se dissimulent dans les bouquets de cactus géants, des chèvres paissent attachées à des piquets ; quelques indigènes courbés sur le sol fertilisent la terre en y répandant le limon de la rivière qu'ils puisent à pleines mains.

Arrivés à l'embouchure de la Mandeva, nous accostons un steamer qui doit transporter à Panjim les voyageurs de quelques canots impuissants à tenir la mer. Le petit vapeur ne compte plus une place de libre. Un séminaire, au grand complet, va rendre ses devoirs à l'archevêque de Goa et occupe l'unique cabine, ainsi qu'une grande partie du pont. Les jeunes abbés conversent en portugais avec une grande volubilité ; ils rient aux éclats, font des gestes vifs et emportés ; quelques-uns jonglent adroitement avec leurs missels ; dépouillés de leur soutane, on les prendrait pour une bande d'enfants de chœur indociles. Ils appartiennent tous à la caste dominante de l'île : les métis goanais, bien différents des Eurésiens britanniques. Leur origine indigène, exclusivement musulmane, les élève, en principe, au-dessus des descendants de basses castes indoues, et les peuples méridionaux ayant avec les nations d'Orient des affinités plus considérables que les Saxons, la fusion des deux sangs produit des personnalités moins disparates que ne le sont les métis de l'Inde anglaise. Les deux atavismes ne se livrent pas de combats chez les Goanais. Certaines tendances portugaises se sont parfaitement accommodées des sentiments, des usages locaux ; cette race, plus faible, a subi l'ascendance des vaincus dans une mesure relativement considérable. L'on retrouve dans le métis portugais l'exquise urbanité, le soin méticuleux de ses vêtements, le souci de sa beauté, l'allure conquérante, les rodomontades des nations du Midi, admirablement alliées à la fierté, à la présomption, à la courtoisie musulmane. Ainsi, le fanatisme de la race mahométane renait dans l'ardeur de la foi catholique des populations goavanaises, et le clergé métis y jouit d'une haute réputation de dévouement et de ferveur.

Nous débarquons au milieu d'un bois de cocotiers qu'à marée haute la vague envahit ; les troncs droits et lisses sont encore frais de ce perpétuel baiser des flots, le sable brille entre les racines, pailletées d'humidité, des tapis d'algues rougeâtres, des liserons bleus et roses purifient le regard attristé des scènes bourbeuses de la rivière. Un grand bâtiment se dresse derrière les bouquets de palmes vertes et luisantes ; le portail de bois est surmonté d'une Vierge dont la face souriante regarde la mer, gravée dans la pierre, s'enroulent à ses pieds, l'invocation des litanies : « Auxillium Chritianorum ora pro nobis. » Un marteau en fer forgé appelle un indigène indolent qui nous indroduit à l'intérieur du couvent. Le bruit de nos pas résonne sourdement sous les voûtes, des échos prolongés redisent nos paroles, la moisissure et l'oubli peuplent ces asiles de la prière et du renoncement. Des souffles nous effleurent, les boiseries craquent rongées par les insectes, le vent de l'océan entre en sifflant à travers les baies de fenêtres ruinées et le spectre des moines qui vécurent et moururent dans ces murs, loin de leur patrie, hante encore cette retraite, sous la forme d'un prêtre indigène dont la silhouette, vêtue de bure brune, se promène à pas lents dans un corridor. Gardien solitaire du couvent, il nous reçoit cordialement et nous offre son hospitalité, préférable à celle des auberges de Panjim. Deux cellules toujours prêtes attendent les visiteurs éventuels ; elles sont restées dans l'état où les trouva le départ des religieux européens qui abandonnèrent le monastère. Un dallage inégal couvre le sol, encadré de murailles dénudées, rugueuses, froides et austères. Un lit de sangle, une table, une carpette d'aloès meublent la pièce Une fenêtre, étroite comme une meurtrière, découpée dans l'épaisseur de la maçonnerie a vue sur l'océan. Une main, maintenant réduite en poussière, a écrit sur l'appui, ces mots : « Le frère Gondran, né à Cette (Languedoc), a invoqué ici le seigneur qu'il lui fasse miséricorde ».

Ce frère, en contemplant les vagues tranquilles qui viennent mourir en bordée d'écume sur la grève chaude, songeait-il à sa ville de France que la Méditerranée baigne, ou bien au milieu de l'orage, sous la menace des flots destructeurs, dont il entendait le grondement, implorait-il Celui qui marcha sur les eaux ? Je cherche vainement une seconde inscription, il n'y en a pas ; et dans les rêves que je fais, couchée sur ce lit de camp, je revois ces quelques mots : « né à Cette (Languedoc).... »

Un son inusité aux Indes, le tintement des cloches, m'éveille à Goa. Le prêtre du Couvent va dire la messe au tombeau de Saint-François-Xavier. L'église attenante au monastère est imposante, sans prétentions architecturales. A l'intérieur, d'innombrables petites chapelles dédiées à des saints, à des vierges, à des martyrs, s'enfoncent des deux côtés de la nef dans l'ombre des murailles. Des bois dorés, des statues habillées à la mode espagnole, les garnissent ; sur les autels reposent, dans des cercueils de verre, des reliques de prieurs et d'abbés. Quelques-uns sont conservés en entier, un évêque porte sa mitre et son anneau, sa croix pectorale. Le monument de Saint-François-Xavier se trouve dans la première chapelle, il est en marbre noir, orné d'une figure en bois, de l'apôtre ressuscitant, porté par des anges. Devant son mausolée, une pierre funéraire sculptée d'un écusson, recouvre les cendres d'Alburquerque. Côte-à-côte sommeillent les deux conquérants ; des sabres croisés glorifient le héros qui établit la domination portugaise aux Indes et une figure représentant la charité pleure sur la tombe du saint qui triompha « parce que les doux possèderont la terre. »

DANS LES PLAINES DU DEKKAN, 10 FÉVRIER.

Depuis de longues heures nous errons à l'aventure à travers les immenses plaines incultes qui marquent l'entrée des états du Nizam d'Hyderabad, le potentat musulman, dont la puissance et l'orthodoxie ne le cèdent qu'à celles du Maître de la Porte. L'on serait tenté de croire qu'une malédiction des dieux pèse sur le Dekkan, tant sa stérilité est effroyable. La fraîcheur des ruisselets ou des canaux, les pluies bienfaisantes sont inconnues dans ces parages, le sol crevassé par la sécheresse ne nourrit que des lichens pourpre qui s'étalent comme des tâches de sang répandu au flanc de monticules d'argile. L'uniformité jaunâtre de la nature calcinée, embrasée par un vent de feu, torture l'imagination en évoquant la possibilité d'un séjour prolongé dans cette solitude brûlante. Nous suivons un sentier défoncé, aride, sableux ; c'est la route d'Aurengabad, au dire d'un passant solitaire que nous interrogeons. Il nous écoute, tremblant, et répond en Telegu, en Kanarese. L'Indoustani n'est plus compris. De la main nous désignons le point de l'horizon où nous supposons trouver la ville, en répétant : « Aurengabad, Aurengabad ». Enfin il saisit, une lueur d'intelligence passe dans ses yeux abêtis, il hoche lentement la tête ; nous sommes bien réellement sur le droit chemin. Les milles succèdent aux milles ; l'après-midi, puis le crépuscule nous trouvent encore à jeûn, très loin d'un village quelconque, ivres de chaleur et de fatigue. Cependant, au coucher du soleil, le paysage s'adoucit et devient plus moëlleux. Des arbrisseaux, des ronces aux fleurs ardentes, croissent entre les traînées de pierraille grise, des langues de terre arables contrastent par leur relative fertilité avec la désolation que nous abandonnons. De petites vaches, les cornes entortillées de coquillages, labourent, pacifiquement accouplées à d'étiques chevaux qui les aident à tirer des charrues de bois.

Nous arrivons au bord d'un torrent à demi desséché ; les eaux très basses, à la vue, permettent semble-t-il de traverser sans arrêter le moteur. Des femmes lavent des hardes dans les flaques sableuses, leur battoirs retombent en cadence, elles s'amusent et conversent entre-elles ; un charretier mène un attelage de buffles qui enfoncent dans l'eau jusqu'au poitrail, des enfants vêtus d'un beau sourire candide, se roulent dans la vase, encourageant les animaux de la voix.

Nous passons comme un éblouissement jaune, et le ronflement subit de la machine, la vue d'Européens, angoissent ces simples gens qui nous prennent pour une incarnation diabolique. Certains, en nous croisant, crachent par terre et tracent dans le sable des signes cabalistiques pour se préserver de l'esprit mauvais, le son de la corne les stupéfie et affole les bulloks. Les robustes bœufs trotteurs prennent peur, ils se retournent brusquement, renversant leur cargaison de paille de maïs et de coton. Un cavalier, porté par un maigre poney, s'élance dans la ramure d'un arbre où il se tient haletant, fou de terreur, tandis que le pauvre cheval ayant cassé sa bride d'étoffe, débarrassé d'un bât sous lequel il disparaissait, galope à travers les étendues d'herbes roussies.

La population, agricole en majorité, est vêtue très simplement de toile bise ou blanche. Le mélange de sang aborigène altère beaucoup le type des physionomies, les traits sont plus accusés, les lèvres épaisses, le regard plus terne que dans le nord. Ces races méridionales sont inférieures, l'ascendance de leurs Brahmes passe pour souillée d'alliances non aryennes ; leur religion même se ressent de l'immixtion avec les tribus primitives, ils adorent Hanuman, dieu des singes, et nombre de divinités inconnues dans l'Inde du nord, l'Inde aryenne et conservatrice.

Lorsque nous entrons à Aurengabad, la lune brille, affinant de sa douce lueur l'aspect des portes grossièrement fortifiées. Des soldats du Nizam nous présentent les armes, et les sons cuivrés d'une musique militaire qui joue au loin, nous apportent l'assurance qu'ici, comme partout, l'Angleterre a des forces, des canons, des pouvoirs ; toutes nos appréhensions de dîner, de coucher, sont dissipées par cette fanfare.

Le Gouverneur, placé par le Nizam à Aurengabad, nous témoigne, lors de notre visite, une courtoisie toute mahométane. Il nous retient à dîner et veut nous faire visiter la ville. Aurengzèbe le Moghol, dont le fanatisme hâta la chute de l'empire de ses fils, est enterré en ces lieux.

Ce puissant et farouche sectateur du Coran dort son dernier sommeil, oublié au milieu de la désolation du Dekkan, loin de Delhi d'où il faisait trembler l'Inde, et loin d'Agra qu'il avait choisie pour champ de repos. Sa tombe s'effrite et nul ne songe à relever ses ruines. Le jardin qui l'entoure a été employé par un babou consciencieux, à des essais de culture potagère. Des vignes, des pêchers s'appuient aux pierres énormes du monument impérial ; des choux, des fraises, de simples et bourgeois légumes croissent dans la cendre de ce despote sanguinaire.

Il semble que parfois, il doit rougir de haine, sous le marbre qui le couvre, en voyant les efforts tentés, pour améliorer le sort de cette race indoue, qu'il eut anéantie si Allah n'avait, par une mort opportune arrêté son bras exterminateur. Dans une sorte de crypte, le Nizam fait conserver, à titre de curiosité, une collection de plats en faïence verdâtre, dont la propriété de transformer la couleur des aliments empoisonnés qu'on y pose, les avait fait affecter spécialement à l'usage de l'empereur.

Seuls, des souvenirs de défiance et de cruauté environnent ce tombeau, où pas un encens ne brûle à la mémoire du dernier maître Moghol de l'Inde.

SECUNDERABAD, 25 FÉVRIER.

Une aridité effroyable, des déserts où paissent de sveltes et timides antilopes, des rochers pelés, brûlants, un ciel implacable s'offrent à nos regards depuis Aurengabad jusqu'au grand cantonnement militaire anglais de Secunderabad. La température est torride, la chaleur hébète et tue. Les indigènes se terrent dans leurs maisons, défendues du soleil par des nattes mouillées, des auvents de toile. Un lac aux

Hyderabad

Sous le Char Minar, à Hyderabad

contours irréguliers et gracieux, s'allonge entre Secunderabad et la capitale du Nizam ; la ville dominée par les minarets jumeaux du « char Minar » : Hyderabad. Le soir, des esquifs légers voguent sur les eaux bleutées ; un Yacht Club a été organisé par les officiers de la garnison, et durant les courts instants qui précèdent la nuit, ces promenades en bateau apportent aux Européens la seule fraîcheur qu'on puisse goûter en cette saison. Le souverain d'Hyderabad est à la chasse au tigre depuis plusieurs semaines, et le secrétaire du premier ministre, un parsi, ne sait si nous pourrons aller au camp sans grandes fatigues. Nous serions très désireux de voir ce Nizam « l'ombre d'Allah », le prince feudataire le plus puissant de l'Inde, celui qui occupe le premier rang dans l'ordre de préséance établie par le gouvernement britannique. Son Etat, d'une superficie comparable à celle de la France, lui fournit annuellement 80 millions, et lui permet presque de traiter avec l'Angleterre sur un pied d'égalité.

Il jouit de certaines prérogatives réfusées aux autres Nababs ou Rajahs : il a des troupes, des douanes, de la monnaie, des timbres frappés à son effigie en caractères Indoustanis ; il est maître chez lui et use de sa relative indépendance pour conserver le plus possible à ses sujets les usages de leur race, et le profit qu'ils peuvent retirer des coutumes indigènes.

Contrairement à l'usage oriental, le Nizam n'est point marié officiellement, pas une des trois cents femmes de son harem ne porte le titre de Begum ou princesse régnante, ce qui permet au souverain de désigner l'héritier du trône parmi ses enfants sans avoir égard à la priorité de naissance ou à une ascendance maternelle plus élevée.

Il n'y a pas dans l'univers une femme qui soit l'égale absolue du Nizam « la main du Prophète », pour cette raison, disent les Hyderabis, il n'en saurait considérer aucune comme partageant sa royauté. Musulman autocrate et farouche, le prince d'Hyderabad maintient dans son harem les coutumes d'emmuration les plus strictes. Ses femmes, dont parfois il ignore les noms et le nombre, ne sortent jamais des divers palais qui leur sont assignés, et si quelqu'une, à la faveur d'un déguisement prêté par une esclave complaisante, se glisse au dehors et se laisse surprendre ainsi, le lac a vite englouti son cadavre. Aucune Européenne n'a été autorisée à visiter le harem du Nizam. Le Parsi m'avertit qu'il serait inutile d'insister, sur ce point, son maître se montre intraitable. Cet extraordinaire Nabab réside dans la cité même d'Hyderabad, il habite un vieux palais sombre et vilainement construit, mange par terre dans de la vaisselle d'or et ne s'éclaire qu'avec de l'huile de cocotier. Il s'efforce, dans toutes les questions commerciales, de favoriser toujours ses sujets au détriment des Européens.

Un jour, un de ces innombrables commis-voyageurs qui lui proposent toutes les industries et toutes les denrées européennes, depuis les automobiles jusqu'aux lampes à pétrole, lui faisait remarquer combien il serait avantageux d'installer un service de tramways de sa capitale au cantonnement anglais de Secunderabad ; 'le Nizam répondit tranquillement : « De quoi vivront alors les conducteurs de « gharri » et pourquoi voulez-vous que j'appauvrisse ainsi mon peuple pour vous enrichir ? »

Quelques traits comme celui-là en ont fait l'idole des Hyderabis.

La race musulmane d'Hyderabad est mélangée d'arabes du Sind, descendants des mercenaires qui aidèrent les Nizams à se déclarer indépendants. Un fanastisme latent, une ardeur guerrière, une cruauté révoltante sont entrés dans le sang des sujets du Nizam par ces alliances. Le séjour des bazars était jadis interdit aux européens ; de nos jours encore, ils n'y circulent qu'avec précaution et jamais après le coucher du soleil. Nous les traversons sans encombre en automobile pour aller visiter Golconde, la ville des richesses fabuleuses, le cimetière de la dynastie morte des Adil Shah.

Bornant une plaine de rochers grillés par le soleil, le mont qui porte les restes de la fameuse forteresse de Golconde apparaît rougeâtre et terne à l'horizon. Une compagnie de soldats du Nizam monte la garde sous la première architrave. Dans un enserrement de murailles de grès rouge, enlacée de chemins pierreux soutenus de maçonneries écroulées, la colline cache quelques restes de sa force séculaire.

Tepoo Saheb, le sultan du Mysore, a fait subir à Golconde son dernier siège mémorable ; depuis lors le bruit des canons n'a plus jamais troublé le silence de la vallée. Dans quelques années, les ruines mêmes n'existeront plus et l'on cherchera vainement parmi les éboulis de murs et les poussières de ciment, le site de Golconde, la cité des diamants.

COTE DE COROMANDEL, 1ᵉʳ MARS.

Vue de Bezwada

Au sortir de la ville de Bezwada, limite des possessions du Nizam, les jours que nous passons sur les routes de briques pilées qui longent la côte de Coromandel paraissent interminables.

Les environs sont d'une perpétuelle et monotone fertilité, des murailles de palmiers croissent le long des chemins, leurs fruits jaunes pendent en grappes à la naissance des feuilles comme une difformité, les houpettes blanches du coton ondulent et voltigent au moindre vent, les cocotiers joignent en voûte de verdure leurs souples palmes au-dessus de nos têtes.

Nous ne nous faisons plus du tout comprendre ; les populations sont grossières, la chaleur intolérable. Parfois, une ondée drue et mouillante tombe dans l'après-midi, nous forçant à interrompre l'étape quelques heures, ce qui nous retarde sensiblement et nous oblige à coucher dans les salles d'attente du chemin de fer.

Le pays est plat, très habité ; aux portes de Nellore nous rencontrons un couple d'indigènes qui viennent de Madras à pied. Ils nous renseignent sur la route, et vaguement nous comprenons qu'il faut traverser trois rivières sans ponts. Ces simples gens sont très pittoresques. L'homme guide un buffle gris, dont le dos efflanqué porte tout l'avoir de ce ménage, un « machan », quelques pots de terre, une natte d'aloès, il tient un singe en laisse, et un enfant à califourchon sur la hanche. La femme jeune, mais toute flétrie par la vie dure dans l'atmosphère brûlante, balance doucement sur la tête une corbeille d'où sort le vagissement d'un nouveau-né. Ils nous regardent craintivement et descendent dans le fossé en s'effaçant devant nous. Ils ne nous ont pas trompés, le soir nous sommes au bord d'une plaine sableuse, qui l'hiver devient une rivière. Des vipères se tordent dans les chauds replis du sable et quelques-unes ponctuent de virgules noires l'étendue jaune, d'autres, roulées en boules, apparaissent comme des galets plats ; il y en a des centaines. L'appréhension de leur mortelle piqûre, jointe à la difficulté du passage, nous décident à prendre le train jusqu'à Madras.

MADRAS, 5 MARS.

La rivière Adyar, qui serpente au-delà des fortifications, fait le charme principal de Madras à cette époque de l'année. Elle rivalise avantageusement de fraîcheur avec la mer, dont les vagues clapottent contre un quai de briques pilées, bordé de bâtiments en briques sanguinolentes, aux dures arêtes, nettement découpées sur le ciel ardent.

En tout temps, Madras doit être une laide ville, mais en ces mois-ci, ses défectuosités saillent, elles accaparent le regard.

La température insoutenable et la crudité de la lumière, caricaturent ses froids et pompeux « offices », poste, palais de justice, musées, comme un masque sémillant dérobant une face cadavérique.

Le pavé des rues, la rade, les murs des maisons, sont autant de miroirs réfléchissant un aveuglant et meurtrier soleil auquel on n'échappe que sous les ombrages du cours de l'Adyar. Cet après-midi de dimanche, journée particulièrement morne aux Indes, des amis nous emmènent en partie de canotage sur la rivière.

Les eaux sont noirâtres et peu profondes, les bancs de sable abondent. Cependant, malgré plusieurs échouages, ces quelques heures ne laissent pas d'être fort agréables et rafraîchissantes.

L'on découvre en bateau une seconde Madras, parfaitement différente de la cité commerçante, sale et poussiéreuse, où le train nous a déposés. Sur les rives ombragées de bois de cocotiers, de mimosas, sont disposées des villas dont les jardins descendent en terrasse jusqu'à l'eau : de petits yachts à voiles, des canots à vapeur, des périssoires ancrées au bas des parcs, témoignent de la passion britannique pour les sports nautiques. Des voiles semblables à de grands papillons blancs voltigent de tous côtés ; vers le soir, elles disparaissent une à une fuyant devant la tempête qui se lève. Une barque solitaire reste immobile au milieu du courant, un pêcheur indigène la guide, et sa haute taille bronzée, sinistrement éclairée par la lueur des éclairs, se dresse, évocation splendide d'un nautonier infernal.

MADRAS, 15 MARS

La mer houleuse se rue contre les flancs du navire, elle s'irrite, elle s'emporte, l'écume bouillonne, les vagues roulent sur le pont et, brisées par l'effort, elles retombent en misérables ruisselets. Le soleil darde des rayons impitoyables sur les routes blanches qui apparaissent encore nettes et vives le long du quai, l'ombre des mâts tombe en noirceurs fuselées sur les flots impétueux, des cheminées du steamer s'échappent des tourbillons de fumée charbonneuse, les amarres sont larguées, les hélices battent et chacune de leurs pulsations nous éloigne de l'Inde.

Pareil à un souvenir qui s'efface, dans le lointain ensoleillé se perdent, d'instant en instant, Madras, le port, les barques indigènes, les barges de charbon, les coolies en turban. La côte diminue, se rétrécit ; à la lunette, l'on ne distingue plus qu'une mince ligne de jungle dont les fourrés serrés doivent abriter des tigres.

Au déclin du jour, une petite lumière falote et vacillante s'allume au cap Comorin. Une mouette endormie sur les vagues s'éveille et s'enfuit à tire d'aile vers la lueur qui perce l'ombre. Mon regard la suit et ma pensée en une vision merveilleuse évoque les horizons de lumière, les fastes évanouis, les richesses, la gloire immortelle, l'âme superbe de cette terre qui nous fut bonne et dont la forme indécise achève de s'abîmer dans la nuit.

Imp. L. Wolf. — Rouen

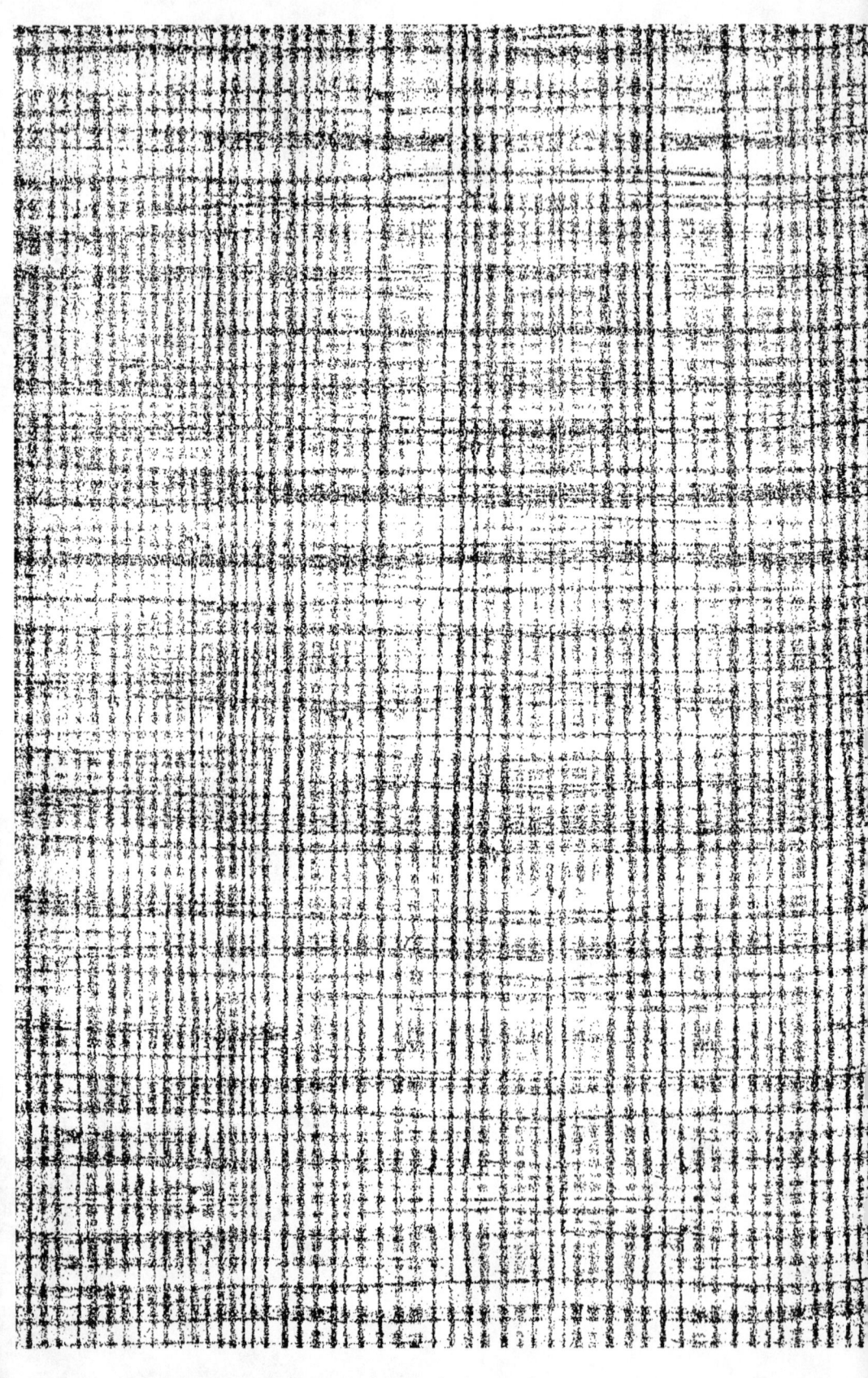

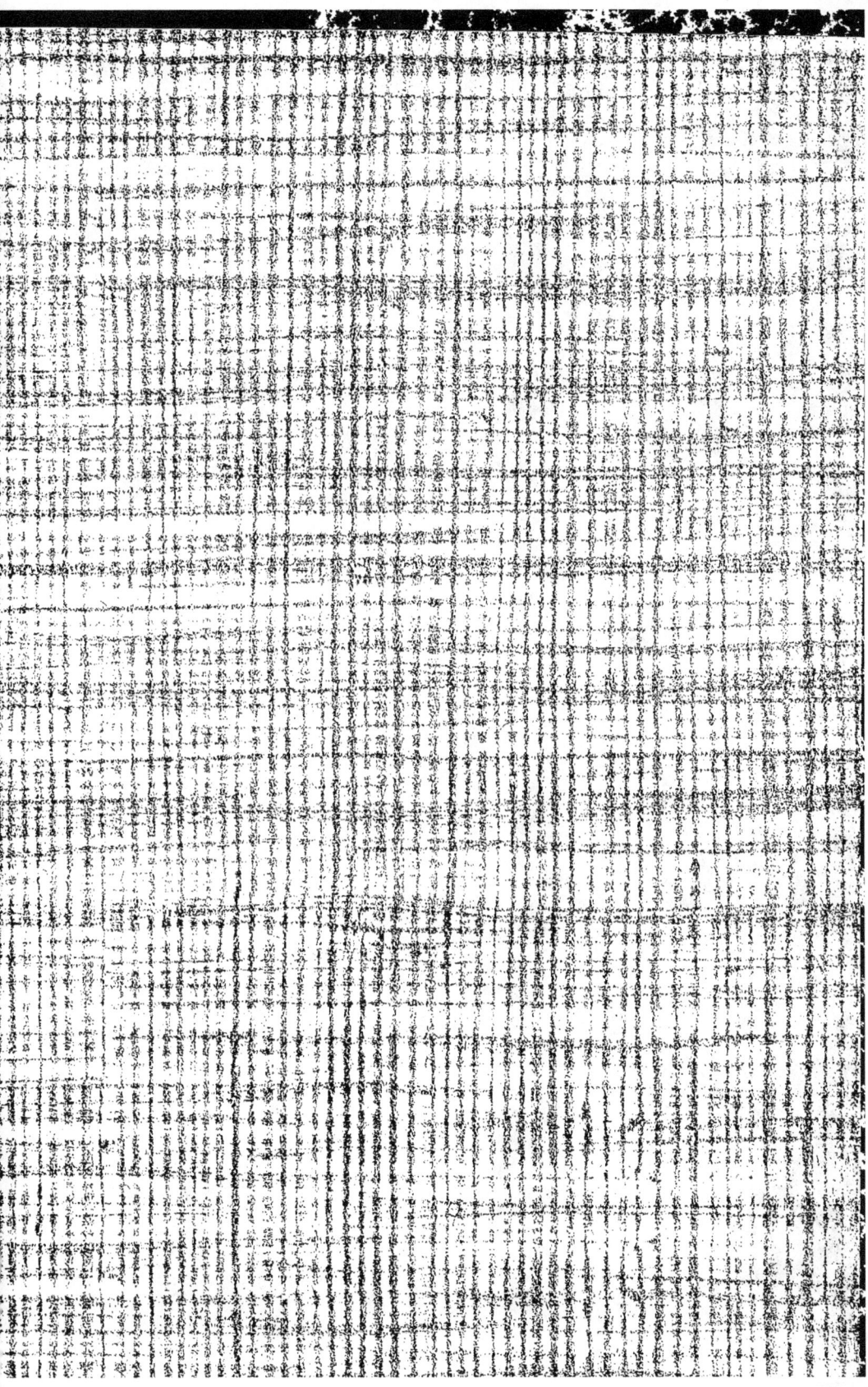

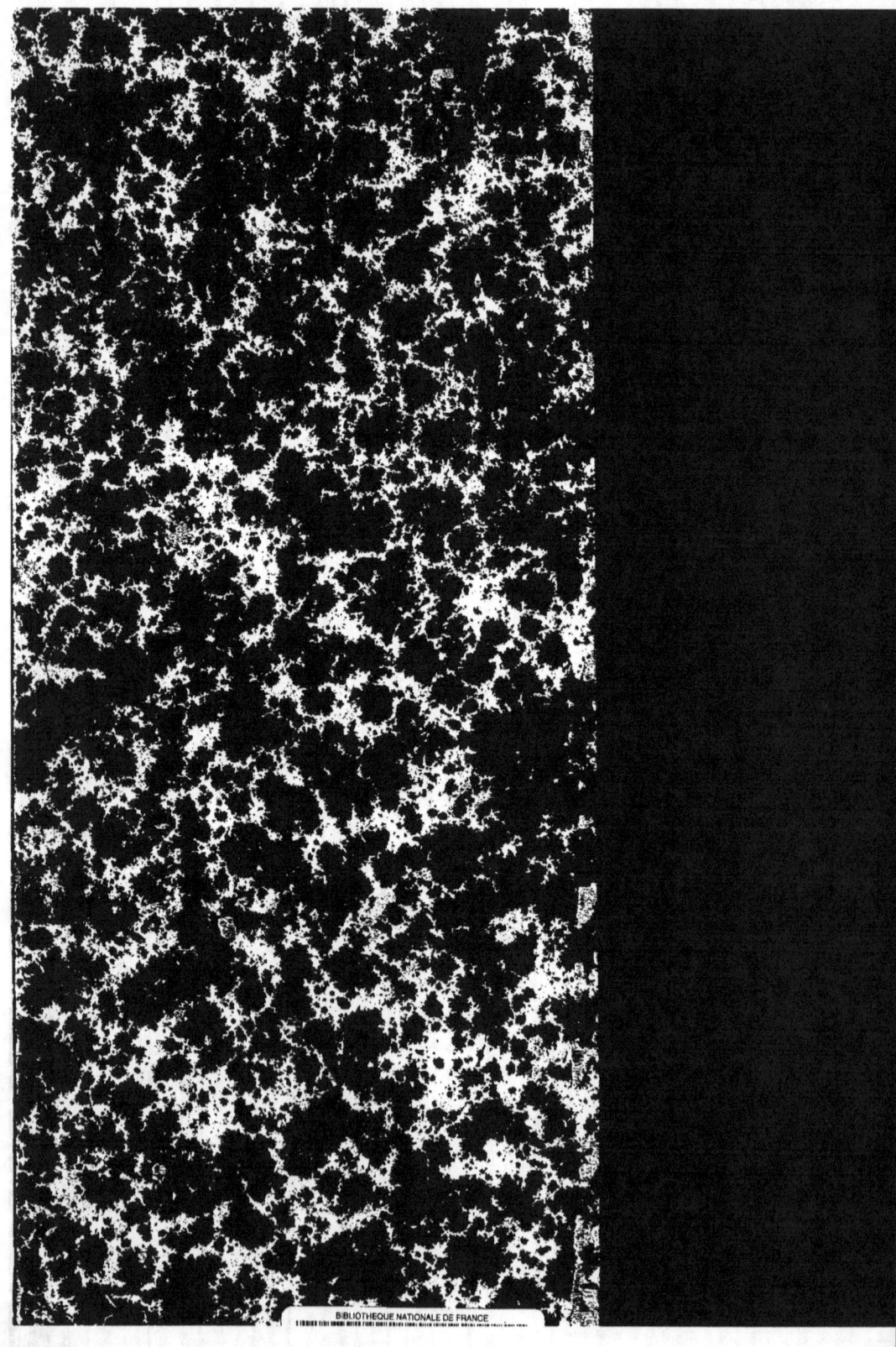

www.ingramcontent.com/pod-product-compliance
Lightning Source LLC
Chambersburg PA
CBHW071939160426
43198CB00011B/1462